U0828947

线名师示范实践

新课标

劳动

丛书主编　刘大伟　张爱平

刘权华　王洪贵◎主编

南京出版传媒集团　南京出版社

图书在版编目（CIP）数据

一线名师示范实践. 劳动 / 刘权华, 王洪贵主编
. -- 南京：南京出版社, 2024.3
ISBN 978-7-5533-4495-9

Ⅰ. ①一… Ⅱ. ①刘… ②王… Ⅲ. ①劳动课－教学
研究－初中 Ⅳ. ①G633

中国国家版本馆CIP数据核字（2024）第004622号

丛 书 名：一线名师示范实践
丛书顾问：周洪宇
丛书主编：刘大伟　张爱平
书　　名：劳动
主　　编：刘权华　王洪贵
出版发行：南京出版传媒集团
南 京 出 版 社

社址：南京市太平门街53号　　邮编：210016
网址：http://www.njcbs.cn　　电子信箱：njcbs1988@163.com
联系电话：025-83283893、83283864（营销）　025-83112257（编务）

出 版 人：项晓宁
出 品 人：卢海鸣
责任编辑：聂　焘
装帧设计：王　俊
责任印制：杨福彬

排　　版：南京新华丰制版有限公司
印　　刷：南京玉河印刷厂
开　　本：787 毫米 × 1092 毫米　1/16
印　　张：18
字　　数：244千
版　　次：2024年3月第 1 版
印　　次：2024年3月第 1 次印刷
书　　号：ISBN 978-7-5533-4495-9
定　　价：60.00 元

用微信或京东APP扫码购书

用淘宝APP扫码购书

本书编委会

主　　编　刘权华　王洪贵

编写人员（排名不分先后）

于靓靓　陈　莉　李　娟　邓　怡　沈志会　白景英
贺晓燕　濮志良　李　宾　李飞凤　周　洁　张　琴
李　玉　付勇军　赵　艳　吴　丹　卜　雪

不忘本来 吸收外来 面向未来

南京作为六朝古都，历史悠久，底蕴深厚，自古以来就是东南一带的政治、经济、文化中心。南北朝时期，宋文帝首开中国古代教育分科先河，在南京开设儒学馆、史学馆、文学馆和玄学馆，以分科的形式传经授道；梁代的五经博士以考试选拔人才，为隋唐科举制的实施奠定了基础。南京教育在明代更是达到了一个巅峰，不仅全国最高学府国子监设立于鸡鸣山下，且乡试、会试考场也设置于秦淮河畔的夫子庙，“天下文枢”也因此而闻名宇内。与官学相颉颃，私学在南京也有着悠久的传统，宋代的明道书院，明代的江干书院、新泉书院、崇正书院，清代的钟山书院、惜阴书院等，为学术思想的传承、学术流派的形成打下了扎实的基础。

民国以来，南京成为中西方教育思想汇聚的交融地，一大批本土教育家和海归教育家以南京为基点，加入了绘制中国近现代教育改革的蓝图大业中。张謇、沈恩孚、江谦、袁希涛、黄炎培、郭秉文、陶行知、陈鹤琴、邰爽秋、吴贻芳、俞子夷等一批学贯中西的教育家致力于南京教育的改革与发展，“生活教育”“活教育”等教育思想在南京萌芽、丰富与完善，铸就了传承至今的晓庄学院、鼓楼幼儿园等一批教育实践的典型代表。这些源于南京的教育思想与实践以中国基本国情为基础，对西方教育思想与实践进行了创造性转换与创新性发展，走出了一条独具中国特色的教育改革发展之路，一改民初“仪型他国”的社会风气，也为随后很长一段时间的中国教育改革与发展指明了方向。如果说，北京是近现代中国思想变革的策源地，那么南京一定是近现代中国教育思想变革的策源地，也是中国式教育现代化的起源地。

“敢探未发明的新理，敢入未开化的边疆”，这是我对南京教育的一个直观看法。这既有陶行知、陈鹤琴等教育先辈们对我的影响，也有我与南京教育人交往后的感触。早在 1982 年，我因为编撰《陶行知全集》，就多次来到南京市晓庄师范学校、南京大学、南京图书馆查找资料，认识了一批南京教育界的朋友。近年来，由于工作的关系，我常常有机会参加南京的基础教育活动，也因此与百军局长、张生书记结下了深厚的友谊，对新时代以来南京教育的高质量发展有了深厚的感悟。在学前教育普惠优质发展方面，南京普惠性幼儿园覆盖率达 89%，优质园覆盖率达 92%，率先全市域创成“江苏省学前教育改革发展示范区”；在义务教育优质均衡发展方面，南京义务教育优质资源覆盖率达 98.6%，学校标准化率保持在 100%，率先全市域通过“全国义务教育发展基本均衡县（市、区）”评估；在高中教育多样特色发展方面，南京整体规划和建设学术型、特色型、综合型普通高中，实施高中布局优化行动计划，全市达省定三星级以上的公办普通高中比例达 95.5%；在特殊教育融合优质发展方面，南京建立了特殊教育工作联席会议制度，建立起从学前教育到高等教育全纳性的现代特殊教育体系，实现了全市所有街（镇）学前、义务教育阶段学校融合教育资源中心全覆盖。

南京教育能够取得如此优异的成绩，既有教育行政部门在方向上的正确指引，也有每一位普通南京教育人在岗位上的默默付出，因而我们既要关注教育宏观问题，也要关注微观上每一位教师、每一件事、每一个孩子。2022 年 1 月，我的学生大伟从南京晓庄学院调任南京市教育科学研究所主持日常工作，我建议他既要在宏观上发挥市教科所作为教育智库的功用，也要关注到学校的内涵发展，更要关注到每一位教师的专业发展，因为教师的发展是学校发展的基础，只有教师发展好了，学校才能发展，而最终指向的必然是孩子的发展。因此我提议他能否整理出版一套“南京教育文库”，通过文库工作推动一批专家型教师梳理提炼教学主张、教育理念和学术思想，以时代为观照，立足南京教育实际，解决中国教育问题，推进南京教科研在知识创新、理论创新和方法创新上不断传承与发展。大伟很快邀请了南京一批名特优教师参与“南京教育文库”的编写工作，并规划了持续长达8—10年的发展计划，其中包括了写作指导、出版、评奖、宣传等全方位的保障体系建设。这一宏大体系建设还得到了顾明远先生的肯定与点赞，并欣然赐予墨宝“南京教育文库”六字。

“南京教育文库”的提出与推进，对于基础教育界具有非同寻常的意义，具体我认为有以下几点价值：

第一，独特性。毋庸置疑，每一个城市的教育发展都有独到之处和自身特点，但南京的教育发展与其他城市相比，其特点更加明显、风格更加独特。在江苏提出率先实现教育现代化的进程中，南京确立了“加快建设现代化教育强市、以高质量教育支撑高质量发展”这一战略目标，更加自觉地坚持教育优先发展、科学发展、创新发展。南京教育的主要发展指标已达到或超过OECD（经济合作与发展组织）发达国家和地区的平均水平，教育现代化水平连续六年获江苏省第一，在省对设区市政府履行教育职责考评中连续三年位居江苏省前列。可以说，南京教育在江苏省甚至全国都具有标杆性的独特作用。而如何将这种独特价值展现出来，“南京教育文库”的编撰正好起到了这一作用。这套丛书通过挖掘梳理南京教育的内涵，将南京教育的独特做法与经验理论化和系统化，既是对南京教育光辉历史过往的追溯与总结，也是对南京教育未来的期待与展望，更是可以成为中国教育改革与发展的地方样本。

第二，人本性。人的发展是教育的出发点和归宿，人的活动是教育的核心和关键，这是我近些年来提出的教育活动史的一个重要观点。教师是教育发展中的人，我们各级教育行政部门应该给予他们更多的关注与关心，特别对于一批具有典型性和代表性的教师，我们应该提供各种条件帮助他们总结、凝练、宣传、推广他们的教育理论与实践。就我所知，目前国内还尚未有类似的丛书出版。南京市教科所率全国之先，关注教育活动中的人，为教师的研究提供物质保障和学术指导，帮助他们在研究中发展，在实践中成熟，在推广中完善，可谓真正地将教师置于教育活动的中心地位，实现了以人为本的目的。

第三，开放性。对于这套丛书的设计与出版，我跟大伟提议，除了考虑名特优教师的教育思想总结与凝练外，还要在未来考虑对青年教师的支持，特别是要支持一批“学带”“优青”等具有基础的青年教师。南京教育近年来提出了如“宁教杰青”等一系列教师培育计划，我想我们的工作在未来还要吸收这样的教师参加“南京教育文库”的编写工作，加快对青年教师的培养速度。在学段上，我建议他要综合考虑各学段人员的配置，中学、小学、幼儿园各学段教师都要涉及，还要考虑在教师发展中心、教研室、教科所等单位工作的人员，更要考虑在学校管理岗位有丰富经验的教育管理者，这样就可以让我们这项工作更加开放、更加多元。

第四，持续性。南京教育的发展历史是一个整体，我们要做到不忘本来，吸收外来，面向未来，既要思考南京教育从哪里来，也要想好往哪里去，更要做好走向的持续性。因而对于这套丛书我还是有一个期待的，期待这套丛书能够持久地做下去，做成制度，做成系列，做成品牌，让更多的教师参与其中，享受到教育改革发展的红利，并在这项工作中得到发展、得到进步。我还希望将来“南京教育文库”能够借鉴“教育智库与教育治理50人圆桌论坛”的思路，形成一支队伍、一项制度、一套丛书、一个论坛、一个品牌的“五个一”发展思路，为南京教育的高质量发展注入持续不断的动力。当然，我也知道为了这套丛书的出版，大伟费尽了心思，他跟我说他要以陶行知办学的事迹为榜样，四处化缘筹措出版经费，找寻出版社确保进度，策划高级别平台宣传，以及筹划、参与各级各类评奖。我希望他能够保持这种工作激情的持续性，将这项工作一直做下去，实现陶公所说的“为一大事来，做一大事去”的理想目标。

合抱之木，生于毫末；九层之台，起于累土；千里之行，始于足下。“南京教育文库”的出版在不久的将来必然会成为中国教育界重要的一棵“合抱之木”、一座“九层之台”。我也衷心希望参与到文库编写工作的同志们千里之行，永不停歇！

是为序。

周洪宇

2022年11月22日

于武昌东湖

（作序者系第十三届全国人大常委会委员、湖北省人大常委会副主任，中国教育学会副会长、中国教育发展战略学会副会长、长江教育研究院院长、华中师范大学国家教育治理研究院院长，博士生导师）

目　录

劳动教育的时代蕴涵、现实困境及应有之为

劳动作为一门必修课正式走进中小学，是党和国家站在历史的高度作出的重大战略部署，是一项关乎中华民族伟大复兴的重要举措，劳动教育的春天终于到来！作为教师，作为管理者，作为劳动教育教研员、科研员，作为家长，作为以后走上劳动教育岗位的在校大学生，必须要深度理解四个基本问题：何为劳动教育，为何劳动教育，劳动教育的问题何在，劳动教育何为。

一、我国劳动教育的前世今生

19世纪，马克思在充分肯定空想社会主义者罗伯特·欧文在英国纽克兰纳开展的生产劳动与教育结合的实验之基础上，提出了教育与生产劳动相结合这一全面发展思想，为整个人类的全面发展提供了理论基础。中华人民共和国成立后，毛泽东同志在一次讲话中明确指出："教育……必须同生产劳动相结合，劳动人民要知识化，知识分子要劳动化"。1958年，在"开门办学"思想指导下，学生参加五七干校……进行劳动锻炼和思想改造。"文革"十年劳动教育出现了严重偏差，把知识与生产、理论与实

践相对立……20 世纪 80 年代，根据邓小平同志的讲话精神，学界展开了关于教育方针的大讨论与新时期劳动教育的研究，纠正了学校劳动教育的偏颇，接着，在邓小平、江泽民、胡锦涛等党和国家领导人的直接关心下，“教育与生产劳动和社会实践相结合”成为新时期的教育方针。中小学开设了劳动技术课，使学生既能动脑，又能动手，手脑并用，全面发展，劳动教育逐渐走上了正轨。总之，中华人民共和国成立以来，我国的劳动技术在中小学一直是一门独立的课程，直到 2001 年基础教育改革，劳动技术课程取消，高中代之以通用技术课程，在义务教育阶段，劳动技术仅作为综合实践活动的一个板块。前几年，由于考试升学客观上冲淡了劳动教育，再加上社会变迁、科技进步改变了传统劳动教育的条件，致使实践中普遍存在劳动教育在学校中被弱化，在家庭中被软化，在社会中被淡化，在研究中被虚化的现象。2018 年 9 月 10 日，针对当前一些青少年出现的“不爱劳动、不会劳动、不珍惜劳动成果”的现象，习近平总书记在全国教育大会上特别强调了劳动教育的重要性。至此“劳动教育”被重新纳入教育方针，劳动教育在我国得到了重生。70 多年来，人们对劳动教育经过了从唯一方法、重要途径再到教育内容的认识过程；从实践育人、技术素养再到五育并重的理解过程；从统领强化、融通综合再到系统提高的实践过程，实现了对中国特色社会主义教育规律认识的升华，同时也反映出落实立德树人根本任务的创新。

二、劳动教育的时代蕴涵

劳动教育由来已久，如何从历史和文化的角度思考和分析，如何从时代的社会背景、政治背景来认知劳动教育的时代内涵，是教育管理者和从事劳动教育的教师进行劳动管理和教育的第一步，否则，理解错了，方向偏了，立德树人的根本任务就难以完成。不是所有的劳动都可以称为劳动教育，也绝不是学校、教师想搞什么劳动，什么劳动就能变成劳动教育，只有那些能发挥正面的育人作用，帮助学生树立爱劳动、尊重劳动人民的正确观念的劳动才是劳动教育。那些随机的、临时的，以“惩罚”为目的的强制性劳动等并不是真正意义上的劳动。只有有目的、有计划、有组织地进行，才具有教育性，才能高效发挥劳动的独特育人功能。我们必须深刻准确理解何为劳动教育，《大中小学劳动教育指导纲要（试行）》（下称《指导纲要》）对劳动教育的概念进行了明确的界定：劳动教育是发挥劳动的育人功能，对学生进行热爱劳动、热爱劳动人民的教育活动。它具有三个基本特性：一是鲜明的思想性，强调劳动者是国家的主人，一切劳动和劳动者都应该得到鼓励和尊重，反对一切不劳而获、崇尚暴富、贪图享乐的错误思想；二是突出的社会性，要求引导学生走向社会、认识社会，强化担当意识，体会社会主义社会平等和谐的新型劳动关系；三是显著的实践性，以动手实践为主要方式，引导学生在认识世界的基础上，学会建设世界，塑造自己，实现树德、增智、强体、育美的目的。当前实施劳动教育的重点是在系统的文化知识学习之外，有目的、有计划地组织学生参加日常生活劳动、生产劳动和服务性劳动，让学生动手实践、出力流汗，接受锻炼、磨炼意志，培养学生正确的劳动价值观和良好的劳动品质。

为何劳动教育，这是管理者和从事劳动教育的教师必须厘清的又一个问题。新时代的劳动教育是针对大中小学生普遍存在轻视体力劳动，尤其是看不起普通劳动者的现象而提出来的。“历览前贤国与家，成由勤俭破由奢。”无论过去、现在、还是将来，劳动都是人类赖以生存和服务社会的基本活动。未来社会竞争激烈，培养学生的劳动意识、树立其劳动观念、提高其劳动能力，使他们懂得劳动光荣、好逸恶劳可耻，帮助他们树立正确的劳动观念和态度，引导他们积极参加家务劳动、生产劳动、社会劳动和公益劳动，对于促进学生全面成长有着重要的现实意义。在 2018 年全国教育大会上，习总书记站在新时代党和国家事业发展全局的高度，深刻总结了党的十八大以来我国教育事业改革发展取得的显著成绩，深入分析了教育工作面临的新形势、新任务，科学回答了关系我国教育现代化的重大问题，对当前和今后一个时期内教育工作做出了重大部署。其中，特别强调“要在学生中弘扬劳动精神，教育引导学生崇尚劳动、尊重劳动，懂得劳动最光荣、劳动最崇高、劳动最伟大、劳动最美丽的道理，长大后能够辛勤劳动、诚实劳动、创造性劳动”。2020年3月，中共中央、国务院发布了《关于全面加强新时代大中小学劳动教育的意见》（以下简称《意见》），《意见》面向全党全社会，立足国之大计、党之大计，全面部署了劳动教育工作。2020年7月7日，教育部颁发了《大中小学劳动教育指导纲要（试行）》，它是《意见》在教育部门的具体化，重点解决劳动教育是什么、教什么、怎么教等问题。劳动教育体现了新时代党对教育的新要求，是中国特色社会主义教育制度的重要内容，是全面发展教育体系的必要条件，是大中小学必须开展的教育活动，

三、当下劳动教育的问题何在

对劳动教育的重提和强调，一方面折射出党和政府对于劳动教育的高度重视和严肃对待，另一方面也映射出劳动在教育场域中被边缘化的窘境。劳动教育的主导是教师，主阵地是学校，审视当前学校的劳动教育，其主要存在五个方面的问题：一是如何理解新时代劳动教育的问题。广大人民，甚至我们的教师还没能站在历史高度、素养高度真正理解新时代的劳动教育，有的甚至将劳动教育僵化为惩罚学生的一种手段，误用为改造学生思想的一种工具，看作是追求物质利益的一种渠道（申报劳动项目、基地、特色学校等作为学校获取各种利益和学生获取外部奖励的手段），还有的将劳动教育窄化为休闲娱乐放松的一种方式，那些走马观花式的参观、访问、研学、春游、秋游离本真的劳动教育之义相距甚远。二是师资问题。当前和今后相当长的一段时期，缺少专职劳动教师会是一个非常严峻的问题。高校还没整体建构起师资培养体系，不少中小学劳动教育课程缺乏专业化的师资队伍，兼职的老师们没有扎实的专业基础，缺乏对劳动的认知和体验。为加强专业老师的输出，师范院校的课程设置与实施需要进行及时的跟进和相应的调整和变革。三是还没有构建起内外（校内校外）与长

短（学段）结合的具有地方特色的劳动教育体系。当前劳动教育的内容和形式随意性比较大，目的性不强，影响并制约着学生学习兴趣和教师教学效能。四是学校、教师只注重劳动项目、劳动任务的完成，没有注意劳动的体验与收获，普遍存在着“有劳少育”的问题。五是评价问题。一方面，许多学校还没建立起劳动教育的课程评价体系，另一方面，平时表现性评价、学段综合性评价所需要的评价工具，教师们还不是很熟悉。当然，各地各学校还存在着林林总总的其他问题。

四、新时代劳动教育的应有之为

劳动教育的理想追求是“使每一个人早在少年时期和青年早期就能领悟到劳动能使他的自然天赋更全面、更明显地发挥出来”（苏霍姆林斯基语），为了实现这一理想追求，我们要把劳动教育渗入德育、智育、体育和美育之中，同时做到：

1. 劳动教育必须以人为本。劳动教育对大中小学生的成长和发展具有积极的现实意义与深远的历史意义，新时代的劳动教育要始终以关注人的全面发展为行动纲领，始终以人的发展为价值旨归，必须站在时代高度，素养占位，以人为本，绝不能为了劳动而劳动。我们要根据《义务教育课程方案和课程标准（2022年版）》的要求，依据学情分析，整体设计学校课程，选择适宜的劳动形式，充分挖掘劳动在树德、增智、强体、育美等方面的育人价值，将培养学生的劳动观念、劳动精神贯穿课程实施全过程，引导学生树立“劳动最光荣、劳动最崇高、劳动最伟大、劳动最美丽”的劳动价值观念、崇尚劳动、尊重劳动，增强学生对劳动人民的感情，发展其创新意识，提升其实践能力和社会责任感，让学生成为懂劳动、会劳动、爱劳动的时代新人。

2. 劳动教育必须与时俱进。人工智能时代的到来深刻改变了劳动的既有形态和劳作方式，同时也使劳动教育的内在意蕴产生了新的变化，因此劳动教育要体现时代特征，与时俱进。一方面，在充分发挥传统劳动、传统工艺项目育人功能的同时，要紧跟科技发展和产业变革，准确把握新时代劳动工具、劳动技术、劳动形态的新变化，创新劳动教育内容、途径、方式，增强劳动教育的时代性。另一方面，加强劳动教育内容的选择，劳动方法的选取要与学段相符合、与时节相适应，同样的任务群在不同学段要有所区别，在不同的时节要有不同的要求，不可以“一刀切”。

3.劳动教育必须因地制宜。各地各学校要结合当地自然、经济、文化等方面的条件，充分挖掘行业企业、职业院校等可利用资源，采取多种方式开展劳动教育。学校制定的劳动教育内容体系要覆盖生活劳动、生产劳动和服务性劳动，同时突出自身特色，可以选择“优势发展”，利用学校属地资源、师资资源优势，宜农则农，宜工则工；也可以选择“差异发展”，从学生全面发展的愿景出发，从学生见得少、接触得少的项目中选取劳动内容，补齐发展的短板。根据属地的地域特点、学校的办学特色，对劳动教育的内容进行深化，形成学校自身的劳动特色项目。

4.劳动教育必须以实践为主线。目前，中小学劳动教育大都局限在教室之内，学校劳动教育更多属于“颈部以上”的教育。劳动教育当然需要对劳动知识进行讲解说明、指导示范，需要对活动进行反思交流、总结提高，但劳动教育更重在实践，重在体验，劳动教育的核心是学生通过亲历劳动过程，在完成劳动项目或任务的同时，使劳动素养得以提升，热爱劳动、热爱劳动人民的情感得到加强。因此我们要注重动手实践、手脑并用、知行合一、学创融通，倡导“做中学”“学中做”，注重引导学生从现实生活的真实需要出发，亲历情境，亲手操作、亲身体验，经历完整的劳动实践过程，避免单一、机械的劳动技能训练，避免简单的劳动知识讲解，避免缺少实践、过于泛化的考察探究。教师应注重引导学生通过设计、制作、试验、淬炼、探究等方式获得丰富的劳动体验，习得劳动知识与技能，感悟和体认劳动价值，培养劳动精神。

5.劳动教育必须注重综合评价。通过对学生的劳动过程与结果进行合理评判与分析，不仅可以有助于了解中小学生在劳动过程中取得的成绩和进步，还可以明晓劳动教育存在的问题和困难，从而找到改进的方向和措施。评价具有育人导向，以及诊断、选拔、激励和推动改进的功能，不实施科学的系统的评价，劳动教育只是搞搞形式，走走过场，难以达到以评价促进发展的目的，难以实现劳动教育课程的育人价值。《指导纲要》要求做好劳动教育中学生平时的表现性评价和学段的综合性评价，指导学生做好写实记录，以评价促发展。因此学校要建立起评价内容多维，评价主体多元、评价方法多样的劳动教育课程评价体系；既要关注劳动技能，更要关注劳动观念、劳动习惯和品质，以及劳动精神；既要关注劳动成果，更要关注劳动过程表现，重视平时性、表现性评价与学段综合评价，定性评价与定量评价相结合，运用好科学的评价工具。

我们组织部分优秀教师编写本书，主要在以下方面做了尝试。

第一，劳动教育已成为国家必修课程，我们尝试针对《义务教育劳动课程标准（2022年版）》规定的10个劳动任务群要达成的教育目标，按学段对课程进行整体设计，并努力使劳动实践围绕着不同学段的教育目标而展开，在一定的教学背景分析下，以典型教学设计或项目方案为样板，并配有案例评析，意图给人以启迪，力争最大限度地凸显劳动教育的课程价值。

第二，我们遵循通过劳动实践提升学生劳动素养的劳动教育原则，力求以丰富开放的劳动项目为载体，体现学生自主选择，凸显劳动实践主体，重点是有目的、有计划地组织学生参加日常生活劳动、生产劳动和服务性劳动，让学生动手实践、出力流汗，接受锻炼、磨炼意志，培养正确的劳动价值观和良好的劳动品质。

第三，我们坚持劳动教育的因地制宜原则，努力从学校的地域、历史、人文、传统出发，开发典型案例、教学设计和项目方案，展示南京特色的劳动教育，希望给人以启迪：充分利用当地文化资源、学校场域资源、社会劳动教育资源和空间等开展具有自己特色的符合当地学情的劳动教育。

第四，提供一些相关知识链接，以增添读者的阅读乐趣，进行知识拓展，提升读者的劳动学科素养。

好雨知时节，当春乃发生，劳动教育的春天到了，让我们不负时代，不负自己，用先进的理念，以素养的占位、辛勤的双手，播下劳动的种子，辛勤耕耘，为“五育并举”“德智体美劳”全面发展的教育天空勾画一抹靓丽的劳动教育彩虹。

刘权华

2023 年 5 月 6 日

第一章　清洁与卫生

背景介绍

《习惯说》中，有这样一句话：“一屋不扫何以扫天下。”意思是说连一间屋子都不打扫，怎么能够治理好天下呢？可见，清扫卫生看似平凡普通，却是一件非常重要的事。

在教育部颁布的《义务教育劳动课程标准（2022 年版）》中，“清洁与卫生”是 1~4 年级学生日常生活中最基本、最重要的劳动内容之一。清洁是指通过洗涤、扫除、整理等劳动，除去物品上沾染的尘土、污渍、油垢等；卫生这个词拆开来看，卫有卫护、维护的意思，生是生命、生机，连起来可以解释为卫护人的生命，维护人的健康，在课程标准中可以引申为“能预防疾病，并有益于健康，符合卫生要求”。“清洁与卫生”任务群旨在通过引导学生参与有关清洁的劳动，达到卫生的标准，其内容包含对环境、物品的清洁，以及个人卫生和公共卫生的相关劳动。任务群依据卫生工具的操作、清洁卫生的要求、安全系数的大小和所必备的劳动能力等多方面因素，从易到难设置内容的进阶。

南京是江苏省的省会，作为经济发达地区的城市，大多数本地家庭对清洁与卫生有着较高的要求，家中的清洁工具也随着时代的发展不断更新换代；加之南京地处长江下游地区，每年的六七月间为梅雨期，家中易潮湿，一些物品、食物容易发霉，及时清洁非常重要。

学生在幼儿园已开始参加一些清洁方面的自我服务劳动，学习餐前便后自己洗手，起床后自己洗脸，基本学会了简单的自我服务劳动。到了小学阶段，学生需要获得进一步提升，通过参与清洁与卫生的劳动实践，认识并正确使用清洁卫生的劳动工具，养成积极主动参与日常清洁劳动的习惯，在劳动实践的过程中，掌握日常清洁必备的劳动技能，养成良好的个人卫生习惯和公共卫生意识，进而养成热爱劳动、讲究卫生的情感和态度。

学习目标

第一学段（1~2 年级）

认识笤帚、拖把、抹布等常用的卫生工具，学习并掌握使用这些工具进行打扫的方法，做到操作正确，用完及时洗净，归还到位；认识洗涤用品，学会选择合适的洗涤用品，学会清洗小件衣物等简单劳动的方法；养成讲究个人卫生的意识和习惯；养成不随便扔垃圾的习惯，初步建立垃圾分类的意识和维护公共卫生的意识；在清洁地面、衣物、桌椅等过程中，感受劳动的快乐，从而愿意参加劳动。

第二学段（3~4 年级）

能正确使用简单的卫生工具和日常消毒用品，针对居室保洁、家具物件保洁开展劳动；积极参与教室卫生打扫，会收拾整理讲台、教室书柜等，能完成擦窗户、排桌椅等教室卫生打扫，具有一定的劳动能力和个人防护能力；有意识地进行垃圾分类，并养成长期分类投放垃圾的习惯；有通过劳动创设洁净的生活、学习环境的意识和公共卫生安全意识，养成良好的个人卫生习惯，具有热爱劳动的态度，初步学会与他人合作劳动。

学段大单元设计

第一学段（1~2 年级）

（一）主题选择

对于第一学段的学生，“家”是他们最熟悉的地方，在家里，他们常看见家长清扫与整理，通过“我是清洁小卫士”这个主题的学习，可帮助学生认识并学会正确使用常见的居家清洁工具，如笤帚、拖把、抹布，知道用后要清洁；掌握基本的清洁与卫生方面的劳动技能，如拖地的方法，用抹布擦拭的方法，让学生乐意参与家庭的清洁劳动，养成不随便扔垃圾的习惯，为美化清洁自己的家出一份力；与此同时，让学生初步建立垃圾分类意识和维护公共卫生的意识，愿意参与班级的清洁劳动，在劳动的过程中感受快乐。

（二）内容规划

教师可根据第一学段学生的年龄特点，选择相对安全，同时也是最基础的清洁工具：抹布、笤帚与拖把，展开活动设计。根据“我是清洁小卫士”这个主题，结合一二年级学生的年龄特点，笔者设计了以下三项活动：“我会抹桌子”“我会扫地”“我会拖地”，每项活动安排 1 课时。

活动项目	学习目标	活动建议
我会抹桌子	1. 认识了解不同抹布的特性，能根据需要选择合适的劳动工具。 2. 学会搓洗抹布，拧干抹布；能按照一定的顺序把桌子抹干净。 3. 养成主动收拾、整理与打扫的习惯。 4. 在劳动中，明白干净美好的环境需要大家共同维护，乐意参与清洁劳动。	1. 通过示范教学，现场练习，引导学生掌握抹桌子的技能。 2. 课后开展家庭劳动打卡，让学生养成乐于参与家庭劳动的习惯。

续表

活动项目	学习目标	活动建议
我会扫地	1.认识了解不同扫帚的特性，会选择合适的扫帚。 2.学会正确使用扫帚的方法与扫地方法，能按照一定的顺序把地面扫干净，并将扫出的垃圾用簸箕撮干净。 3.养成主动打扫的习惯，乐意参与家务劳动。 4.在劳动中不怕脏不怕累，初步了解垃圾分类知识，明白干净美好的环境需要大家共同维护，乐意参与清洁劳动。	1.通过示范教学，现场练习，让学生学习并掌握扫地的方法。 2.结合校内与校外开展这项技能练习，让学生养成劳动的习惯。
我会拖地	1.认识各种各样的拖把，了解不同拖把的特点与使用方法。 2.学会正确使用拖把拖地的步骤和方法，学会横拖和竖拖两种方法。 3.养成主动清洁居室或教室的习惯，懂得劳动的辛苦，保持室内清洁。 4.在劳动中，学会根据不同的需要选择合适的劳动工具，明白干净美好的环境需要大家共同维护，乐意参与清洁劳动。	1.通过创设情境，引导学生观察并选择合适的劳动工具开展劳动。 2.通过现场练习，让学生掌握拖地的方法。 3.结合校内与校外开展这项技能练习。
……		

（三）资源开发与利用

本主题的劳动项目可以在学校内、教室内进行，也可以家校联合，延伸到家庭中开展日常清洁劳动。由老师指导劳动方法，并在校内开展实践，再由家长在家中，给学生劳动的机会，让他们参与家庭的清洁劳动，增强主人翁意识。开展这项主题，可利用教师资源、教室资源，也可以请学校的保洁员担任指导老师，利用专业人士进行劳动技能指导，还可以请家长做指导老师，利用家庭进行劳动资源开发。校内、家庭、社区皆可开展劳动活动，从而实现“家校社”协同育人。

第二学段（3~4 年级）

（一）主题选择

日常生活中清洁与卫生除了包括居室的保洁、家具物件的保洁、厨具和炊具的清洁之外，衣物的清洗也是其中的重要方面。3 ~ 4 年级的学生在清洗物件的复杂程度和清洗要求方面，比低年级的清洗红领巾要高，洗好之后还要根据所洗物品的材质，学会正确的晾晒方法。因此本单元以“我是洗涤小能手”为主题，引导学生学习清洗自己的鞋、袜、内衣和书包等，学习认识衣物上的洗涤标签，在清洗时会选用合适的洗涤用品。

（二）内容规划

根据第二学段学生的年龄特点，教师可选择相对难洗的物品让学生清洗，如比较厚的袜子，学生自己的鞋子、书包等。这类物品一般无法用洗衣机洗涤，清洗的难度也略高，对于晾晒也有独特的要求。活动需从学生已有经验出发，让学生真正理解劳动的具体要求。不同物品的清洗方式，可选用的洗涤产品、辅助工具都不一样，学生应做出合理的选择。学生在劳动的过程中，体验到劳动辛苦的同时，也要学会爱惜父母的劳动成果，不把自己的书包、鞋、袜乱丢乱放，保持居室整洁，养成良好的生活习惯。鉴于此，根据“我是洗涤小能手”这个主题，结合三四年级学生的年龄特点，笔者设计了以下三个活动：“我会洗袜子”“我会洗鞋子”“我会洗书包”，每个活动安排校内学习 1 课时，家庭实践 1 次。

活动项目	学习目标	活动建议
我会洗袜子	1. 了解不同材质袜子的洗涤要求。 2. 选择适合的洗涤产品洗袜子，学会搓洗关键部位袜尖与袜跟。 3. 养成自己事自己做的习惯，主动参与家务劳动。 4. 劳动中不怕脏不怕累，树立正确的劳动观念。	1. 通过课堂交流与体验，引导学生学习劳动方法。 2. 通过操作实践，让学生熟练掌握劳动技能。 3. 结合家庭劳动，让学生养成劳动习惯。
我会洗鞋子	1. 了解鞋子的材质与洗涤要求。 2. 选择适合的洗涤产品，学习用刷子刷洗，并用学过的方法清洗、晾晒拆下的鞋带。 3. 养成自己事自己做的习惯。 4. 劳动中不怕脏不怕累，懂得珍惜劳动成果，树立正确的劳动观念。	1. 通过示范教学，现场练习，引导学生掌握洗鞋子的方法。 2. 课后切实开展这项技能练习，展示劳动过程资料，评比劳动成果。

续表

活动项目	学习目标	活动建议
我会洗书包	1. 选择适合的洗涤产品，学习用刷子刷洗书包表面与口袋内部。 2. 练习刷洗背带，能正确晾晒书包。 3. 体会到刷洗书包的不易，养成爱惜书包，不乱丢乱放的好习惯。 4. 劳动中养成遇到困难能坚持的品质，初步树立劳动中的环保意识，懂得珍惜劳动成果。	1. 通过观察讨论，明确洗涤方法。 2. 有条件的可开展现场操作练习，让学生熟悉清洗步骤。 3. 结合校内与校外开展这项劳动的实操。
……		

（三）资源开发与利用

本单元的劳动项目需要家校联合开展，在课内学方法，有条件的可组织学生校内体验，如校内条件受限，可延伸到家庭当中开展日常劳动，形成家校合力。

教师应在校内充分挖掘资源，可以组织学生进行相关的阅读活动，学习洗涤知识，学会看衣物上的标签，了解不同产品的洗涤方法及要求；了解洗涤用品的特性，了解市面上一些快捷清洁类产品的作用与使用方法，多角度获取劳动知识，让学生能根据洗涤的物品选择合适的洗涤产品，还可以请有专业知识的家长到校给学生开展相关的微讲座。

有条件的学校可以组织学生参观服装厂，学习织物对洗涤的具体要求，在拓展知识的同时，让学生了解正确的劳动方法，学会尊重普通劳动者，增强劳动的责任意识。

典型项目设计

第一学段（1～2年级）

我会拖地

学习目标：

1. 认识各种各样的拖把，了解不同拖把的特点与使用方法。

2. 学会正确使用拖把拖地的步骤和方法，学会横拖和竖拖两种方法。

3. 主动参与劳动，养成主动清洁居室或教室的习惯，懂得劳动的辛苦，保持室内清洁。

4. 在劳动中，学会根据不同的需要，选择合适的劳动工具进行劳动，明白干净美好的环境需要大家共同维护，乐意参与清洁劳动。

学习重点：学会正确使用拖把拖地。

学习难点：根据不同的任务情境，选择正确的劳动工具开展劳动。

学习准备：

1. 棉纱拖把、胶棉拖把、平板拖把、静电拖把等不同材质的拖把。

2. 根据需要由教师创设不同的拖地情境，给学生创造实践空间。

学习过程：

活动一：情境导入

教师创设生活情境，引出劳动工具——拖把，请学生说说拖把的作用。

活动二：探究学习

1. 教师提问：你家的拖把你用过吗？你家的拖把是什么样的？

2. 教师展示各种拖把实物，让学生简要了解其构造；让学生说说还见过什么样的拖把，是在什么地方看到的。

教学预设：传统拖把、棉胶拖把、旋转拖把、平板拖把。

教师总结：拖把的种类很多，不同拖把特性也不同，适合在不同的地面环境使用。

【设计意图】

从学生的生活经验出发，结合实物、图片，引导学生观察、归纳、总结，认识拖把的主要结构，并根据不同的生活场景认识不同的拖把。

3. 学习横拖和竖拖。

（1）学生代表尝试使用拖把，教师指导学生学习握拖把的正确姿势：一手握住拖把杆中部，另一手握住拖把杆上部，两手之间要有一定的距离，便于使力。

（2）教师出示横拖与竖拖两张图片，让学生仔细观察图片，请学生代表模仿图片中女生拖地的样子，进行拖地演示，其他学生点评。

教师在学生演示时介绍拖地的要点：横拖是左右推移；竖拖是前后推移。

4. 体验劳动：

竖拖

横拖

（1）以小组为单位，组织学生分别用拖把尝试横拖与竖拖两种拖地方式，教师巡视，相机纠正学生动作。

（2）请学生说说拖地的体会和使用拖把的感受。

教师小结：有的小朋友手臂力量比较大，喜欢横拖；有的小朋友手劲小，喜欢竖拖。我们可以选择适合自己的一种方式拖地，但是在拖地的过程中不能一会儿横拖，一会儿竖拖，不然，地会拖得像张花脸。

5. 回顾：请学生说说拖地的主要步骤。

根据学生回答，教师作小结（写板书）。

6. 发现问题，总结拖地方法。

教师播放视频，展示错误的拖地方法，让学生找出其中的错误。

教学预设：

错误 1：拖地时地上有很多纸屑杂物就直接拖。

正确做法：在拖地之前，用扫把把地面扫干净。

请一名学生上台示范用扫把清扫地面，由教师和其他学生进行评议。

错误 2：一会往前拖，一会儿往后拖。

正确做法：拖地时按照一定的顺序，从里到外退着拖。

请一名学生上台示范按顺序拖地，由教师和其他学生进行评议。

错误 3：边角的地方拖不到就不拖了。

正确做法：边角处可改用其他物品进行清洁，如擦地的抹布。

请一名学生上台示范用抹布清理教室边角，由教师和其他学生进行评议。

错误 4：洗好的拖把直接放回原处。

正确做法：洗好的拖把要尽量拧干，直到不再滴水时放回原处（否则地面上水迹太多，地面容易成花脸，小朋友很容易滑倒）。

请学生说一说不同拖把拧干的方式，然后让学生尝试拧干现场准备的拖把，教师进行现场指导。

【设计意图】

教师具体指导学生学习使用拖把的不同方法，现场进行实践教学，在互动交流、互相评价、互相提醒的过程中让学生熟悉拖把的使用方法，并掌握劳动技能。

活动三：实践体验

1. 教师创设劳动情境，布置任务，可设置不同的地面状态：地砖地面，地板地面，地面有水，地面有颜料等，学生小组合作，商议拖把选择，开展实践操作。

2. 教师观察各小组拖地的情况。

【设计意图】

在真实的劳动实践中培养孩子们注意安全、规范操作、整理有序的良好习惯。

活动四：交流评议

1. 老师针对各小组的表现说说每个小组在拖地时哪些地方做得很好，哪些地方还需要改进。

2. 师生共评：方法正确、操作有序、地面干净的小组，可获得“劳动小能手”的奖章。

【设计意图】

建议教师关注劳动评价，提倡多元评价，以积极的评价方式，结合劳动小能手的奖章颁发，激发学生主动劳动、热爱劳动、以劳动为荣的情感。

活动五：拓展创新

1. 教师出示拖地小妙招，如清洗拖把时加入衣物柔顺剂、食盐、柠檬汁等。

2. 新技术介绍：教师播放视频，介绍洗地机。

3. 课堂小结，课后延伸：

教师引导学生将学到的拖地方法用到生活中，回家完成“家务劳动打卡表”，请家长做评委。

板书设计：

拖地

清扫地面要干净

使用拖把要拧干

有序拖地里到外

清洗拖把晾晒干

【案例评析】

本项目从学生的实际生活出发，围绕“我是清洁小卫士”这个主题展开设计，抹桌子、扫地和拖地都是学生参与日常家务劳动或班级打扫的重要项目。“我会拖地”从认识不同种类的拖把入手，引导学生了解劳动工具的特性，知道其使用的环境，教师从学生已有经验出发，让学生在使用拖把的过程中自己总结拖把特点，掌握使用方法、分辨使用环境，进而产生学习的意愿，了解拖把使用的步骤与要领，习得劳动技能，养成主动参与劳动的习惯。

在活动设计中，教师设置了一些小障碍，如清洁不同地面时的拖把选择，边角处、缝隙处的处理等，让学生产生“跳一跳摘桃子”的挑战愿望，能抓住细节，深度学习使用拖把的技巧，以提高劳动能力，同时也让一些认为拖地很轻松的学生感受到拖地也是有学问的，也是需要学习的。

学生通过学习与劳动实践，切身体会到清洁与卫生给生活与学习环境带来的改变，从而对清洁与卫生劳动有正确的认识，形成正确的劳动观念，这是劳动教育扎根学生内心的最好表现。

【阅读材料】

拖把的种类与用途

传统拖把：一捆布系在一根长木杆的一端，这种拖把制作简单又便宜，去污能力强，但拧干不方便，且不适合木质地板。

胶棉拖把：这种拖把的清洁头由聚乙烯醇海绵制成，具有超强的吸水能力。清洗时，只需将海绵浸入水中，拉动拉杆可将污水挤出。除了清洁地板，这种拖把还可以清洁瓷砖地面、玻璃表面，或用于吸去地面多余的水。

旋转拖把：这种拖把采用离心力的原理，配合专用的拖把桶，利用一

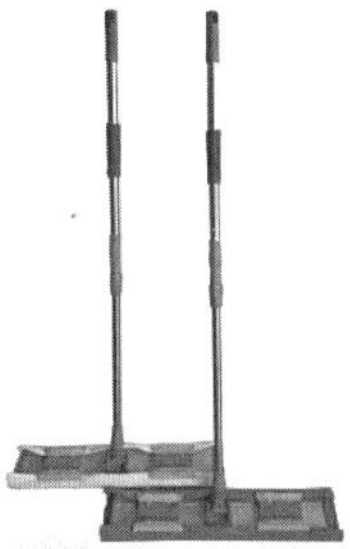

点人力按压拖把就可以进行甩干，并达到像在洗衣机里甩干的效果，使用方便。

曲柄拖把：曲柄的摇杆可以让拖把头轻松转动，走出S形或螺旋形轨迹。一方面，拖把头不再需要频繁启停，不再需要克服无用的摩擦阻力；另一方面，污垢和碎屑不再被推来推去，可以轻松存放在拖把头下，被压制并带走。同时，曲柄摇杆还可以为水洗拖把头提供高速旋转动力，有利于拖把头的彻底清洁。

无尘拖把：这种拖把利用卡扣将吸水布或专用拖把头牢牢夹住，吸水性佳且去污力强，拖布清洗容易，快干且耐用；其重量轻巧，操作方便，装有螺栓轮，便于从手柄上装上或卸下欲更换的拖把头，且无须更换拖把柄。

拖把的保养窍门：

1. 用后一定要洗干净并且拧干放至通风处，避免发臭和产生异味。

2. 拖把有异味时可使用稀释的漂白水来清洗。

3. 拖把上粘有毛发可以用刷子协助清除或是等待干燥后再用胶带粘除。

4. 布料材质较细的拖把，不适合用于重油垢地渍的清洗，易造成拖把磨损，影响使用期限。

5. 为保持居家清洁卫生，拖把头建议每两到三个月更换一次。

6. 搭配清洁剂使用，分量不可太大，否则易残留，影响拖把使用寿命。

（作者：南京市洪武北路小学　陈莉）

第二学段：（3～4年级）

我会洗书包

学习目标：

1. 学会选择正确的洗涤用品与工具，并用正确的方法清洗书包。

2. 学会用正确的方法晾晒书包。

3. 乐意参与劳动，养成主动清洁和参与劳动的习惯，能体会到劳动的辛苦，爱惜劳动成果。

4. 树立洗涤环保理念，养成环保意识。

学习重点：学会逐层进行书包内部的清洗。

学习难点：刷洗书包时，每个地方都要刷到。晾晒书包时，夹上夹子避免掉落。

前期准备:

1. 大小合适的盆、刷子，不含磷的洗衣液（也可以是洗衣粉）。

2. 需要清洗的书包。

活动过程:

活动一：情境导入

1. 教师出示谜语：“四四方方一口箱，书本文具里面藏，每天上学离不了，它是我们的好伙伴。”学生猜谜语。

2. 教师发言：在日常生活中，书包用上一段时间会变脏，书包脏了背在身上很不卫生。由此，引出清洗书包的主题。

【设计意图】

谜语的设置能激发学生学习兴趣，从生活现象入手，引导学生产生讲卫生、爱劳动的意识，形成劳动的需求。

活动二：方法学习

1. 学生小组交流，讨论常见的书包式样及其制作材料。

2. 教师请学生汇报交流的结果。

教师总结：常见书包有双肩背包、拉杆书包、斜挎包，材料多为帆布、塑料，有的书包还配有金属饰品。

3. 教师出示书包，组织学生讨论：书包的哪些部位特别容易脏呢?

请学生拿着书包，向全班介绍讨论的结果。

4. 请学生说一说，洗书包和洗袜子、洗衣服有什么不同？家长是怎么洗书包的?

教师引导学生分享自己的观察结果，并尝试总结清洗步骤。

5. 准备清洗工具

请学生说一说清洗书包时需要用到的工具，并互相补充。

教师总结：清洗书包的工具有盆、刷子、衣架（晒衣篮）、夹子等，清洗材料有洗衣粉、洗衣液等。

教师提示：现代人越来越重视环保，要选择不含磷的洗涤产品，避免对环境的破坏。另外，在用量上，要按照正确的配比使用洗涤产品，过少过多都不恰当。

6. 请学生先说一说清洗书包的步骤，再通过看视频，进行补充。

教师总结清洗书包的步骤：浸泡——刷洗——漂洗——晾晒

7. 教师明确上述步骤中最重要的一步——刷洗，教授学生刷洗方法，如细小的地方可以借助旧牙刷刷洗。

教师总结洗书包要点：从内到外，逐层刷洗；角角落落，都不错过；底和背带，反复刷净；清水再刷，洗净再晾。

【设计意图】

结合学生已有经验，让其熟悉书包的材质与样式，为后续劳动做好准备，通过观看视频，引导学生学习清洗书包的步骤和方法，并在观察、交流、总结的过程中，掌握劳动的方法，特别是刷洗书包的方法，帮助学生提高清洗的效率，学习洗书包的同时，培养健康环保的洗涤理念。

活动三：模拟操作

1. 学生小组合作开展模拟操作。

2. 教师明确小组操作要求：

（1）准备书包和刷子，学生轮流对书包进行模拟刷洗。

（2）对照视频，互相观察组内伙伴刷洗的步骤是否正确，小组成员相互提醒，相互指导。

3. 教师启发讨论：刷洗且漂洗干净的书包如何晾晒？

教师引导学生根据生活经验，说出晾晒的三种方法：一是用衣架晾晒（边说边演示），把书包肩带挂在衣架上，用夹子固定，防止掉落再次弄脏；二是用晒衣篮晾晒；三是平铺晾晒（边说边演示）。

请学生说一说晾晒书包的注意事项。

教师总结：先把书包肚子里的水尽量倒干，避免书包滴水严重，影响邻居；建议先放在卫生间，把水滴干，不滴水时再晾出去，不能影响他人

【设计意图】

在小组模拟操作中，让学生互助学习，以达到熟练掌握洗涤方法的目标，同时注重培养学生的责任意识。

活动四：实践活动

1. 教师布置实践任务：利用假期动手洗洗自己的书包，假期后进行评比。

2. 不同的织物在洗涤时对于水温、晾晒有不同的要求，教师可以引导学生课后开展劳动小技巧的研究。

【设计意图】

课堂指导与家庭劳动相结合，可以促进学生劳动能力的提高，对劳动习惯和品质的形成也有积极作用。对洗涤小窍门的探究能激发学生的劳动兴趣，让其学习科学的清洁方法，更好地用于日常生活劳动。

板书设计：

我会洗书包

工具：盆、刷子、衣架（晒衣篮）、夹子

步骤：浸泡

从内到外，逐层刷洗

刷洗角角落落，都不错过

底和背带，反复刷净

清水再刷，洗净再晾

晾晒要固定好

不扰邻

【案例评析】

上述案例安排的活动项目包括洗袜子、洗鞋子、洗书包，难度逐渐增[illegible]洗书包这个劳动项目的选择，贴和学生的实际生活，教师通过指导学[illegible]清洗书包的步骤、方法与注意点，培养学生日常生活的劳动能力，在活动中还渗透了劳动意识、环保意识的培养。在探究清洗书包的步骤与方法的过程中，一方面引导学生体会洗书包与以往学习的洗红领巾、袜子等小件衣物的异同，充分调动学生的已有经验开展教学；另一方面，教师在教学中采用了学校主导、家庭协同的教学方式。因为受到现场条件与学生年龄特点的限制，课堂教学采用了无水刷洗的模拟操作，通过小组的互学互助，让学生对洗涤步骤有了进一步的认识，为学生后期开展家庭劳动实践做好准备。

在案例中，教师特别注意通过对劳动细节的指导，培养学生的劳动品质、劳动能力和公民素养。教师引导学生思考书包的什么部位最难清洗，应该怎样清洗这些部位，从而启发学生思考清洗的方法，在师生互动的过程中总结出清洗的要点；之后，在模拟刷洗的过程中让学生互相提醒、互相指导，在互助互学中促进学生劳动能力的形成。在指导学生晾晒书包的环节，教师引导学生考虑到书包不像袜子那样容易拧干，滴水的书包不能晾在阳台外，以免水滴到楼下，影响他人，利用这样的细节让学生关注到邻里关系，培养了学生的劳动责任与公民素养，这也是劳动教育的意义所在。

最后设计的课后实践活动，向课外拓展了学生的劳动空间，也启发学生进行自主学习和资料阅读。教师引导学生研究洗涤的小窍门，有利于学生掌握科学的清洗物品的方法，为日常生活劳动积累经验，在潜移默化中形成劳动素养。学生通过学习与劳动实践，切身体会到清洁与卫生给生活与学习环境带来的改变，从而就清洁劳动建立正确的认识，形成正确的劳动观念，让劳动创造美好生活的理念扎根心中。

【阅读材料】

洗涤标识认一认

1. 水洗符号

插入一只手表示可以手洗，标注 30℃等温度表示水温必须控制在这个温度以下；如果打“×”，表示不能水洗。

2. 熨烫符号

下图左一是熨烫基本符号，如果打“×”，表示不能熨烫，“·”表示熨烫温度，“·”越多，表示熨烫温度越高。

3. 维护符号

以下为专业维护符号：圆圈中有个 P，表示可以干洗，干洗剂类型是四氯乙烯；圆圈内有一个字母 W，表示应该选择专业湿洗；如果圆圈里面打“×”，表示不能干洗；圆圈内什么都没有，表示可以干洗且干洗剂不限类型。

4. 干衣符号

下图是干衣符号，外层是方框，里面是圆圈，则表示可以机器烘干，如果圆圈中有一个“·”，表示可采取低温机器烘干，有两个“·”则表示可采取常温机器烘干，如果圆圈内有个“×”则表示不能用机器烘干。

洗涤标志种类繁多，有时不同的国家标注也会有所不同，认识常见的洗涤标志，我们才不会在清洗物品时，因为已有的不良习惯造成对物品的损坏。

（作者：南京市洪武北路小学　陈莉）

第二章　整理与收纳

背景介绍

教育家叶圣陶说过：“教育的本质，就是培养习惯。”提高孩子的自理能力、独立生活能力，从培养整理与收纳习惯开始。从小培养孩子收纳整理的好习惯，就是让孩子学会自我管理，学会独自面对生活中的问题，从而学会掌控自己的生活与人生。可以说，学会管理自己的物品，是塑造孩子自我概念的重要环节。

教育部颁布的《义务教育劳动课程标准(2022年版)》中，“整理与收纳”作为一个任务群，贯穿于1~9年级学生的日常劳动，从1~2年级整理自己的书包，收纳铅笔盒等单一的学习用品，到7~9年级收拾行李箱，并兼顾行程中衣食住行用各方面需要，从摆放有序合理、取用方便，到设计有特色、易操作的环境美化方案，内容要求由易到难，劳动范围从小到大，逐段提升。每个学段包含整理与收纳两个方面的教学内容，整理重在有序、整齐，收纳重在对有限空间的清理与合理利用，二者既不同又紧密相关。“整理与收纳”是培养学生生活生存劳动技能必备的任务群，学生通过学习掌握整理、收纳的方法，从而获得一定的生活自理能力以及统筹思维能力。

笔者所在的城市南京属于亚热带季风气候，四季分明，春季风和日丽，夏季炎热潮湿，秋天干燥凉爽，冬季寒冷干燥，季节的温差相对较大，每到换季常用生活用品和衣物需要更换，整理与收纳的劳动必不可少。正所谓，“自己的事情自己做，家里的事情帮着做”，作为小主人的学生们，需要掌握“整理与收纳”的方法，以增强生活自理能力。教师教学时应有效利用家庭资源，学校场馆、设施资源，开展集中指导，让学生进行实际操作，把劳动落到实处，从而获得真实的劳动感受；还可以走出校门寻找社会资源，让学生向专业人员学习整理与收纳的方法。随着时代的发展，整理与收纳也有了新的意义与价值，它不仅仅是简单的物品整理与摆放，更包含了物品与空间的协调关系。学生不仅仅要掌握整理与收纳的基本方法，还要掌握劳动智慧，知道爱劳动、会劳动才能创造美好环境，认识到“劳动是一切幸福的源泉”的道理，从而形成尊重劳动、崇尚劳动的观念。

学习目标

第一学段（1~2 年级）

通过收纳小物件、整理书包、整理桌肚等劳动实践，初步掌握基本的整理与收纳的方法；养成及时整理与收纳的习惯，培养管理自己生活用品、学习用品的能力；能够在“我是整理小能手”主题活动中体会劳动的乐趣，初步形成喜欢劳动、积极参加劳动的态度和自我管理的意识。

第二学段（3~4 年级）

掌握居家衣物整理与收纳的常用方法；能定期整理衣橱，理解及时整理与收纳能让生活环境变得整洁、美好的道理，初步形成热爱劳动的态度；逐步养成及时收纳、分类存放的好习惯；初步具有做事有条理、整理有方法、收纳有规律的生活能力。

第三学段（5~6 年级）

根据劳动空间内物品的必要性、占据空间大小等进行劳动规划，制定合理的解决方案；对个人生活环境内的书柜、衣橱等有依据地整理与取舍，学会用低碳、环保的方式处理无用物品；掌握物品消毒的方法，建立清除学习和生活环境中病原微生物的意识；养成及时整理的劳动习惯，具有较高的整理与收纳能力；形成初步的劳动筹划思维和家政能力，体悟劳动对于创造美好生活的意义。

第四学段（7~9 年级）

整体规划家庭各居室和教室内外的功能与装饰，设计有特色、易操作的环境美化方案，并能安全规范地加以实施；制定行李箱的整理收纳方案，灵活运用整理与收纳的方法，养成做事有条理的习惯；增强生活自理能力和家庭责任感，养成认真细致的整理收纳习惯；在解决问题的同时，发展自我管理与缜密筹划的能力，从而理解劳动对个人生活、集体建设的意义。

学段大单元设计

第一学段（1~2 年级）

（一）主题选择

课标要求在第一学段开展简单的清洁劳动。一二年级的学生年龄小，整理与收纳的经验、能力不足，故应从简单的整理收纳任务开始。收纳小物件、整理书包和整理桌肚这些活动与学生日常生活学习息息相关，便于开展学习和实践。建议教师开展“我是整理小能手”的主题活动，通过互助学习、实操练习、“好习惯打卡”、整理小能手竞赛等形式，营造家校共育的教育氛围，这是切实有效的劳动实践途径，符合低年级学生的年段特点和实际需求，有利于培养低年级学生收纳与整理自己物品的能力，帮助其树立勤于整理，合理收纳的意识。

（二）内容规划

基于第一学段的学生特点和知识能力水平，根据“整理与收纳”任务群在本学段的素养要求，笔者设计了“我是整理小能手”主题活动。本主题活动设置了“收纳小物件”“整理书包”“整理桌肚”三个项目，借助课堂学习、竞赛活动、家庭实践等形式，以激发学生的劳动积极性，让学生养成爱干净、爱整洁的好习惯，感受劳动带来的幸福感和成就感。

“收纳小物件”安排2课时，由教师指导学生借助收纳盒、收纳袋等工具，利用标签，对个人的小物件进行收纳与保存；“整理书包”安排1课时，由教师指导学生科学地对书包进行整理，将学习用品等合理有序地放进书包；“整理桌肚”安排1课时，旨在让学生合理利用桌肚空间摆放书本和学习用品等，养成爱干净的好习惯。

活动项目	学习目标	活动建议
收纳小物件	1.学会利用收纳盒、挂钩、防尘袋等收纳物品，学会收纳队徽、硬币等小物件，并掌握用“标签”进行归类整理的方法。 2.能够每天坚持整理小物件，养成自己的物品自己管理的好习惯。 3.在劳动的过程中，积极动手实践，及时总结经验，培养收纳意识。 4.培养动手整理、收纳的劳动能力，培养坚持劳动的精神品质，感受自主自理带来的快乐。	1.课前让学生准备好自己常用的小物件，以及收纳盒、小防尘袋等收纳用品。 2.利用家长资源，邀请家长进课堂，分享自己居家收纳小物件的方法。 3.鼓励学生将学到的方法运用到家里或班级小物件的整理与收纳中。
整理书包	1.认识书包，了解书包隔层的功能，能将课本、文具等分类整理，并平整、合理地放进书包。 2.树立整理收纳创造美好生活的观念，培养整理书包的劳动积极性。 3.养成每日整理书包的习惯，爱惜书包，保持书包内外层的干净整洁。 4.在劳动的过程中，体会动手整理带来的成就感和愉悦感。	1.布置学生课前调查了解同学们书包整理的情况。 2.教学时，发挥学生的自主性，充分给予学生时间进行互助学习，反复练习，强化整理书包的能力。 3.教师可以邀请班级学生拍摄整理书包的照片、视频，作为教学资源。
整理桌肚	1.能根据书本、文具等用品的形状、功能、使用频率等进行分类，并合理摆放在桌肚里。 2.明白干净整洁的桌肚对学习有重要意义，良好的环境有助于良好学习习惯的培养。 3.养成每日整理桌肚的好习惯，保持良好的课桌卫生。 4.在整理桌肚的劳动过程中，培养持之以恒的劳动精神。	1.课前拍摄一些比较整洁的桌肚的照片，作为课堂教学资源。 2.课堂上可以让学生做“小老师”，亲身示范整理桌肚的方法。 3.将“桌肚干净整洁”纳入班级每日考评，督促学生养成良好习惯。
……		

（三）资源开发与利用

教师可以结合劳动节相关主题，在低年级开展整理与收纳相关的劳动竞赛、“好习惯打卡”、“收纳小能手”评选与展示等活动，邀请从事相关工作或有整理与收纳经验的家长、教师参与课堂教学，传授经验和方法；充分利用网络资源，搜索和下载高质量的教学视频。教师应引导学生课后在家进行整理与收纳练习，让家长成为学生劳动习惯培养的评价主体，更成为助力学生的好伙伴。

第二学段（3~4 年级）

（一）主题选择

三四年级的学生已经能够根据需要，整理自己的生活用品、学习用品，初步掌握了物品分类方法，初步建立了及时整理与收纳的意识。在此基础上，3~4 年级的学习重点在于合理、有序地收纳、整理，整理范围进一步扩大，涉及衣橱、书柜，教室里的卫生柜、图书角等。鉴于此，笔者设计了“我是收纳小能手”主题活动，引导学生掌握常见衣物整理与收纳的方法与技能，养成及时整理、收纳有序的良好习惯，在实践体验中，培养统筹思维，体悟劳动创造美好生活的意义。

（二）内容规划

针对第二学段学生的知识基础与能力水平，围绕“整理与收纳”任务群在本学段的素养要求，“我是收纳小能手”主题活动安排了“巧手叠衣”和“衣橱整理有妙招”两个项目，除了课堂学习外还要引导学生开展家庭实践。

“巧手叠衣”需 2 课时，由教师引导学生掌握常见叠衣方法，并能够根据需要选择合适的叠衣方法；“衣橱整理有妙招”需 2 课时，旨在引导学生探索不同衣物收纳的方式以及合理规划布局衣橱的方法。希望通过以上两项活动，引导学生初步养成及时整理与收纳的习惯，在收纳与整理的活动中体会劳动的辛苦和乐趣，初步形成喜欢劳动、积极参加劳动的态度，增强生活自理能力。

活动内容	学习目标	活动建议
巧手叠衣	1. 了解并学习常见衣物的叠衣方法，能根据需要选择合适的叠衣方法。 2. 在叠衣物的活动中体会劳动的辛苦和乐趣，初步形成喜欢劳动、积极参加劳动的态度。 3. 具有整理自己衣物的良好习惯，养成自觉自愿为家人服务的劳动品质。 4. 在整理与收纳衣物的过程中初步感受整齐与收纳有序的美好，领悟“劳动创造美好生活”的道理。	1. 课前引导学生先观察生活中衣物整理与收纳的情况。 2. 课堂上重视实操练习及指导，可以采用比一比、赛一赛的方法激发学生的参与积极性。 3. 邀请家长协助做好居家衣物整理的实践活动。
衣橱整理有妙招	1. 了解并学习衣物的收纳方法，了解衣橱的布局，能够独立完成衣橱的整理工作。 2. 在整理衣橱的过程中体会劳动的辛苦和乐趣，形成积极的劳动态度。 3. 养成收纳有规律和及时整理衣橱、收纳衣物的好习惯。 4. 体会“劳动创造美好生活”，增强家庭责任担当意识。	1. 课前引导学生搜集家庭衣橱的布局与收纳的实际情况。 2. 课堂教学中教师不仅要引导学生学会整理与收纳的方法，还要培养学生统筹规划的思维。 3. 课后通过开展劳动打卡活动，引导学生开展持续至少一个月的实践活动，帮助学生形成良好的衣橱整理与收纳习惯。
……		

（三）资源开发与利用

整理与收纳的劳动内容相对集中在家庭和学校两大场域。在校内教师需要进行集中指导，引导学生掌握一定的整理与收纳的方法和技巧，并和家庭有效协作，利用好家里的相关物品，如书柜、衣橱、行李箱等，提高学生整理与收纳的能力与意识，还要利用好家长资源，因很多家长是收纳的能手，可以邀请相关家长进入学校，分享经验。学校还可以开展劳动打卡、衣物整理与收纳技能竞赛等活动，提高学生参与整理与收纳劳动的积极性。

第三学段（5~6 年级）

（一）主题选择

5~6 年级的学生已经学会把居室与教室内物品摆放整齐、合理收纳的方法，具有初步的整理收纳能力，本学段围绕学生劳动规划思维的培养而展开。随着学生的成长，所需物品也在不断地增加，很多学生有囤货的习惯，导致大量物品占据了学生的学习生活空间，主题活动“我是整理魔法师”通过在校的劳动学习，指导学生掌握合理进行区域划分和分类摆放的方法，引导学生养成及时整理、清洁的劳动习惯，同时帮助学生用低碳、环保的方式响应自然环境保护，将生活与学习紧密联系起来。

（二）内容规划

“我是整理魔法师”选取书柜和衣橱为劳动对象，两者都与学生生活密切相关。学生通过对书柜、衣橱的整理，可以掌握劳动的正确顺序，发现有序整理、科学收纳的方法，学会用合适的方式处理闲置物品；掌握对学习生活空间内器具的正确清洁、消毒方法，懂得安全操作，以维护自身与家人健康。

“我是整理魔法师”主题活动设置“书柜大扫除”“衣橱变变变”“消毒洗刷刷”三个项目，其中“书柜大扫除”建议设置 3 课时，第一课时掌握书柜清洁及有序整理的方法，第二课时进行校园书柜大扫除，第三课时进行劳动展示与评价；“衣橱变变变”建议设置 2 课时，第一课时掌握科学整理衣橱的方法，第二课时进行家庭劳动展示与评价；“消毒洗刷刷”建议设置 3 课时，第一课时学习消毒剂的安全使用方法，第二课时进行劳动实践，第三课时进行劳动展示与评价。

活动项目	学习目标	活动建议
书柜大扫除	1.整理书柜，树立自我管理意识，感受劳动带来的便捷。 2.对书柜内物品有依据地“取”“舍”，用低碳、环保的方式处理无用物品，对书柜进行合理分区，掌握分类、筛选等整理收纳的方法。 3.建立去除灰尘和病原微生物的意识，培养劳动的顺序性和条理性，形成初步的劳动筹划思维。 4.树立科学的劳动价值观，形成节约资源、勤俭持家、物尽其用、回馈社会的意识。	1.活动的开展需要学校建有图书馆，或设有多处图书角，同时准备相应的除尘工具，如除尘掸、吸尘器等。 2.校园劳动时，学生要注意遵守纪律，不要破坏公物，服从教师和图书管理员的安排。 3.家庭劳动的过程中可能会产生无用的书籍或学习用品，建议学校提供场域组织学生义卖，还可以联系所在社区联合开展。
衣橱变变变	1.体悟整洁有序的美感，能够自觉、主动参与劳动。 2.对衣柜内物品有依据地“取”“舍”，熟练运用分类、归拢、折叠等整理收纳技能，合理进行区域划分和分类摆放。 3.懂得清除病原微生物的道理，培养定期整理收纳的习惯。 4.崇尚劳动带来的秩序性，形成环保意识。	1.活动的开展需要学校配有相应的劳动专用教室，活动前配齐衣橱整理所需的工具及材料，提前告知学生准备的衣物类型。 2.活动中，教师应尊重学生家庭的生活习惯，引导学生掌握科学的衣橱整理收纳方法，注重操作实践。 3.对于家庭劳动，教师要主动联系家长，告知劳动任务，做好家校间沟通，保证学生顺利完成劳动任务。
消毒洗刷刷	1.理解清除灰尘和病原微生物的道理，认识到劳动带来良好卫生环境。 2.学会消毒剂的安全使用方法，对不同器具采用适合的消毒方式。 3.培养安全、卫生的劳动习惯，在持续性劳动中保护自我及家人身体健康。 4.养成健康生活的劳动观念，尊重校园普通劳动者。	1.活动前学校要准备用于消毒的劳动工具与材料，并提供可安全存放的区域。 2.活动中学生的实践操作要在教师的监督下做好防护，保证安全劳动。 3.对于家庭劳动，教师要提前告知家长劳动内容，取得家长的认同，让学生在家长的监督下安全劳动，避免伤害事故的发生。
……		

（三）资源开发与利用

本学段“整理与收纳”相关课程的开展可以挖掘网络资源，教师可以寻找与房间整理收纳相关的图片、视频等辅助课堂教学；可以挖掘人力资源，从家长、教师等学生最亲近的人当中，寻觅擅长整理收纳、空间消毒的人，为学生们树立榜样；可以挖掘学校资源，包括寻觅校园内最美课桌、最美讲台、最美办公桌等，利用教室的多媒体设备展示学生劳动的照片或视频，开展宿舍整理大比拼，利用学校的宣传大屏或者校园电视播放学生消毒整理方面的操作视频等，让更多的学生树立良好的卫生习惯；还可以挖掘区域资源，联系当地社区为其提供整理收纳服务，让学生体会服务社区的意义，增强公共服务的意识。

第四学段（7~9 年级）

（一）主题选择

7~9 年级的学生具有较高的整理收纳能力和初步的劳动筹划思维，故本学段将围绕策划缜密的劳动方案展开。“谋定而后动”，方案可以反映出学生的真实想法，梳理劳动的思路与方法，以达到事半功倍的效果。主题活动“方案在手，精彩于行”将扩大学生的劳动空间，以家庭各居室和教室内外为劳动场域，根据家庭、教室的布局，人员配比、环境情况等，让学生多维度思考衡量，缜密策划有特色、易操作的环境美化方案，同时结合学校的社会实践或研学旅行活动开展行李箱的整理与收纳，通过出行清单的制作，让学生养成认真细致的劳动习惯和做事的条理性。

（二）内容规划

本学段“整理与收纳”任务群要求以家庭、教室内外环境和行李箱等为劳动对象，开展实践活动，根据家庭居室的功能和家人的生活习惯进行劳动方案设计，灵活运用整理与收纳的方法，让空间更自由，居室更美观。良好的教室环境有益于学生的学习成长，教师可指导学生通过合作，设计有特色、易操作的环境美化方案，实现教室环境的升级；让学生在旅行方案的指导下准备适合旅行的衣物及生活用品，并有条理地放入行李箱，培养学生独立自理的生活能力。

“方案在手，精彩于行”主题活动设置“玄关的整理收纳”“校园图书角的整理美化”“行李箱的有效收纳”三个项目，其中“玄关的整理收纳”建议设置2课时，第一课时设计整理收纳的方案，第二课时进行劳动展示与评价；“校园图书角的整理美化”建议设置4课时，第一课时参观当地有特色的图书馆或请专家进校讲解，第二课时设计图书角美化方案，第三课时进行图书角整理美化实践活动，第四课时进行班级展示与校园评比；“行李箱的有效收纳”建议设置2课时，第一课时学习行李箱整理收纳的方法，第二课时进行劳动展示与评价。

活动项目	学习目标	活动建议
玄关的整理收纳	1.通过整理玄关，树立为家人服务的劳动观念。 2.设计适合的整理收纳方案，合理使用收纳器具，实现玄关功能的有效利用。 3.养成随时收纳清洁的习惯，减少细菌的滋生，保持玄关的整洁。 4.提升居住环境的品质，感受劳动与生活的紧密联系。	1.活动前可以请有收纳经验的老师、学生家长或整理收纳师等为学生讲解玄关收纳的方法。 2.活动中使用的消杀物品要安全存放，在教师监督下安全使用。 3.在家进行劳动实践时，学生要与家长沟通交流，确认劳动方案后再实施劳动。
校园图书角的整理美化	1.学会爱护学校环境，愿意为校园环境的改善出力流汗。 2.从校园文化的角度出发，规划设计校园图书角的整理方案，并能按要求执行劳动任务。 3.积极参与集体活动，安全劳动，养成主动为班级服务的习惯。 4.感受劳动对个人生活、集体建设的意义。	1.图书角的设计方案应与校园文化相适配，符合学生学习成长的要求。 2.针对学生设计的图书角装饰美化方案，学校应给予相应的经费用于方案实施。 3.学校应邀请图书管理从业人员讲解图书管理的具体要求，让学生了解图书维护的相关内容，有利于校园图书角的有效维护。

续表

活动项目	学习目标	活动建议
行李箱的有效收纳	1. 在将物品有条理地放入行李箱的过程中，形成整体规划、综合考虑的思维方式。 2. 学会合理规划出行清单，运用科学收纳的方法，完成出行准备。 3. 培养认真细致、遇事能统筹考虑的劳动习惯。 4. 感受劳动方案带来的高效率，崇尚劳动顺序的合理安排。	1. 活动前，教师应以小组合作分工的形式，要求学生准备行李箱、适合的衣物、生活用品等，其中衣物准备根据出行季节和天气情况调整。 2. 邀请有经验的老师、学生家长或旅游从业人员分享行李箱收纳的经验。 3. 出行清单的检查核对可以与学生作业单进行类比，让学生将仔细认真的劳动习惯应用于学习中。
……		

（三）资源开发与利用

本学段任务群的课程资源可以结合网络进行开发，教师可以寻找家庭环境或教室内外环境布置、整理收纳相关的图片、视频等辅助课堂教学；利用人力资源，邀请图书馆从业人员讲解图书管理方面的专业知识，寻找身边的旅游达人，邀其传授行李箱的整理收纳经验等；结合学校资源，发动学生和家长，以班级为单位对教室进行整理与装饰，为学生创设适宜的学习环境，引导学生树立正确的劳动观念；结合区域资源，带领学生走入当地图书馆，观察环境布置，聆听专业人士的经验介绍，为学生策划劳动方案提供新思路。

典型项目设计

第一学段（1~2年级）

整理书包

学习目标：

1. 认识书包内层、外层的结构和功能，了解书本、文具等在书包中正确的存放位置。

2. 学会整理学习用品和日用品的方法，能将这些物品整齐有序地放进书包里。

3. 通过整理书包，保持书包干净整洁，培养整理与收纳的意识，初步养成整理与收纳的良好习惯，享受整理与收纳带来美好生活的体验。

学习重点：

1. 学会整理学习用品和日用品的方法，能将这些物品整齐有序地放入书包。

2. 通过整理书包，保持书包干净整洁，培养整理与收纳的意识，初步养成整理与收纳的好习惯。

学习难点：

学会整理学习用品和日用品的方法，能将这些物品整齐有序地放入书包。

学习准备：

教师准备：多媒体课件。

学生准备：书包、课本、铅笔盒、水杯、雨伞等。

学习过程：

活动一：了解书包构造

1. 谜语导入：方方正正一口箱，书本文具里面藏。

2. 教师引导学生观察自己的书包，了解书包结构。

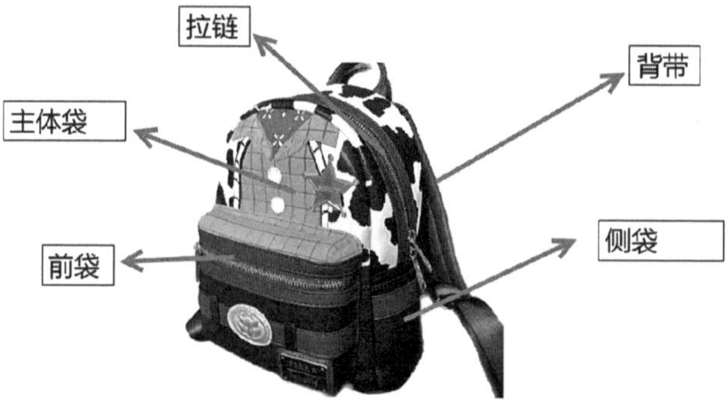

3. 教师向学生展示杂乱的书包的照片，让学生谈感受，激发学生学习整理书包的积极性。

【设计意图】

通过猜谜和观察的形式，一方面激发学生对书包这一学习用品的研究兴趣，另一方面可以帮助学生快速了解书包的构造，为后面有条理地整理与收纳做准备。

活动二：学习整理方法

1. 教师引导学生分享交流，初步了解整理书包的方法。

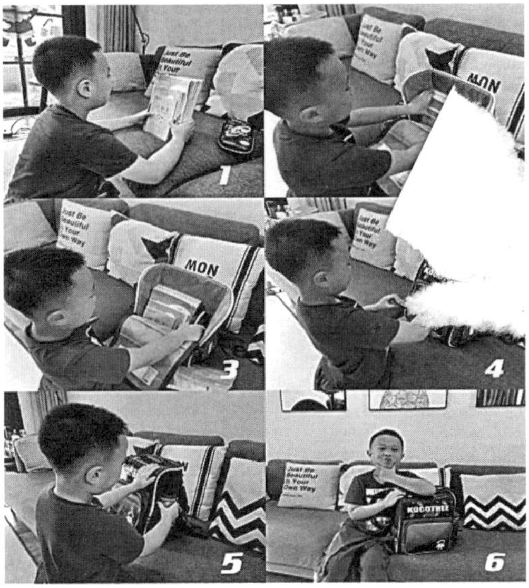

教师请同学们互相推荐，让班里书包整理得比较好的同学分享自己整理书包的经验。

2. 教师引导学生观看视频，深入学习整理方法。

（1）教师播放视频，学生观看、学习。

（2）借助视频，让学生说说整理书包的步骤。

（3）重点学习整理书本的方法。

【设计意图】

通过分享交流和观看视频两种学习方式，让学生更加生动直观地了解整理书包的具体方法，课堂教学聚焦如何将书本等物品整齐有序地装入书包，从而突破书包整理与收纳的难点。

活动三：练习整理书包

1. 教师引导学生准备好书包，将书包里的物品拿出来，放在课桌上备用。

2. 教师先让学生自主练习整理书包。

3. 学生间交流整理时出现的困难，并互相请教。

4. 学生交流完毕，再次整理，并反复练习。

5. 由教师选出学生代表进行汇报展示，其他学生进行评价，提出建议。

【设计意图】

劳动课程强调学生的直接体验和亲身经历，注重动手实践，创设和学生已有经验联系密切的多样化学习情境，以引导学生完成真实的实践任务，解决真实的劳动问题。因此，设计上述环节的意图在于让学生通过亲自体验、互帮互助，锻炼整理书包的能力。

活动四：课后延伸

1.“整理书包”打卡活动

教师发起“21 天好习惯打卡”活动，让学生邀请爸爸妈妈来监督自己，每天为自己的书包整理情况打分。

2.“整理书包小能手”评选

教师结合学生打卡情况，进行“整理书包小能手”评选，向表现优秀

21 天好习惯打卡				
好习惯目标：____________ ______________________		1	2	3
4	5	6	7	8
9	10	11	12	13
14	15	16	17	18
19	20	21	家长对我说：____________ ______________________	

的学生颁发奖状。

3. 教师总结：自己的事情应该自己做，贵重的物品不要放在书包里，以防丢失。

【设计意图】

劳动课程的评价既要关注劳动成果质量，又要关注劳动过程表现，既要关注知识与技能的习得，又要关注品质与习惯的培养。通过好习惯打卡活动和评选活动，调动了学生整理书包的积极性，让整理书包的活动从课内延伸至课外，有利于好习惯的养成。

板书设计：

整理书包

了解功能

分类方法：按大小分、按学科分、按类别分 ......

自己的事情自己做　贵重物品不放书包

【案例评析】

本案例的教学内容与学生学习生活联系紧密。教学内容的选择和设计符合孩子刚刚进入小学生活的学段特点，劳动任务的难度不大，且与学生的学习生活密不可分，不仅有利于学生养成爱惜生活用品、学习用品的习惯，更利于他们树立自己整理物品的意识。

本案例的教学形式和手段非常多样，通过交流讨论、互动演练、操作实践、成果分享等活动，引导学生掌握整理与收纳的基本方法，适时组织“整理书包小能手”评选等活动，激发了学生的学习积极性。本案例的教学设计能够从学生身边的小榜样出发，引导学生关注自己和同学的书包，初步建立对干净整洁的书包的美好印象，在此基础上，通过同学经验分享，动手实际操作、互助巩固练习、好习惯打卡等活动，帮助学生掌握整理书包的方法，锻炼整理书包的能力，这样符合低年级学生的心理年龄特点，可以充分激发学生的劳动积极性。

此外，案例通过家校评价相结合的方式，让同伴、老师、家长共同参与评价，利用多元化评价强化学生整理意识，促进学生整理收纳习惯的养成。教学活动从课堂延伸到家庭，注重营造勤于整理与收纳的家庭氛围。整个案例设计不仅关注劳动成果质量、劳动过程表现，更关注知识与技能的习得，品质与习惯的培养。

【阅读材料】

整理书包的方法

我们大多数人的书包分为大、中、小三层，可以分类放入书本，书包两侧还有两个小袋子，可以放水壶和雨伞等，特别方便。书包的背面有两条又宽又软的背带，可以让我们轻轻松松地把心爱的书包背在肩膀上。整洁有序的书包，方便拿取物品，可以保护书本文具，给人感觉干净又卫生。整理书包的具体操作步骤如下：1. 先把书包里面的所有东西拿出来，放在外面，保证书包里什么东西都没有。2. 把同尺寸的书整理在一起，大开本的书放在最下面，按开本大小排列好，依次放进书包主袋。3. 本子也按照开本大小排列，和书本一起放入书包主袋。4. 文具装进文具盒，放入主袋，在书本旁边立着，或放入书包的前袋。5. 将水杯放进旁边的侧袋。6. 将口罩、纸巾等放入书包的前袋。

绘本《整理书包自己来》

（作者：南京市雨花外国语小学 李娟）

第二学段（3~4 年级）

巧手叠衣

学习目标：

1. 了解并学习常见衣物的折叠方法，能根据需要选择合适的折叠方法。

2. 在叠衣物的活动中体会劳动的辛苦和乐趣，初步形成喜欢劳动、积极参加劳动的态度。

3. 养成整理自己衣物的良好习惯，养成自觉自愿为家人服务的劳动品质。

4. 在整理与收纳衣物的过程中初步感受整齐与有序的美好，领悟“劳动创造美好生活”的道理。

学习重点：

了解并学习常见衣物的折叠方法。

学习难点：

能根据需要选择合适的叠衣方法。

学习准备：

教师准备：PPT 课件、自制教具、视频、各种衣物、收纳盒。

学生准备：短袖汗衫、裤子、内裤、袜子、长袖衫、衬衫等。

学习过程：

活动一：尝试叠衣，引入主题

1. 学生交流：你会叠衣服吗？会叠什么衣服？

2. 试叠衣服，发现问题：

每组学生推出一件短袖汗衫，将其放在展示台上，教师请一名学生抽取其中一件进行试叠，让其他学生进行点评，从而发现问题。

3. 教师提出问题：怎样叠，才能让衣服整齐、美观并方便存放呢？

引出主题：如何做到“巧手叠衣”？一起来学学叠衣服的方法和技巧吧。

【设计意图】

兴趣是最好的老师。本环节通过交流已有的知识经验，在课堂上尝试叠衣，激发学生学习叠衣服的方法和技巧的兴趣，并引出活动的主题，调动学生参与活动的积极性。

活动二：实践探究，习得方法

1. 激发兴趣，引出方法

教师播放视频：一个收纳达人展示几种叠衣方法。

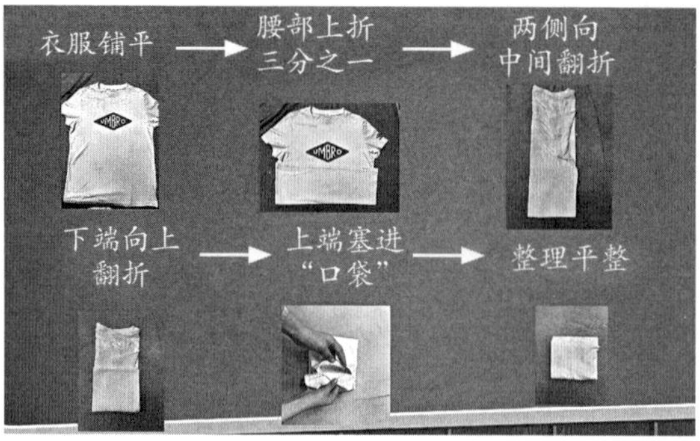

教师总结叠衣方法：寿司卷法、快叠法、口袋法、撑顶法。

学生交流其他叠衣方法。

2. 教师组织学生学习用口袋叠衣法叠短袖汗衫：

（1）教师播放口袋叠衣法的视频，引导学生总结提炼步骤。

（2）学生拿出一件短袖汗衫，一边尝试叠衣一边回顾叠衣步骤：将衣服铺平，然后腰部翻折、两侧对折，折出口袋后，将上端塞入口袋，最后把衣服整理平整。

【设计意图】

本环节通过收纳小达人的叠衣小视频引出多种叠衣服的方法，并通过学生交流，让其了解叠衣服方法的多样性，很好地激发了学生的兴趣，在众多叠衣方法中选择比较实用的口袋叠衣法进行现场教学，通过播放视频让学生进行模仿，从而掌握叠衣的方法。

活动三：合作练习，运用方法

1. 师生交流确定评价标准：快速、紧实、平整。

2. 任务一：会用方法，叠好短袖汗衫

（1）学生以小组为单位，根据叠衣方法，尝试叠短袖汗衫。

（2）叠好衣服的小组由组长给组员评级。

（3）限时 2 分钟。

出示评价要求：

A（优秀）：能够在规定时间内完成，衣服叠得紧实且平整。

B（达标）：能在规定时间内完成，衣服叠得有些松散或不够平整。

C（不达标）：不能在规定时间内完成，衣服叠得很松散，不平整。

3. 任务二：挑战难度，迁移应用

（1）小组合作、交流，选择一种衣物（裤子、袜子、衬衫、外套等），探究学习口袋叠衣法，叠好后放入衣物收纳盒。

（2）学生可以自己尝试，也可以参考口袋叠衣法的视频或分解图。

（3）小组组员针对叠好的衣服进行互评。

（4）组长向全班汇报，说一说感受。

（5）教师总结方法：铺平整、折方形、找口袋、塞入袋、理平整。

【设计意图】

此环节通过合作练习，进一步巩固了教学效果。活动时通过评价标准的确定、评价要求的出示，让学生明晰不仅要会用方法，还要关注效率。

活动四：自主学习，灵活运用

1. 小组自主探究叠衣服的其他方法（寿司卷法、快叠法、撑顶法等）。

2. 班级分小组比赛：每组根据所带的衣物选择合适的叠衣方法，将衣物折叠好后放入收纳盒。

3. 比一比哪一个小组衣服叠得紧实、平整，放得合理、美观。

活动五：总结拓展，延伸服务

1. 课后任务：使用学过的叠衣方法整理家里的衣物，做到自己的事情自己做，家里的事情帮着做。

2. 学习拓展：鼓励学生学习更多叠衣服的方法和技巧，提高自己家务劳动的能力，学会服务身边的人。

【设计意图】

通过前面的学习，学生已经掌握了口袋叠衣法，此环节进一步引导学生开展课后服务活动，将学到的叠衣方法应用于生活，并鼓励学生尝试学习更多的叠衣方法和技巧，希望学生在劳动实践中增强自理能力，提高自我服务、为他人服务的意识。

【案例评析】

小学中年段的学生好学、好问，对生活充满好奇，有一定的探究能力和生活自理能力。虽然叠衣服是生活中最常见的家务劳动之一，但也是学生经常会忽略的一项劳动，他们对于如何规范、有序地整理衣物，还存在不清楚、不明白的现象。此案例主题的选择源于生活，且贴近学生，也便于学生开展实践学习，非常适合中年段的学生。

首先，该案例设计环节清晰，活动任务明确，便于实施，让学生初步尝试发现自己叠衣服时存在的不足，向收纳小达人学习，通过自我探究叠衣服的方法，体验叠衣服的快乐，感受衣物整理规范、有序所带来的便利。

其次，该案例的设计体现了学生的主体性，很好地激发了学生参与劳动实践的积极性。通过课前交流、视频学习、小组合作、自主挑战等活动，让学生在动手操作中掌握了叠衣服的方法，增强了学生的自理能力，引导学生规范生活习惯，提高劳动技能，树立服务他人、服务社会的责任意识。

此外，该案例还关注了对学生活动任务的评价设计，评价标准清晰，进一步助力学生掌握方法，值得提倡。

【阅读材料】

叠衣物的要求

（1）干净整洁：叠衣物前，要保证衣物本身是干净的，没有污渍和异味。叠完后，要确保衣物叠得整齐，没有褶皱。

（2）省空间：尽量把衣物叠小、叠平、叠紧密，占用更少的空间。

（3）方便取用：要考虑到在未来的使用中，如何快速、便捷地取出需要的衣物。

（4）不影响穿着：折叠的方式和布局，不应影响衣物的质感和版型，不给穿着带来不适感。

（5）避免压痕：叠衣物时要避免产生过多的压痕，不同衣物叠放时需要留意衣服材质和颜色的差异。

总之，衣物叠好后需要放整齐，方便日常取用，同时要维护衣物的整洁和美观，保持衣物长时间不变形。

衣柜整理的原则

（1）分类整理：按照衣服的种类、季节、颜色等分类整理，以便更好地管理。

（2）剔除无用物品：把不合适、不穿、过时或者破损的衣服挑出来，清理出多余的衣物，释放出更多的空间来整理和收纳。

（3）优先整理常用物品：将常穿的衣服、季节性的物品放在易取的位置，便于日常使用。

（4）按照尺寸、颜色、功能整理：将各类衣服按照不同的规则排列整齐，整体视觉效果更好。

（5）特别定制：为保管不起眼的物品，如内衣、袜子、配饰、手提包等，设置专门的隔板或分区，防止混乱。

（6）便于收纳：在整理过程中，可以用一些有利于收纳的工具，例如折叠板、晾衣架、钩子等。

（7）维护整理效果：应保持整洁美观，及时清理并分类存放新进衣物，不放纵衣柜混乱。

（作者：南京市雨花外国语小学　于靓靓）

第三学段（5~6 年级）

书柜大扫除

活动目标：

1. 整理书柜，树立自我管理意识，感受劳动带来的便捷。

2. 对书柜内物品有依据地“取”“舍”，用低碳、环保的方式处理无用物品，合理进行区域划分，掌握分类、筛选等整理收纳的方法。

3. 建立去除灰尘和病原微生物的意识，培养劳动的顺序性和条理性，形成初步的劳动筹划思维。

4. 树立科学的劳动价值观，形成节约资源、勤俭持家、物尽其用、回馈社会的意识。

学习重点：

有取舍地给书籍分类，合理规划空间布局，完成书柜的整理收纳。

学习难点：

劳动顺序的合理安排。

学习准备：

场域准备：家庭、劳动专用教室、班级教室、学校图书馆、图书角等。

工具材料准备：文具、书籍、作业本、吸尘器、除尘掸、抹布、订书机、美工刀等。

学习过程：

活动一：创设情境

1. 教师播放视频，利用学生生活中的真实事件创设情境，如在书柜中找不到需要的书籍，拿取书本时大量物品从书架上滑落。

2. 教师提出问题：如何避免这样的现象发生？（引出课题）

【设计意图】

教师创设真实的生活场景，以问题为导向，引导学生思考解决问题的方法，从而激发学生探究问题的兴趣。

活动二：确定劳动步骤

1. 学生介绍书柜整理的经验。

2. 学生根据教师的引导，对劳动过程合理排序，确定整理书柜的步骤。

3. 教师总结步骤：清空书柜、除尘清洁、分类筛选、整理陈列。

【设计意图】

学生根据已有的生活经验，再经过教师的指导，了解书柜整理的流程，从而合理安排劳动顺序，达到事半功倍的效果。

活动三：劳动技能学习

1. 教师教授除尘的方法

（1）清空书柜前，用吸尘器或除尘掸清除书籍上的积灰，避免整理时被人体吸入。

（2）清空书柜后，先用半湿抹布擦拭柜体和柜门，再用干布将其擦干，避免水分残留影响到书本的保存。

2. 教师教授分类筛选的方法

（1）依照题材先将书籍分类，可以分为文学读物类、教辅教材类、科技类、历史类、漫画休闲类等。

（2）对分类后的书籍，根据必要、合适、愉快的原则进行取舍。

（3）将不再需要的教辅学科类资料，不符合年龄层次的文学书籍，使用过的练习簿，不适合的文具等筛选出，归置到一旁待用。

3. 教师讲述整理陈列的方法

（1）对书柜进行合理规划，使用频率高的书放在书柜的黄金位置，收藏的书放在书柜的上层，学习用品收纳在书柜的下层。

（2）书籍陈列要整齐、方便寻找，遵循同系列的书摆放在一起，按高度从高到低排列，书脊向外对齐等要求。

（3）合理利用书柜空间，将阅读频率低的书、尺寸特别大的书平放，把常看的书陈列在其上方以节约空间。

（4）书柜尽量不要摆放饰品，便于书籍的拿取和清洁卫生。

4. 收纳工具应用教学

（1）学生介绍整理书柜使用过的收纳工具。

（2）教师通过播放视频，介绍如何灵活运用收纳工具，让书柜收纳更加高效。

5. 实践初体验

（1）学生以教室内的书柜为对象，进行整理收纳。

（2）在劳动过程中，学生应掌握书柜整理收纳的方法，熟悉劳动技能的应用。

（3）保持劳动场域的整洁和

劳动工具的整齐干净。

【设计意图】

通过劳动技能的学习，让学生感受劳动顺序的重要性，在实践中不断熟悉劳动技能的使用，为校园、家庭的劳动实践奠定基础。

活动四： 合理处置闲置物品

1. 对教室书柜内损坏或陈旧的书籍安排统一回收。

2. 清理损坏的文具，按要求进行垃圾分类。

3. 对已使用但未用完的练习簿，可以将空白页裁下，当作课堂练习纸使用。

【设计意图】

用低碳、环保的方式处理无用物品，培养学生节约资源的意识。

活动五： 校园书柜大扫除

1. 劳动技能比拼

（1）教师展示学校图书馆或图书角的书柜样式、数量及所处位置。

（2）学生以小组为单位，认领劳动任务，参照实际情况，规划劳动顺序，准备劳动工具。

（3）学生进行书柜的整理与收纳，教师巡回指导，记录学生的劳动过程和劳动成果。

①学生小组要分工明确，携带好相应的劳动工具，在教师引导下前往实践场地。

②劳动过程中，教师要引导学生按照安全、规范的要求操作，完成书柜的整理，并注意爱护公物。

③教师提出要求：整理书籍时要有耐心，工作要细致，书籍按要求摆放。

④劳动结束后，教师应引导学生保持劳动现场的整洁，清理劳动工具并及时归还。

2. 展示评价

（1）教师从多方面展示学生积极的劳动态度、劳动的条理性和劳动场地的整洁等。

（2）全校以投票的方式评价学生的劳动成果。

【设计意图】

在劳动中培养学生的规划思维，锻炼学生的劳动技能，完成对校园设施、环境的维护与整理。

活动六：家庭书柜大扫除

1. 劳动准备

（1）教师引导学生绘制家庭书柜的草图，提醒学生绘制时要考虑书柜的使用对象，若与家庭成员共用则需要考虑区域划分。

（2）教师指导学生根据生活实际和自身的切实需求进行书柜收纳的整体规划。

（3）教师指导学生依据书柜整理区的大小，预设劳动时长，如果劳动量过大，可以分区进行。

（4）教师引导学生设计书柜收纳周期表，让其养成主动、定期整理收纳的习惯。

书柜收纳周期表

日期	工具材料准备	整理内容	评价人

2. 家庭书柜大扫除

（1）教师主动与家长联系，告知劳动任务，提供书柜收纳周期表，请家长支持配合，为学生提供相应的劳动机会，保证学生完成劳动任务。

（2）学生根据家庭实际情况，规范、科学地开展劳动。

（3）建议家长拍摄照片或视频，多角度评价学生的劳动过程与成果。

3. 交流评价

（1）教师可以引导学生对书柜整理前后的照片做对比，让学生讲述劳动过程中的问题与困惑，鼓励学生互相交流经验，总结整理收纳的窍门，还可以让家长对学生劳动成果进行评价。

（2）教师寄语学生定期进行书柜整理，通过劳动确保自己的生活、学习环境整齐、有序、干净。

4. 闲置物品利用

（1）家庭劳动中整理出的闲置摆设、玩具、书本等，可以在小区内转赠，或者由学校组织义卖，将所得钱款捐赠给有需要的人。

（2）与“公益劳动与志愿服务”任务群相结合，与社区联系，让学生为有需要的人提供整理收纳服务，从而体会服务社区的意义，初步形成社会责任感。

【设计意图】

将课堂所学用于家庭生活，让学生在家校合作的方式下安全劳动，锻炼其生活自理的劳动技能，培养其定期整理收纳的习惯，同时让学生对闲置物品进行合理处置，从而树立环保意识。

【案例评析】

随着学生的成长，其学习内容不断调整，兴趣点也随之改变，这就意味着书籍也要不断更新。书柜中已经看完或是不再关注的图书需要让出空间，留给当前阅读的书籍，让有限的空间存放更有价值的物品。

在案例中，学生面对书柜的整理收纳，需要综合考虑书柜的样态和图书数量，熟练掌握分类、筛选等常用的整理收纳技能，合理进行区域划分和分类摆放，把物品整理得井井有条，使空间环境变得整洁有序，从而提高学习效率和生活质量。

在劳动实践过程中，教师引导学生理解整理收纳的技能应重在平时的运用，理解规划思维的建立对劳动实践的重要性，认识到对物品进行必要的清洁是收纳的基础工作，有利于学生形成严谨认真、有始有终的劳动品质。同时，本案例的家庭实践还可以帮助学生审视自身，了解自己有无购买后并未阅读过的书籍，有无重复购买的物品，书籍、学习用品现有的库存量等，建立对书籍、物品购买需求的准确判断。

案例中，教师引导学生对家庭、教室的闲置物品以低碳，环保的方式进行处理，并融入环境教育，让学生形成节约资源、物尽其用，保护生态环境的意识和习惯，体悟劳动创造美好生活的意义。

【阅读材料】

南京图书馆

南京图书馆是中国第三大图书馆、亚洲第四大图书馆，截至 2021 年底，藏书总量超过 1260 万册，在国内仅次于国家图书馆和上海图书馆，日均到馆读者达 8000 人次，图书馆工作人员的工作强度可想而知。

南京图书馆工作人员日常工作就是负责对图书馆的藏书进行管理和维护，进行数字化资源的建设、维护和服务，协助读者查找需要的资料，解答读者咨询，为读者提供舒适、安静的阅读环境等。这不仅需要工作人员具备图书管理的专业知识和良好的沟通能力，还要掌握基本的计算机操作技能，以及高效管理图书馆资料，处理读者信息和馆藏信息的能力。这其实就是整理收纳能力在实际生活中综合应用的体现。

当然，在南京这样一座历史文化名城，除了南京图书馆，还有金陵图书馆，以及一些地方大学图书馆、区域性图书馆和私人图书馆，

大家不妨前去阅读与体验。

（作者：南京市九龙小学　邓怡）

第四学段（7~9 年级）

行李箱的有效收纳

学习目标：

1. 在学习行李箱的有效收纳过程中，形成整体规划、综合考虑的思维方式。

2. 学会合理规划出行清单，运用有效收纳的方法，完成出行准备。

3. 养成认真细致、遇事能统筹考虑的劳动习惯。

4. 感受劳动方案带来的高效率，崇尚劳动顺序的合理安排。

学习重点：

出行清单的制作与行李箱的有效收纳。

学习难点：

出行方案的规划与实施。

学习准备：

场域准备：以家校联动的方式开展，以家庭为主要实践场地。

工具材料准备：衣物、鞋子、分装袋、行李箱、洗漱用品、配饰等。

前置性作业设计：

让学生想一想自己以前是怎样进行行李箱整理和收纳的，并在上课前提交心得体会报告。

学习过程：

活动一：情境创设

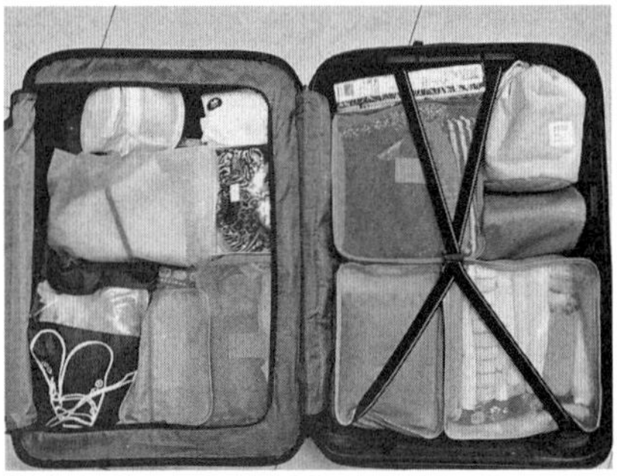

1. 假设以假期旅行或者研学活动为主题的出行，引导学生回忆已有的出行经历。

2. 教师以自己出行忘带物品而造成

旅途不方便为例，引导学生述说以往的经历，以此凸显行李箱有效收纳的必要性。

【设计意图】

从情境出发让学生感同身受，激发学生学习行李箱收纳的意愿，在任务驱动下开始劳动教学。

活动二：确定劳动步骤

1. 让学生结合家庭经验，尝试归纳劳动步骤。

2. 学生观看行李箱收纳视频，教师进行补充说明，让学生说说劳动步骤。

旅行清单			
证件	□身份证/护照	□钥匙	□银行卡/现金/零钱
	□机票/车票	□	□
电子设备	□手机	□自拍杆	□耳机
	□充电器	□移动电源	□电脑
	□相机	□	□
药品	□晕车药	□创口贴	□肠胃药
	□感冒药	□驱蚊水	□
日用品	□雨伞	□保鲜袋	□拖鞋
	□水杯	□卫生巾	□
衣物	□内衣、内裤	□运动鞋	□衣服/裤子
	□衣物收纳袋	□帽子	□
洗漱用品	□指甲钳	□洗发露/护发素/沐浴露	□干/湿纸巾
	□毛巾/浴巾	□牙膏/牙刷	□洗面奶
	□护肤品	□梳子	□

3. 教师总结劳动步骤：制订清单、出行准备、分类袋装、整理收纳、检查核对。

【设计意图】

借助学生已有的家庭生活经验和视频介绍，进行讨论探究，让学生掌握行李箱收纳的流程，学会合理规划劳动顺序。

活动三：劳动技能学习

1. 制订清单

（1）教师引导学生确认出行目的、出行地点、出行方式、出行天数和出行时的天气情况等，借助网络查阅收集相关资料。

（2）清单的制订

①教师出示清单的样图，学生观察后讨论需要删除与增加的内容。

②教师引导学生确认清单类别，按照证件、日用品、洗漱用品、衣物、药品、电子设备等分类罗列。

③学生先自行填写认为应携带的物品，再以小组合作的方式讨论出行应携带的必需、重要物品，根据讨论结果，及时修改清单内容。

2. 出行准备

（1）教师应强调根据出行的天数和天气情况准备衣物、日用品等。

（2）教师告知注意事项：

①洗漱用品尽量选择小瓶罐装，以减少物品体积，减轻物品重量。

②液体收纳前要先将瓶口套上保鲜膜，再把它们放进塑封袋，防止漏洒。

3. 分类袋装

（1）教师引导学生观看视频，学习衣物折叠的方法。

（2）学生尝试操作。

（3）学生演示不同衣物的折叠方法。

（4）教师教导学生将衣物、洗漱用品、充电器、重物等进行分类袋装。

4. 整理收纳

（1）了解行李箱的内部构造。

行李箱有不同尺寸，教师应指导学生根据实际情况选择大小合适的行李箱。

教师发言：行李箱打开后分两面，一面带有拉杆，一面较为平整。行李箱两面都有拉链或者绑绳用于固定，中间的隔层有口袋，可以放置零碎物品。

（2）教师结合行李箱实物进行收纳演示，并总结要点：

①重物分摊在底部，让行李箱受力均匀，避免压坏箱子，便于推拉。

②洗漱用品放在最上面一层，避免受到挤压。

③鞋子放进浴帽或者密封袋里，沿着箱边放，这样既没有异味，也不会弄脏行李。

④易碎品放进厚袜子里，具有很好的减

震效果。

⑤一些小型杂物，比如耳机线、充电头和充电线等可以装入眼镜盒，见缝插针地放进行李箱边角零碎的空间。

⑥遵循收纳的“二八法则”，即行李箱不要太满，应空出部分，用于收纳旅途中采购的物品等。

5. 检查核对

（1）学生以小组为单位，尝试进行行李箱收纳。

（2）教师提示学生对照出行清单，检查核对，发现问题并解决问题。

【设计意图】

因为行李箱的空间有限，故行李箱收纳以节省空间为前提，教师要提醒学生审视自我需求，只装必须、重要的物品。在项目学习中，学生可了解行李箱收纳的流程，掌握整理收纳的一般方法，进行劳动实践，为家庭劳动奠定基础。

活动四：家庭实践

1. 针对真实的情境（如家庭旅行、研学活动、夏令营等）开启劳动实践，由于出行的目的不同，个人物品需求也不同，教师应提醒学生及时调整出行清单，以契合出行的要求。

2. 学生对照出行清单，运用已有的经验与方法，整理出行必备物品，有条理地进行行李箱的整理与收纳。

3. 教师提前与家长联系，请家长配合学生的活动，观察并记录学生在劳动过程中的收获与不足，适时给予学生一定的帮助与提醒，及时拍摄学生劳动过程的视频和劳动成果照片，为劳动评价提供素材。

【设计意图】

鼓励学生将在学校习得的劳动技能应用于家庭，在家庭教育的配合下，进一步提升学生对劳动规划的理解与实施能力。

活动五：交流评价

1. 出行前

（1）教师收集家长拍摄的资料，关注学生的劳动态度。

（2）教师根据家长拍摄的资料，评价学生是否坚持完成劳动，出行清单是否完整，运用整理收纳方法是否熟练，行李箱布局是否合理等。

2. 出行后

（1）学生进行自我评价，评价内容包括入住酒店后，打开行李箱拿取物品是否便捷等。

（2）学生分享劳动带来的幸福感。

【设计意图】

通过学生、家长、教师多方面的评价，让学生正确认识劳动规划的重要性。学生在享受劳动带来的便利的同时，感受劳动与生活之间的密切联系。

【案例评析】

行李箱是出行必不可少的装备之一，它就像一个移动的小家，装载着我们所需要的衣物和日常所需用品。出行并不是搬家，行李箱的有效收纳就是剔除不必要的东西，保留最重要的物品，核心原则就是去芜存菁，所以本案例重点关注了以下两方面：

一方面，整理收纳前进行劳动方案的规划，以避免犯丢三落四的毛病。劳动方案的规划重点是劳动顺序的排列。劳动不是一味地蛮干，而是有思想的行动。学生在行李箱整理收纳前确定目的地、出行天数、出行天气、出行方式等，再配合任务清单的勾画，可以在收拾行李的过程中对一切了然于胸，从而达到事半功倍的效果。做好劳动方案的规划有利于提高劳动效率，减轻焦虑，理清思绪，从而强化个人自我管理能力和整体掌控力。

另一方面，行李箱的有效收纳体现了对学生综合能力的要求。让学生从繁杂的个人物品中挑选必需、重要的物品分类袋装，掌握在行李箱这狭小的空间内合理摆放个人生活、学习用品的技巧，不仅培养了学生的自主意识，还增强其家庭责任感，让学生体悟到劳动创造美好生活的真谛。

【阅读材料】

整理收纳师

整理是人人都应该具备的基本技能，它虽不能给人带来快速收益和回报，却能给人带来身心的改变。它不仅是一种家务，更是一种艺术。2021年1月，人社部正式对外公示“整理收纳师”成为我国家政服务行业的新工种。

整理收纳是现今社会的新兴行业，市场的需求度很高，服务的客户以中青年和中高收入者居多。他们大多工作生活繁忙，没有过多的时间和精力去收拾房屋，也不太会合理收纳物品，但经济上较为宽裕，对生活品质有一定的要求，愿意接受新鲜事物，因此愿意花钱把专业事交给专业的人来做。整理师完成一次服务，都要经历前期沟通、设计方案、上门整理三个流程。在前期沟通过程中，整理师要了解客户的房屋空间布局、生活线、家庭成员、生活习惯等具体情况，然后规划设计出一套适合这个家庭的整理收纳方案。看似简单的收纳工作，其实涉及空间规划、逻辑思维、专业技术等多种能力。

持证的整理师上门服务都是三四人一组，一般包括一位整理师，一位收纳师，一位助手。整理师负责统筹规划、调度、决策、跟进度，收纳师负责教学、陈列、指导，助手负责一部分具体整理、收纳工作并记录。整理师的空间规划不仅增大了可用空间，对物品的系统整理也延长了其使用寿命，而且在工作过程中还教会委托人如何认真地审视自己的生活，学会收纳，从而拥有适合自己、舒适且高效的生活方式。

（作者：南京市九龙小学　邓怡）

第三章　烹饪与营养

背景介绍

俗话说：“民以食为天。”中华饮食文化，素以历史渊源悠远，流传地域广阔，饮食人口众多，烹饪工艺卓绝，文化底蕴深厚而享誉世界。积厚流广的中华饮食文化，在维系华夏民族的繁衍昌盛，促进生产力发展，推动社会进步和文明等方面，都发挥了很重要的作用。

2022 年，教育部印发的《义务教育劳动课程标准（2022 年版）》在同年秋季学期正式开始执行，标志着劳动课程从原来的综合实践活动课程中完全独立出来，正式成为中小学的一门独立课程。现如今，随着我国经济的不断发展与信息时代的到来，人们对于食物的要求也在不断提高，食物的营养价值也渐渐被人们所重视。《义务教育劳动课程标准（2022 年版）》正式将“烹饪与营养”纳入十大任务群，从此烹饪成了学生劳动课的重要内容。

作为六朝古都的南京，有着非常悠久的历史文化，在悠久的历史长河中南京特色饮食文化应运而生。食物不光是人生存的基本条件，更承载了一个地方的历史和文明，天时地利的优越条件为金陵菜的发展提供了极大的便利，因此南京的美食品种繁多，比如盐水鸭、鸭血粉丝汤、桂花糖芋苗、金陵丸子、芦蒿炒香干以及“七头一脑”。值得一提的是，南京还有一些特色水果，如江心洲葡萄、横溪西瓜、白马黑莓等。通过系列的美食制作活动可以让中小学生掌握烹饪的技能，了解食物的营养搭配，还能从中感悟父母的辛苦，学会感恩，同时引导学生学会劳动，爱上劳动，从而改变学生衣来伸手、饭来张口、不爱劳动的不良习惯，培养学生不怕苦，不怕累，愿意劳动、热爱劳动、主动劳动的良好习惯。

为贯彻落实教育部对于加强新时代劳动教育的要求，促进学生劳动素质的提升，落实立德树人、以劳育人的发展要求，学校应密切关注学生实际生活中常用的营养知识和烹饪技能，帮助学生在烹饪劳动实践中了解不同食物的特点，学习食物搭配，保证营养均衡，养成良好的饮食习惯，为将来一生的健康打下良好的基础。

学习目标

第一学段（1~2 年级）

了解制作饮品过程中所需器皿、烹饪工具的使用方法及其注意事项；初步具有科学处理果蔬、制作饮品的意识和能力；通过品尝和制作生活中常见的饮品，激发对烹饪的兴趣；培养安全劳动意识，以及“自己的事情自己做”的生活自理意识。

第二学段（3~4 年级）

能够使用简单的烹饪器具对食材进行切配，按照一定流程烹饪出几道家常菜，满足自己基本的饮食需求；加工过程注意卫生与安全，具有初步的食品安全意识；通过学习烹饪简单的家常菜，提升烹饪的信心，体验劳动的欢乐；能正确认识烹饪的价值，形成热爱劳动、尊重普通劳动者的观念。

第三学段（5~6 年级）

能用简单的炒、煎、炖等烹饪方法制作 2~3 道家常菜；全程参与从择菜、洗菜到烧菜、装盘的完整流程；能根据家人需求设计一顿午餐或晚餐的营养食谱，在烹饪劳动中进一步增强食品安全意识；初步养成营养搭配和健康饮食的习惯；树立乐于为家人服务的劳动观念，初步形成家庭责任感。

第四学段（7~9 年级）

能根据家庭成员实际需求设计一日三餐的食谱、注意三餐的合理搭配，在制作菜肴的过程中进一步掌握日常烹饪技能，形成健康生活的理念；了解科学膳食与身体健康的密切关系，增进对中华饮食文化的了解，体会一日三餐的学问和付出的辛劳，懂得感恩父母和尊重从事餐饮工作的普通劳动者，理解劳动对于个人生活、家庭幸福的意义。

学段大单元设计

第一学段（1~2 年级）

（一）主题选择:

《义务教育劳动课程标准（2022 年版）》要求一二年级学生能在家庭烹饪劳动中进行简单的食材粗加工，掌握日常简单烹饪工具、器皿的使用方法及其注意事项。在夏天，水果茶很受大家的欢迎，它不仅清新香甜，还能补充维生素，具有养生功效。在天气逐渐变冷的秋冬季节，用南京特色的雨花茶煮一杯香甜的奶茶来暖胃也是一件令人感到幸福的事。鉴于此，本学段选择“茶饮 DIY”这个主题活动，通过引导学生参与制作果茶与奶茶，锻炼学生的动手能力，使其感受到劳动和生活的乐趣，同时培养学生健康饮食的习惯，让学生享受劳动带来的美味与喜悦，学生通过劳动给别人带来快乐时，自己也将获得满满的幸福感，从而树立劳动最美丽的观念；此外，还能让学生了解南京特色，引发学生的文化认同感与自豪感。

（二）内容规划

本学段“茶饮 DIY”主题活动主要包括制作水果茶和奶茶，它们在生活中比较常见，制作方法也比较简单，适合一二年级学生完成。除了要让学生掌握水果茶和奶茶制作方法之外，教师还要引导学生关注其营养价值，培养学生健康饮食的良好习惯。最后，该主题还可以延伸至家庭劳动，鼓励学生为家人服务。

根据上述主题并结合一二年级学生的年龄特点，可确定以下两个活动项目：一年级为“夏日缤纷水果茶”，该项目需要两课时，第一课时让学生分享不同的水果搭配方式，并学会制作一种水果茶，第二课时由学生小组根据个人喜好，并结合营养搭配，制作创意水果茶；二年级为“秋天的第一杯奶茶”，该项目需要两课时，第一课时让学生制作有营养价值的奶茶，并互相分享与评价，第二课时进行反思与拓展。

活动项目	学习目标	活动建议
夏日缤纷水果茶	1. 了解水果的不同营养搭配，掌握制作水果茶的基本方法。 2. 积极探索制作水果茶时不同水果的搭配效果，积极发扬创造性劳动精神。 3. 培养安全劳动的意识，养成自己的事情自己做的生活自理习惯。 4. 在制作水果茶的过程中，感受劳动带来的美好，同时加深对南京特色文化的认识与热爱。	1. 活动前可以让学生查阅关于水果茶的相关信息，如营养价值、制作方法等。 2. 活动中要注意刀具以及热水的安全使用。 3. 活动后，教师要及时和家长沟通，为学生创造回家继续劳动的条件。
秋天的第一杯奶茶	1. 了解奶茶的组成，掌握奶茶的制作方法，学会使用电磁炉、铲子等简单烹饪工具。 2. 在制作奶茶的过程中，学会与同伴互相协作，养成分工合作、互帮互助的良好劳动习惯。 3. 在劳动过程中体会劳动的艰辛，明白美好生活是靠劳动获得的，学会尊重每一位普通劳动者。 4. 通过制作有营养价值的奶茶，初步形成健康的饮食理念。	1. 活动前可以让学生在家提前了解电磁炉等烹饪工具的使用方法。 2. 活动中，教师要密切关注学生是否规范使用烹饪工具。 3. 活动后，教师应鼓励学生回家为家人做一杯香甜的奶茶。
……		

（三）资源开发与利用

开展“茶饮 DIY”主题学习活动，可充分利用家长资源，如果有学生家里是开果茶或者奶茶店的，或者家长比较擅长制作果茶和奶茶的，学校可以邀请这些专业人士到课堂上当指导教师。此外，教师还要统筹好学生家庭、学校之间的关系，比如教师不仅要在学校指导学生切水果，还要联系家长，让学生在家里做好巩固练习。劳动课堂上制作水果茶之前，教师要跟家长沟通，准备相应的水果、茶叶包、一次性手套等，安全和卫生要有相应的保障。学生回家练习制作后，还可以让家长点评并给予建议，从而对自己的劳动成果进行升级改造。

此外，教师还要充分利用学校的场域资源，如专门的烹饪教室或学校食堂，还可带领学生到校外参观奶茶店，观摩专业的制作工具与制作流程。

第二学段（3~4 年级）

（一）主题选择

第二学段的学生已经具备一些动手制作饮品的经验，初步建立了健康饮食的良好习惯。在此基础上，三四年级可以学习一些简单菜肴的制作，通过亲手制作，学生可以更好地了解食物的成分和烹饪方法，以便选择更健康的食物。每个地区都有自己专属的味道，作为南京八大野菜之一的芦蒿是春季南京味道中不可或缺的一种。在南京的传统饮食文化中，桂花糖芋苗占有重要地位，被视为南京市区的代表性传统美食。因此，本学段选择“寻味南京”这个主题活动，在活动中，学生不光可以通过学做菜来提升自信，提高自我满足感，体验劳动的艰辛，改掉浪费和挑食的坏习惯，还可以加深对南京文化的了解，增强文化认同感。

（二）内容规划

本学段的主题活动“寻味南京”主要包括制作南京特色菜“芦蒿炒香干”、南京传统特色甜品“桂花糖芋苗”，这两种美食的烹饪方式大不相同，且较水果茶和奶茶烹饪难度更高，均需学生认真选择食材、处理食材、用火烹饪以及合理调味。烹饪过程可以培养学生的观察能力、探究能力以及学生间互相帮助、分工合作的意识和能力。此外，教师还要引导学生关注饮食的营养成分与不良影响，比如桂花糖芋苗营养丰富，对人体有很好的滋补作用，但在制作时需要注意糖的用量，应避免过多的糖分对身体造成不良影响，由此培养学生辩证看待问题的意识与能力。

“寻味南京”主题活动包括以下两个项目：“寻味春天：芦蒿炒香干”（三年级），“寻味秋天：桂花糖芋苗”（四年级）。“寻味春天：芦蒿炒香干”需要2课时，第一课时制作芦蒿炒香干，小组互相品尝与评价；第二课时进行反思与总结，并重新烹饪一份芦蒿炒香干。“寻味秋天：桂花糖芋苗”需要3课时，第一课时由学生品尝老师准备好的桂花糖芋苗，并整理出所需食材与调味品；第二课时由学生制作桂花糖芋苗，小组互相品鉴；第三课时进行反思与总结，并尝试拓展教学。

活动项目	学习目标	活动建议
寻味春天：芦蒿炒香干	1. 了解芦蒿炒香干的营养价值与文化背景，掌握芦蒿炒香干的烹饪方法。 2. 通过细致的操作，培养耐心、细心和专心，发展敏锐的观察能力以及处理复杂信息的能力。 3. 在烹饪过程中，培养制作美食的热情，形成正确的劳动观念。 4. 在烹饪南京特色美食过程中，增强对南京文化的认同感。	1. 课前让学生提前了解芦蒿和香干的营养价值。 2. 课中，教师要注意提醒学生调味料的添加技巧。 3. 课后，教师可号召家长在家为学生提供劳动的场地与机会。
寻味秋天：桂花糖芋苗	1. 通过学习制作桂花糖芋苗，了解桂花糖芋苗的营养成分及其来源。 2. 小组合作完成烹饪，培养合理分工的意识，以及团队合作精神。 3. 完成烹饪后亲自品尝劳动果实，提升对烹饪的兴趣与热爱。 4. 了解桂花糖芋苗的历史和发展，感叹劳动人民的智慧，理解劳动创造美好生活的真谛。	1. 课前让学生搜集桂花糖芋苗的相关信息。 2. 课中，教师要提醒学生注意安全与卫生。 3. 课后，教师要引导家长督促、鼓励学生在家锻炼烹饪技能。
……		

（三）资源开发与利用

上述活动的有效开展需统筹好家庭、学校之间的合作。在劳动课堂上炒菜，教师可以跟学校的食堂协商好，在指定区域进行，安全和卫生必须有相应的保障，还可以跟食堂申请，让学生帮厨。有条件的学校还可以打造相应的场域，创设相关情境，确保学生的劳动体验更真实。

教师还可以充分利用家长资源，带学生到专业的厨房参观，也可以邀请厨师、营养师等专业人员来学校进行相应的指导，让烹饪更专业，让美食更营养！

第三学段（5~6 年级）

（一）主题选择：

《义务教育劳动课程标准（2022 年版）》中任务群 3“烹饪与营养”要求学生用简单的炒、煎、炖等烹饪方法制作 2~3 道家常菜，参与从择菜、洗菜到烧菜、装盘的完整流程，了解不同烹饪方法与食物营养的关系，能进行家庭餐食的设计和营养搭配，初步养成营养搭配和健康饮食的习惯，具有食品安全意识，树立乐于为家人服务的劳动观念。南京有很多风味面点，如牛肉锅贴、鸡汁汤包和鸭油酥烧饼等，其做法相对简单，营养价值丰富，便于学生学习实践。本学段可选择“南京特色小吃我会做”主题活动，具体可以让学生制作“南京牛肉锅贴”和“鸡汁汤包”，让学生掌握南京风味面点的制作方法，养成营养搭配和健康饮食的好习惯，增强食品安全意识，在实践体验中，体悟劳动创造美好生活的意义。

（二）内容规划

本学段主题活动包括制作牛肉锅贴和鸡汁汤包，这两种食物在生活中很常见，烹饪难度适中，适合第三学段学生完成，也便于教师指导，还能延伸为家庭面食的制作。制作牛肉锅贴采用煎的方法，制作鸡汁汤包则需要蒸，这样可以让学生接触不同的烹饪方式，掌握不同的烹饪方法，对家庭饮食烹饪技法的多样性建立初步的认识，还能培养学生的责任心和持久劳动的品质。活动形式应多种多样，学生可以在烹饪教室集体学习，也可以分小组合作学习，还可以开展家庭亲子活动，从而多角度展现学生的劳动过程与成果。

“南京特色小吃我会做”主题活动包括以下两个项目：“制作南京牛肉锅贴”(五年级)，需要3课时，第一课时品尝老师准备好的南京牛肉锅贴，并整理出所需食材用料，第二课时制作牛肉锅贴，小组互相品鉴，第三课时进行反思与拓展；“制作鸡汁汤包”（六年级），需要3课时，第一课时品尝老师准备好的鸡汁汤包，整理出所需食材用料，第二课时制作鸡汁汤包，小组互相品鉴，第三课时进行反思与总结，并重新制作一份鸡汁汤包。

活动项目	学习目标	活动建议
制作南京牛肉锅贴	1. 了解牛肉锅贴的食材用料，熟悉馅料的调制方法和面皮的制作要求，掌握锅贴的烹饪方法。 2. 在制作牛肉锅贴的劳动中感受劳动的快乐，体悟劳动者的艰辛，形成热爱劳动、尊重普通劳动者的观念。 3. 能正确认识烹饪劳动的价值，形成营养搭配和健康饮食的习惯。 4. 在劳动的过程中感受劳动与生活的联系，增强对南京饮食文化的热爱。	1. 课前，可以让学生在家练习擀面皮，学习锅贴的包法。 2. 在学校课堂教学中安全使用烹饪用具。 3. 课堂学习与家庭劳动相结合，课后可以让学生为家人制作其他馅料的锅贴。 4. 在烹饪教室或学校食堂开展本活动，一年四季均可。
制作鸡汁汤包	1. 了解鸡汁汤包的食材用料和馅料的调配方法，掌握汤包的制作技巧和烹饪方法。 2. 在制作鸡汁汤包的劳动中感悟劳动的价值和意义，形成热爱劳动的观念。 3. 能细心认真地制作鸡汁汤包，养成专心致志、不怕苦、不怕累的劳动品质。 4. 在劳动过程中培养勤于动手、敢于创新的劳动精神。	1. 把课堂学习与家庭劳动结合在一起，课前可以让学生查阅资料或向家长学习汤包的制作方法。 2. 在学校课堂教学中安全使用烹饪用具。 3. 在烹饪教室或学校食堂开展本活动，一年四季均可。 4. 课后可以让学生为家人制作鸡汁汤包。
……		

（三）资源开发与利用

开展“南京特色小吃我会做”主题学习活动，可充分利用家长资源，如果有学生家里是开锅贴、汤包店的，或者比较擅长做锅贴和汤包等面点，学校可以邀请这些专业人士到课堂上当指导教师。此外，教师还要统筹好学生家庭、学校之间的关系，比如在学校里教师指导学生调馅料、擀面皮和控制火候，学生回到家则要在家长的监督指导下进行巩固练习；还可以充分利用南京当地的文化资源，让学生参加“美食文化节”活动，品尝南京特色美食，感受生活的美好，从而对家乡的美食文化产生浓厚的兴趣。

第四学段（7~9 年级）

（一）主题选择：

《义务教育劳动课程标准（2022 年版）》中任务群“烹饪与营养”要求学生能根据家庭成员实际需求设计一日三餐的食谱、注意三餐的合理搭配，在制作菜肴的过程中进一步掌握日常烹饪技能，形成健康生活的理念；了解科学膳食与身体健康的密切关系，增进对中华饮食文化的了解，体会一日三餐的学问和付出的辛劳，懂得感恩父母和尊重从事餐饮工作的普通劳动者，理解劳动对于个人生活、家庭幸福的意义。南京有着非常优越的地理环境，四季分明，降水充沛，水资源丰富，非常适合养殖鸭子。盐水鸭是南京极具传统特色的小吃，肉质细嫩，肥而不腻，鲜香味美，还入选“国家地理标志产品”。本学段可选择“金陵鸭肴我会做”主题活动，以鸭作为烹饪原料，制作“南京盐水鸭”和“鸭血粉丝汤”，让学生在劳动过程进一步掌握烹饪技法，体验劳动的艰辛与快乐，感受劳动的价值，培养其关注家乡饮食文化的意识。

（二）内容规划

本学段主题活动包括制作南京盐水鸭和鸭血粉丝汤，它们在生活中很常见，烹饪难度适中，适合第四学段学生完成，也便于教师指导，还能延伸为家庭美味菜肴的制作。南京盐水鸭是以鸭为主材料，盐为主配料，经过腌制，以特定的烹饪技法制成的菜肴，皮白肉嫩，味道鲜美，营养价值也很丰富。鸭血粉丝汤是南京的特色小吃，主要特点是口感鲜香，爽口宜人。通过制作这两道南京特色美食，可以让学生掌握不同的烹饪方法，对家庭饮食烹饪技法的多样性有进一步的认识，还能培养学生的责任心和持久劳动的品质。活动形式应多种多样，学生可以在烹饪教室集体学习，也可以分小组合作学习，还可以开展家庭亲子活动，从而多角度展现学生的劳动过程与成果。

“金陵鸭肴我会做”主题活动包括以下两个项目：“制作南京盐水鸭”，因盐水鸭制作相对较为复杂，需要 3 课时，第一课时查阅相关资料，整理出制作南京盐水鸭所需食材用料，第二课时制作南京盐水鸭，小组互相品鉴，第三课时进行反思与拓展；“制作鸭血粉丝汤”，因鸭血粉丝汤制作相对较为简单，需要 2 课时，第一课时尝试制作鸭血粉丝汤，小组互相品尝与评价，第二课时进行反思与拓展。

盐水鸭

鸭血粉丝汤

活动项目	学习目标	活动建议
制作南京盐水鸭	1. 熟悉盐水鸭的各种配料，能将鸭肉，鸭肠及其他内脏等清洗干净，掌握盐水鸭的腌制方法。 2. 在制作盐水鸭的过程中感受劳动的快乐，体悟劳动者的艰辛，形成热爱劳动、尊重普通劳动者的观念。 3. 能正确认识烹饪劳动的价值，形成营养搭配和健康饮食的习惯。 4. 在劳动的过程中感受劳动与生活的联系，增强对南京饮食文化的热爱。	1. 配备工作服。 2. 在课堂学习中安全使用厨房刀具。 3. 课堂学习与家庭劳动相结合，教师可安排学生课后在家制作盐水鸭。 4. 在烹饪教室或学校食堂开展本活动，最好是中秋前后，这个时期制作的盐水鸭色味最佳。

续表

活动项目	学习目标	活动建议
制作鸭血粉丝汤	1.熟悉用到的各种食材，掌握鸭血粉丝汤的做法。 2.在制作鸭血粉丝汤的过程中感悟劳动的价值和意义，形成热爱劳动的观念。 3.能细心认真地完成整个烹饪过程，养成专心致志、不怕苦、不怕累的劳动品质。 4.在劳动过程中培养勤于动手、敢于创新的劳动精神。	1.课前将干粉丝泡发。 2.课堂学习中安全使用烹饪用具。 3.课堂学习与家庭劳动相结合，课后，教师可安排学生在家制作鸭血粉丝汤。 4.在烹饪教室或学校食堂开展本活动，一年四季均可。
……		

（三）资源开发与利用

开展“金陵鸭肴我会做”主题学习活动，可充分利用家长资源，如果有学生家是开卤菜店、烤鸭店或鸭血粉丝汤店的，或者比较擅长做盐水鸭和鸭血粉丝汤等鸭肴，学校可以邀请这些专业人士到课堂上当指导教师。此外，教师还要统筹好学生家庭、学校之间的联系，比如在学校里教师指导学生进行鸭内脏的清理、鸭肉的腌制，学生回到家里则要在家长的监督指导下进行巩固练习；还可以充分利用南京当地的文化资源，让学生参加“美食文化节”活动，品尝南京特色美食，感受生活的美好，培养其对家乡美食文化的浓厚兴趣。

典型项目设计

第一学段（1~2 年级）

夏日缤纷水果茶

学习目标:

1.通过品尝、交流，了解水果茶的营养价值，感受劳动带来的甜美享受。

2.通过观看视频或者教师示范，了解制作水果茶的基本步骤及注意事项，学会做美味的水果茶。

3. 培养安全劳动的意识，以及“自己的事情自己做”的生活自理意识。

学习重点：

了解相关制作工具的使用方法和制作水果茶的基本步骤。

学习难点：

小组合作制作出一杯美味爽口的水果茶。

学习准备：

教师准备：多媒体课件、做好的水果茶、泡茶的工具、刀具、切菜板、玻璃壶、雪克杯、碎冰棒、搅拌勺、热水、盐等。

学生准备：西瓜适量、香水柠檬 1 个、茉莉绿茶茶包 1 至 2 袋、冰块、杯子、蜂蜜适量、一次性筷子和手套等。

前置性作业设计：

教师引导学生查资料了解：①有哪些水果适合制作水果茶，这些水果分别有什么营养价值。

②这些水果可以怎样搭配，有什么功效。

学习过程：

活动一：分享水果茶最佳搭配表

1. 学生分享交流课前调查结果。

（1）草莓和柠檬都含有丰富的维生素 C，两者搭配在一起，能够帮助消化，还能美白肌肤。

（2）西瓜富含葡萄糖、果糖、维生素 C 等，西瓜和柠檬搭配在一起可以生津止渴，清热除烦。

（3）猕猴桃、番茄、杧果都含有丰富的抗氧化剂，这三种水果搭配在一起可以增强身体的免疫力。

2. 教师小结：这些水果不光美味，对人体还有不同的功效，大自然真神奇呀！不同水果的搭配组合方式有很多种，可以根据其营养价值及功效来搭配。

【设计意图】

通过交流分享，学生可了解不同水果的营养搭配及其功效，从而激发其学习兴趣和参与劳动实践的意愿，由此可顺利导入活动主题，最后，让学生意识到这些都是大自然的馈赠，感叹大自然的神奇之余，学会感恩生活。

活动二：探究水果茶的制作步骤

1. 教师展示已经做好的水果茶（西瓜柠檬茶），引导学生看一看、尝一尝,说一说,这是哪一种水果茶、分别用了哪些水果以及制作方法与步骤。

2. 学生观看视频，总结概括水果茶的制作步骤。

步骤一：将茉莉绿茶茶包放入茶壶，加入小半壶热水浸泡，放凉备用；

步骤二：西瓜切块去籽，柠檬用盐搓洗干净表皮后切成薄片；

步骤三：将切好的西瓜和 4~5 片柠檬片放入雪克杯，加入少许冰块，用碎冰棒捣出汁水；

步骤四：将备好的常温的茶倒入雪克杯，搅拌均匀；

步骤五：将雪克杯中的饮品倒进饮用杯，根据个人喜好决定是否增加蜂蜜。

3. 学生尝试辨认雪克杯、碎冰棒、搅拌勺、茶壶等工具，讨论其使用方法和注意事项。

4. 学生若有其他疑问，同伴间先尝试解决，解决不了的教师出面协助或现场示范。

【设计意图】

让学生猜老师提供的水果茶用了哪些水果，可以让学生从颜色、味道的角度进行观察和思考，以锻炼学生的观察能力；利用视频直观、形象地呈现水果茶制作过程，引导学生概括总结，可以让学生了解水果茶的制作方法；最后针对重点和难点，教师现场示范，可以提高课堂教学效率。

活动三：合理分工，开始制作水果茶

1. 教师出示制作水果茶的要求：

（1）制作前，小组要明确分工。

（2）制作时，要规范操作，注意卫生和安全。

（3）制作后，把用具收拾干净，摆放整齐。

2. 学生小组尝试制作水果茶，教师巡视，适时给予帮助和指导。

【设计意图】

学生动手制作的环节是本课的重点，教师出示制作要求并关注学生的分工合作，巡视中再次教学生切柠檬片、泡花茶等，可确保劳动的安全性，提高学生的动手能力。

活动四： 展示水果茶成品，进行评价并总结经验

1. 学生展示并评价劳动成果，征求改进意见。

（1）学生各小组选出一人当评委，小组成员将本组水果茶分装在小杯中，供评委品尝投票。如果有小组带来横溪西瓜，也可以让大家都尝一尝，说说与其他西瓜的区别。

（2）评委根据水果茶的“卖相”、口味、卫生等进行投票，并写下评语。

（3）课后各组再分装一些送给老师、家长品尝，征求改进建议。

2. 请获胜小组分享自己小组成功的经验或感受。

活动五： 反思与延伸

1. 全班对本节课的活动进行反思总结。

2. 布置任务：

①小组根据组员个人喜好，结合水果的营养搭配及功效，讨论下节课如何制作属于自己的独创美味水果茶。

②查资料了解茶的历史。

板书设计：

夏日缤纷水果茶

注意安全与卫生

泡茶放凉备用
↓
西瓜去籽，柠檬切片
↓
放入水果与冰块，捣出汁水
↓
加入茶水，搅拌均匀
↓
倒进杯中，添加蜂蜜

【设计意图】

通过交流和反思，让学生进一步掌握制作水果茶的方法和技巧，培养学生口头表达能力和分析能力；及时表扬劳动效果较好的同学，让学生学会制作水果茶的方法并将其更好地运用到生活中；鼓励学生动手制作多种口味的水果茶，发扬创新劳动的精神。

【案例评析】

生活即教育，劳动最光荣。本案例让学生学习制作夏日缤纷水果茶，十分贴近学生的生活，有利于调动学生的学习热情，让学生感受到学有所用，从而激发学生热爱生活的情趣。

本案例内容比较完善，步骤清晰，层次分明，便于操作，看得出来老师做了很多的准备工作。针对低年级学生的学习特点与实践能力，教师选择先带领他们制作比较简单的“西瓜柠檬茶”，以提升学生信心，还引导学生进行讨论，思考如何根据自己的喜好，结合水果的营养搭配及功效，制作属于自己的独创美味水果茶，可谓是创意满满，让学生开动脑筋，敢于创新，充分感受劳动的快乐，真正体验到“劳”有所得，“动”有所乐！教师在学生分享水果的营养搭配后，引导学生感叹大自然的神奇之处，让学生初步意识到大自然的重要性，逐渐产生人与自然要和谐相处的想法。

此外，本节课评价环节分为课上和课下两部分，评价主体多元，充分利用学校资源与家长资源，让学生得到更全面、更客观、更准确的评价，这样才能更好地改进劳动成果，从而提升教学效果，也能让学生逐渐养成根据他人需求为他人服务的意识与能力。

【阅读材料】

中国是茶文化的发源地，在中国古代，茶饮是一种高雅文化，茶艺、茶道等都是具有特色的艺术形式。中国从何时开始饮茶，说法不一，西汉时已有饮茶之事的正式文献记载，饮茶的起始时间当更早一些。茶以文化面貌出现，是在两晋南北朝时期，当时一些有识之士已有客来敬茶的习惯。唐代的茶艺、茶文化进一步发展，泡茶成为贵族和文人必备的生活方式之一。陆羽的《茶经》系统总结了唐代及以前的茶叶生产、饮用的经验，也提出了精行俭德的茶道精神。

南京雨花茶是南京的著名特产，其生产历史十分悠久。南京在唐代就种茶，不仅在陆羽的《茶经》中有记载，更有陆羽在南京栖霞寺采茶的传

南京雨花茶

茶园

说为证，栖霞寺后山在现代仍有试茶亭旧迹。冲泡南京雨花茶可选用透明玻璃杯，先向杯中注入约七分满的开水，待水温凉至80℃左右，再放入雨花茶，茶叶便如朵朵雪花漂于碗中，甚是好看，汤色碧绿而清澈，香气清雅，滋味醇厚，回味甘甜。

（作者：南京市江宁未来科技城小学　沈志会）

第二学段（3~4年级）

寻味春天：芦蒿炒香干

学习目标：

1. 了解芦蒿和香干的特点和营养价值，并掌握芦蒿炒香干的烹饪方法。

2. 能做基本的家务劳动，掌握厨房工具的使用方法，学会炒菜这项劳动技能，发掘动手实践能力，并培养创新思维和独立思考能力。

3. 通过做菜，体验劳动的欢乐，激发对劳动的兴趣，养成在生活中积极参与劳动的良好习惯。

学习重点：

参与择菜、切菜到炒菜、装盘的完整流程，能够完成劳动任务。

学习难点：

炒出咸淡适中的菜。

学习准备：

教师准备：多媒体课件、炒菜工具、盐、烹饪视频。

学生准备：芦蒿、香干、一次性筷子和手套等。

前置性作业设计：

课前查阅资料，了解芦蒿和香干的特点及营养价值。

学习过程：

活动一：了解食材的特点及营养价值

1. 学生分享前置性作业的调查结果。教师根据学生的分享作小结：芦蒿和香干都属于营养丰富的健康美食，适合各个年龄层的人食用。同时，它们的搭配也很有创意和可塑性，烹饪时可以借鉴不同做法和调料搭配，让口感更加丰富多样。

2. 学生分享做饭经验，交流烹饪的不同方式。教师根据学生交流情况作小结：烹调方式有很多种，如煎、炒、烹、炸、爆、熘、涮等。一般而言，炒菜步骤如下：将食材准备好，打开火，锅热后倒油，放入姜葱蒜一类佐料爆出香味，放入蔬菜等翻炒，放入酱油、盐、味精等调料翻炒，最后起锅装盘。

【设计意图】

激发学生的学习兴趣是教学成功的前提。上课伊始，教师让学生分享食材的特点和营养价值，接着交流家常菜的烹饪方式，从而激发学生的学习兴趣和欲望，为学生亲自动手做菜带来信心与内驱力。

活动二：探究炒菜的步骤

1. 老师展示烹饪好的芦蒿炒香干，引导学生看一看、闻一闻、尝一尝，结合课前了解的资料，进行小组探讨，猜一猜这个菜是怎么做出来的。

学生代表发言，尝试概括出烹饪步骤。

2. 教师播放事先拍好的烹饪芦蒿炒香干的视频，并总结步骤：

步骤一：芦蒿摘去老叶，洗净，切成 5 厘米左右的段。

步骤二：香干切条。

步骤三：锅中倒入花生油烧热，放入香干，炒至金黄色（约 3 分钟）。

步骤四：放入芦蒿，炒约 5 分钟。

步骤五：加入盐，翻炒均匀。

步骤六：起锅装盘。

3. 学生小组讨论做菜时会遇到什么问题，小组间尝试交流解决方法，教师巡视，及时给出建议。

问题举例：怎么控制菜的咸淡？

教师建议：翻炒过程中逐步、少量地加调料，中途尝一下咸淡和生熟，如果觉得不够味或太咸，可以适当添加或稀释调料，调整菜品的口味。

【设计意图】

这一环节教师只是学生活动的引导者，把学习、探究的权力全部交给学生，先给学生展示一盘炒好的菜，引起学生浓厚的兴趣，再引导他们仔细看、用心闻、认真尝，概括出烹饪的步骤与方法，从而让其学会观察、学会总结。

活动三：合理分工，开始炒菜

1. 教师出示炒菜的要求：

（1）烹饪前，小组明确分工。

（2）烹饪时，注意卫生和安全。

（3）烹饪后，设计一下摆盘，让菜的出品更美观。

2. 学生动手做菜，教师巡视，适时给予帮助。

【设计意图】

学生的劳动必须是有思想的，有创造性的。此环节充分留给了学生创作的空间，让学生根据准备好的食材进行创意烹饪，使学生的合作能力、动手能力、创新能力得到提高。

活动四：分享劳动收获

1. 小组自我评价。

2. 各组间互相品尝，提出建议。

3. 回顾制作过程，分享感受与收获。

各小组成员记录本组发现的问题以及其他同学的建议，回家继续练习烹饪技术，下节课再次烹饪，技术成熟之后可以在学校食堂“实习”，为其他同学、老师服务。

【设计意图】

学生烹饪芦蒿炒香干的劳动所得既指通过课堂和课外学习成功烹饪的菜品，也指通过学习相关课程，在劳动能力、素养、心理等方面的一些收获与提升，本活动引导学生对自己的表现进行“自我反思性评价”，强调师生间、同伴间对彼此个性化的表现进行评定与鉴赏，在此过程中提升学生的综合素养。

板书设计：

芦蒿炒香干

步骤：

备菜→热锅倒油→放入香干翻炒→放入芦蒿翻炒→放盐→起锅装盘

安全操作、注意卫生

【案例评析】

本案例展现的是一节比较经典的烹饪课的流程，课前让学生调查资料，了解食材及菜品的营养价值，激发了学生的学习兴趣，为学生埋下健康饮食理念的种子。学生熟悉了菜品，在制作的过程中才不会因为畏难而失去“斗志”。

课上首先让同学们分小组自行探究菜品的烹饪方法和步骤，再由教师播放事先拍好的教学视频，然后逐一解决学生的疑问，最后是操作与评价，学生操作后会发现理论与实践之间的距离。值得一提的是，本节课教师并没有专门安排投票活动，而是先让学生自我评价，自己发现问题，再互相评价，分享感受与建议，避免学生初次尝试就失去烹饪的信心。这样，教师既关注到了学生的生活实际和学情，又关注到了学生烹饪前与烹饪后的心理活动，可见本案例真正将学生置于教学活动的中心。

经过本课的学习，学生的劳动技能和劳动素养都得到了很大的提升，教师营造的轻松无压力的环境可以让学生充分感受家务劳动的欢乐，从而激发学生对劳动的热情。有了教师对下节课再次烹饪的安排，以及学生烹饪技术成熟后去食堂“实习”的活动计划，相信学生们回家一定会继续练习，以期在下节课以及之后的活动中一展身手。

【阅读材料】

南京香干

南京香干是中国传统豆制品的一种，具有悠久的历史。南京香干最早可追溯到南朝梁代，当时南京还被称作“建康”，据传当时建康城内就有

制作香干的作坊，生产“江南香干”。随着时间的推移，南京香干的制作工艺不断改进，其品质不断提高，变得更加独具特色。明代时，南京香干已经成为一种非常流行的食品。在清代，南京香干生产商陈金铸更是将外地游客都视作潜在顾客，利用顾客的采购活动为自己进行免费的宣传。20世纪初期，受工艺技术的局限等因素的影响，南京香干的产量有所减少。在改革开放后，南京香干重拾昔日的光荣，除了作为特色食品在南京各大超市和市场销售，还被广泛应用于饮食，如烧菜、煮汤、拌面等等。今天的南京香干已经在保留传统工艺的基础上加入了一些新的元素，口感更加鲜美，吃起来更有层次感。南京香干已成为南京广为流传的特产之一。

洗菜小技巧

烹饪蔬菜之前最好能做到“一冲洗、二浸洗、三烫”这三步，这样能去掉大部分残留农药。比较常见的蔬菜浸洗方法有以下几种：

清水浸洗法：这种洗菜方法主要用于叶类蔬菜，如菠菜、生菜、小白菜等，一般先用水冲洗一两遍后，用清水浸泡不少于10分钟，可清除部分残留的农药。

盐水浸洗法：先用清水冲洗3~6遍，然后泡入淡盐水中浸泡1小时，再用清水冲洗一次。

碱水浸洗法：先在水中放入一小撮碱粉，搅匀后再放入蔬菜，浸泡5~6分钟，再用流动水清洗几遍，碱粉也可用小苏打代替，但要延长浸泡时间到15分钟左右。

淘米水浸洗法：用淘米水洗菜，最好用前两次的，因为米的表面含钾，前两次的淘米水呈现弱酸性，但之后就开始转变为碱性，而农药只有在酸性环境中才会失去一定的毒性，具体操作方法是用清水冲洗蔬菜后再用淘米水浸泡20至30分钟。

（作者：南京市江宁未来科技城小学　沈志会）

第三学段（5~6年级）

制作南京牛肉锅贴

学习目标：

1. 了解牛肉锅贴的营养价值，掌握南京牛肉锅贴的制作方法，尝试运用搓、切、擀、煎等技能，做出营养又美味的锅贴。

2. 在制作中培养合作意识和食品安全意识，养成良好的职业道德和卫生习惯。

3. 通过做牛肉锅贴这一南京特色美食，体验劳动的快乐，培养热爱烹饪的情感，产生传承南京饮食文化的愿望。

学习重点：

牛肉锅贴的制作方法。

学习难点：

制作出金黄酥脆的牛肉锅贴。

学习准备：

教师准备：多媒体课件、煎锅、擀面杖、面粉、牛肉、食用油等。

学生准备：一次性手套和筷子等。

前置性作业设计：

通过查阅资料或与家长交流，了解南京特色小吃牛肉锅贴的历史故事和著名品牌。

学习过程：

活动一：分享自己做锅贴的经历

1. 学生汇报自己前置性作业的完成情况。

2. 学生分享自己做锅贴的经历，互相交流自己吃过的锅贴的口味。

3. 教师展示牛肉锅贴实物，引导学生闻一闻、尝一尝、品一品，并尝试说出它的烹饪方式和风味特点。

4. 学生交流锅贴的烹饪方式及风味特点。

5. 教师小结：牛肉锅贴采用“煎”的烹饪方式，以牛肉为主要馅料，用面皮包上馅料并捏成细长饺子状后，放入油锅中煎至金黄色即可装盘食用。这种小吃面皮软韧，底面酥脆，味道鲜美，别具风味。

【设计意图】

通过让学生分享自己做锅贴的经历，充分发挥学生的主体作用，有助于增强学生的自信心，提高学生的学习兴趣。

活动二：探究牛肉锅贴的制作方法

1. 观看视频，了解锅贴的制作步骤。

教师引导学生讨论并总结锅贴的制作步骤。

2. 教师讲解、示范制作牛肉锅贴的具体步骤。

步骤一：洋葱切碎，牛肉剁成肉末。

步骤二：把洋葱碎倒入牛肉末中，倒入适量的食用油、酱油、耗油、料酒、盐，搅拌均匀。

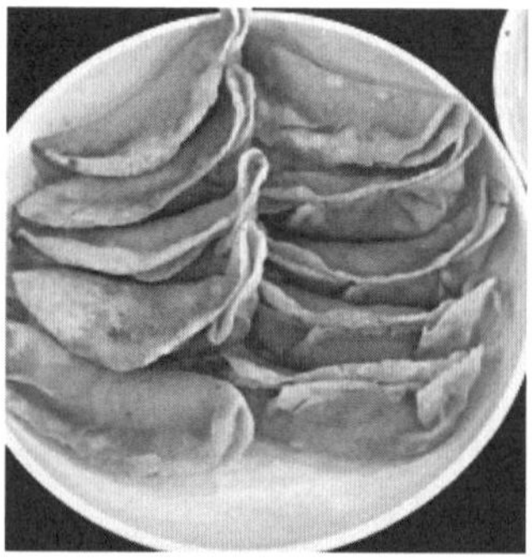

步骤三：面粉加水和成面团。

步骤四：取一块面，搓成长条，切成大小合适的剂子并擀成面皮。

步骤五：把馅料放在面皮上，把面皮对折捏紧。

步骤六：平底锅刷油，把捏好的生锅贴摆

入锅中煎约 2 分钟，淋水，盖上锅盖煎到水干，出锅装盘即可。

【设计意图】

通过分步讲解与示范，降低学习难度，可帮助学生将脑中已有的感性认识具象化，加深学习印象，为学生的独立实践提供支持。

活动三：合理分工，开始制作牛肉锅贴

1. 教师出示制作牛肉锅贴的要求：

（1）小组分工明确，有序进行。

（2）烹饪时一定要注意卫生和安全。

（3）装盘时可以设计一下摆盘，让作品更美观。

（4）做好后把锅贴摆放到相应的展区，把用具收拾干净，摆放整齐。

2. 学生动手制作牛肉锅贴

（1）学生以小组为单位，现场制作牛肉锅贴，教师巡视指导，适时给予帮助。

（2）小组内学生互相帮助，教师提醒学生注意安全。

【设计意图】

学生以小组为单位，团结协作，通过“做中学”和“学中做”习得技能，并培养劳动意识和协作能力。

活动四：展示牛肉锅贴成品，进行评价

1. 教师出示牛肉锅贴的评价标准：外观焦黄，底部酥脆，面皮软韧，内里鲜嫩多汁的锅贴可评为优秀，底部不够酥脆，面皮缺乏韧性，味道尚可的锅贴为良好或合格，底部完全焦黑，无法入口的锅贴为不合格。

2. 学生品尝自己和同学做的牛肉锅贴，根据评价标准对自己和他人的作品进行评价。

3. 教师对学生的劳动过程表现以及牛肉锅贴成品进行综合性评价。

活动五：拓展延伸，创新发展

教师发言：牛肉锅贴是南京的一道特色小吃，是秦淮八绝之一，咬一口鲜美多汁，滋味别具，既营养又美味。同学们，南京其实有很多与面相

关的特色小吃，如鸭油酥烧饼、鸡汁汤包、南京小馄饨等。大家可以向面点师傅或家人请教，学习制作自己喜欢的风味面点。

【设计意图】

通过列举南京特色小吃，增强学生文化自信，丰富学生课外知识。

【案例评析】

我国著名教育家陶行知先生说过："真的教育是心心相印的活动，唯独从心里发出来的，才能打到心的深处。"从先生的话中，我们不难领会，离开了情感，一切教育都无从谈起，包括劳动教育。本案例从南京著名的风味小吃入手，紧密联系学生生活实际，让学生在情感上产生共鸣，不仅可以提高学生的学习兴趣，还可以增强学生的饮食文化自信。

本案例由前置性作业设计和课堂教学组成，符合教学规律。通过设计前置性作业，让学生了解南京特色小吃牛肉锅贴的历史故事和著名品牌，丰富了学生的文化知识，培养学生对饮食文化的热爱。课堂教学共有五个活动，先是让学生分享自己制作锅贴的经历，了解牛肉锅贴的烹饪方式和风味特点；之后学习并掌握其制作方法；然后分组实践操作，在操作时要求注意食品卫生和人身安全，教师进行了巡视和指导；在锅贴制作完成后进行作品展示与评价，由教师展示评价标准，让评价更加客观、具体；最后是拓展环节，通过列举南京特色小吃，增强学生的文化自信，丰富学生的课外知识。本案例较为完善，项目清晰、内容完整、层次分明、便于操作，尤其是将劳动教育与学生的生活实际相结合，让学生分享自己做美食的经历，从学生的经验出发，让学生真正成为课堂的主人。

本案例主要采用过程性评价和终结性评价的方式，坚持多主体评价的原则，对学生进行综合性评价。在评价环节，通过引导学生对自己的作品进行评价以及学生间互评，充分发挥学生的主体作用，以加深学生对烹饪技术的理解，提高技术创新与技术应用的意识和能力。将自评、互评和师评结合起来，有利于得到客观、合理的评价结果，并充分发挥评价的作用。

【阅读材料】

鸡汁汤包

鸡汁汤包是南京传统地方小吃，也是南京人餐桌上最常见的美食，皮薄馅多，卤汁鲜美。

鸡汁汤包一笼6到8个，揭开蒸笼，汤包皮闪着亮光，晶莹剔透，特别小巧可爱。“轻轻移，慢慢提，先开窗，后喝汤”是吃汤包的十二字口诀。用筷子小心夹起，汤包外皮的重量和柔韧性正好能承受住汤包馅料和汤料，用牙轻轻咬开一丝缝隙，顺势吸入里面的汤汁，再整个一口塞进嘴里，馅料鲜美，伴着外皮，软硬适中，味道不腻不甜且鲜到妙处，令人回味无穷。

（作者：南京市溧水区特殊教育学校　白景英）

第四学段（7~9年级）

制作南京盐水鸭

学习目标：

1. 了解盐水鸭的营养价值，掌握其制作步骤和方法，做出营养又美味的盐水鸭。

2. 在制作中培养合作意识和食品安全意识，养成良好的职业道德和卫生习惯。

3. 通过制作南京特色鸭肴，体验劳动的快乐，培养热爱烹饪的情感，产生传承南京饮食文化的愿望。

学习重点：

盐水鸭的制作方法。

学习难点：

盐水鸭的腌制方法。

学习准备：

教师准备：多媒体课件、调料、鸭、炒锅、炖锅等。

学生准备：一次性手套和筷子等。

前置性作业设计：

通过查阅资料或与家长交流，了解南京盐水鸭的历史故事和著名品牌。

学习过程：

活动一：了解南京盐水鸭的营养价值和风味特点

1. 学生汇报自己前置性作业的完成情况。

2. 教师展示盐水鸭实物，引导学生闻一闻、尝一尝、品一品，说一说它的风味特点。

3. 教师引导学生讨论盐水鸭的营养价值。

4. 教师小结：南京盐水鸭肥而不腻、香鲜味美，具有香、酥、嫩的特点。盐水鸭含有丰富的蛋白质、维生素、碳水化合物、钙、铁等营养元素，营养价值很高，具有补充营养、提供能量等功效。

【设计意图】

通过让学生品尝美食，充分调动学生参与课堂活动的积极性，提高学生的学习兴趣。

活动二：探究盐水鸭的制作方法

1. 学生观看制作盐水鸭的视频，讨论并总结盐水鸭的制作方法。

2. 教师讲解、示范南京盐水鸭的制作步骤。

步骤一：斩去小翅和鸭脚掌，再在右翅窝下切开约 3 厘米长的小口，从刀口处取出内脏、拉出气管和食管，再用清水冲洗鸭子，滤干备用。在进行操作时，要注意安全使用劳动工具。

步骤二：炒锅内放入盐、花椒，炒热后备用。

步骤三：将一半热的椒盐从翅下刀口处塞入鸭腹，晃匀，用剩下椒盐的一半擦遍鸭身，再把余下的热椒盐从颈部刀口和鸭嘴处塞入鸭颈，然后将鸭放入缸中腌制入味。腌制约 3 小时后（夏季 2 小时为宜）取出，将鸭子挂在通风处吹干，把空心芦管插入鸭子肛门内，从翅窝下刀口处放入姜片、葱、大料。

步骤四：水烧开，放入姜、葱、大料和料酒，将鸭腿朝上，鸭头朝下放入锅内，盖上锅盖，以小火焖 20 分钟。

步骤五：将鸭拎起，使鸭腹内的汤汁从刀口处漏出，把鸭子滤干，汤倒入锅内。

步骤六：将鸭放回汤中，使鸭腹内灌入热汤，再用小火焖20分钟，取出，抽出芦管，将鸭放入容器内，冷却后装盘即可。

【设计意图】

通过分步讲解与示范，降低学习难度，可以帮助学生将脑中已有的感性认识具象化，从而加深学习印象，为学生的独立实践奠定基础。

活动三：合理分工，制作南京盐水鸭

1. 教师出示盐水鸭的制作要求：

（1）小组分工明确，有序进行。

（2）烹饪时一定要注意卫生和安全。

（3）装盘时设计一下摆盘，让作品更美观。

（4）做好后把盐水鸭摆放到相应的展区，把相关用具收拾干净，摆放整齐。

2. 学生动手制作南京盐水鸭

（1）学生以小组为单位制作盐水鸭，教师巡视指导，适时给予帮助。

（2）小组内学生互相帮助，教师提醒学生注意安全。

【设计意图】

学生以小组为单位团结协作，可增强其协作意识与能力，通过“做中学”和“学中做”习得技能，培养劳动意识。

活动四：展示盐水鸭成品，进行评价

1. 学生品尝自己和同学做的盐水鸭，根据色、香、味等评价项目对自己和他人的作品进行评价。

2. 教师对学生的劳动过程表现以及盐水鸭成品进行综合性评价。

活动五：拓展延伸，创新发展

教师发言：南京向来以鸭肴驰誉海内，故历来被冠以“鸭都”美称，其鸭肴之多，食鸭人之众，可谓中华之最。南京盐水鸭制作历史悠久，积累了丰富的制作经验。南京生产的盐水鸭皮白肉嫩、肥而不腻、香鲜味美，具有香、酥、嫩的特点。中秋前后，桂花盛开季节制作的盐水鸭色味最佳，名为桂花鸭。

同学们，南京其实还有很多与鸭相关的特色美食，如鸭油酥烧饼、鸭血粉丝汤、南京烤鸭等。大家可以向大厨或者家人请教，学习制作自己喜欢的鸭肴。

【设计意图】

通过列举南京的特色鸭肴，培养学生热爱家乡的情感，增强其文化自信，丰富其课外知识。

【案例评析】

本案例设计较为完善，主题鲜明、目标明确、内容丰富、层次分明，先是让学生分享自己熟悉的南京特色美食，拉近课堂学习与学生生活的距离，从而提高学生的学习兴趣，之后让学生自主探究和亲身体验，通过自主劳动，掌握相关烹饪技巧，并体会劳动者的辛苦，感悟劳动者的伟大之处，养成热爱劳动、尊重劳动者、珍惜劳动成果的习惯。

在导入环节，通过让学生分享自己熟悉的南京特色美食，感受家乡的美好，培养其对家乡饮食文化的自豪感，有助于传承饮食文化。在评价环节，让学生自己品尝和点评，可充分发挥学生的主体性，推动其自我反思，提高其发现问题和解决问题的能力，同时还能让学生体验到品尝自己所做美食的快乐，有助于提升学生的学习兴趣。

在知识新授环节，教师示范制作过程，阐明步骤和注意点，强调安全注意事项，有利于学生的安全规范操作，保证了学生实践活动的有效开展。通过制作盐水鸭，让学生进一步掌握烹饪技能，体验烹饪和品尝美食的快乐，同时也让学生深刻体会到烹饪的辛苦和不易，从而培养其尊重劳动者的意识。通过让学生品尝和评价，有助于提高学生对美食色、香、味三大要素的品位。

【阅读材料】

金陵菜

金陵菜，又称南京菜、京苏大菜，其起源于先秦，战国末期屈原的《楚辞》已有相关记载，隋唐时已负盛名，至明清成为流派，民国时期更是红极一时，延续至今，方兴未艾。

金陵菜善用蔬菜，以“金陵三草”（菊花脑、枸杞头和马兰头）和“旱

春四野”（芥菜、马兰头、芦蒿、野蒜）驰名，讲究七滋七味（鲜、烂、酥、嫩、脆、浓、肥，酸、甜、苦、辣、咸、香、臭），以咸为主，咸甜适宜、苦而清香、酸而不涩、辣而不烈、脆而不生、浓而香醇、肥而不腻、淡而不薄，体现了名贵、典雅、华美、大气的古都风范。

（作者：南京市溧水区特殊教育学校　白景英）

第四章　家用器具使用与维护

背景介绍

“工欲善其事，必先利其器”，“器欲尽其能，必先得其法。”家用器具也一样，要想发挥出器具的最大效力，使用者必须知道使用方法并且学会维护。

《义务教育劳动课程标准（2022年版）》指出，要有目的、有计划地组织学生参加日常生活劳动，家用器具使用与维护是日常生活劳动中较为常见、较为重要的项目。“家用器具使用与维护”任务群贴近学生的生活，通过引导学生学习正确阅读家用器具说明书，掌握日常生活中常见的家用器具的使用方法，让其学会正确、安全地操作家庭常用器具，从而有效地开展日常生活劳动，同时，让学生在使用家用器具的基础上，能进行简单的维护保养、故障判断以及简单的维修。通过“家用器具使用与维护”任务群的学习活动，让学生掌握一定的生活劳动技能，主动完成力所能及的劳动，在劳动过程中感受快乐，获得成就感，同时增强学生生活自理能力，让其形成安全劳动的意识，懂得劳动创造美好生活，并形成积极乐观的劳动精神。

南京有很多地方特色家用器具，如熊猫电视、湖熟红木家具等，众多地方特色企业给学生提供了丰富的学习和实践场所，教师可组织学生到这类企业参观研学，了解家用器具的生产流程，听取专业技术人员讲解家用电器的工作原理、使用方法、保养与维修技术等。通过开展“家用器具我维护”主题活动，让学生学会家用器具的安全使用和简单维护，养成科学安全使用家用器具的良好习惯。

家用器具的使用场域主要是家庭，学生在课堂上学习了家用器具的使用规范，回家后应在家长的陪伴下，通过反复操练实践，掌握家用器具的使用方法，学生在使用的过程中发现不方便、不合理之处，还会产生探究改进的想法，并可能转化为实践操作方案，这时要鼓励学生开动脑筋，将所学物理、化学等方面的知识运用于生活实际，以分析和解决劳动过程中面临的问题，从而培养学生创新能力，让课程回归生活、回归社会、回归自然。

学习目标

第二学段（3~4 年级）

初步掌握家庭常用小电器的使用方法，会根据需要选择和使用；养成使用家用电器的安全意识和器具保养维护的意识，初步形成生活自理能力；养成用后及时清洁、收纳到位的良好劳动习惯。

第三学段（5~6 年级）

掌握家庭常用电器的功能特点和使用方法，在学习和操作过程中养成耐心、细心的劳动品质，形成运用现代科技参与日常生活劳动的能力；养成良好的家用电器使用习惯；感受家用电器对提高家务劳动效率，提升生活品质的作用；养成在劳动中勤于观察、乐于思考的品质。

第四学段（7~9 年级）

学会阅读家庭常用器具的产品说明书，掌握家用器具安全规范的使用方法，了解家庭常用电器如洗衣机、电冰箱、扫地机器人等的基本结构、工作原理；学会对家用器具进行简单的保养和维修，例如小家电的清洁保养、红木家具的养护等，以提升家政技能和实践操作能力；养成科学、安全、规范地使用家用器具和勤于保养的良好习惯；增强劳动过程中的安全意识和质量意识，养成在劳动中不畏艰辛、勇于创造的精神。

学段大单元设计

第二学段（3~4 年级）

（一）主题选择

《义务教育劳动课程标准（2022 年版）》中“家用器具使用与维护”任务群提出：让学生“正确使用 1~2 种家庭常用小电器，如吹风机、吸尘器等，完成劳动任务。认识、了解厨具的种类和作用，正确使用厨房小家电参与家庭烹饪劳动，如用电饭煲煮饭，知道操作流程要规范、安全。”因此，笔者设计了“小电器我会用”主题活动，让学生学会正确、规范操作小家电，并养成用后能及时清理、收纳到位的良好劳动习惯。

（二）内容规划

“小电器我会用”主题活动适合三四年级学生完成，旨在让学生学会使用常见小家电，以提高生活品质、节省时间、提高效率。

根据教学内容及中年段学生的特点，笔者针对“小电器我会用”主题活动设计了“吹风机我会用”和“电饭煲我会用”两个项目，教学活动以课堂学习和家庭实际操作相结合来完成，共安排 2 课时，第一课时安排“吹风机我会用”，让学生在学校课堂学习正确、规范操作吹风机和使用后的清理、保养，并在回家后进行实际操作。第二课时安排“电饭煲我会用”，让学生在学校课堂学习用电饭煲煮饭，引导其用后及时清理、收纳到位，并在回家后进行实际操作。

活动项目	学习目标	活动建议
吹风机我会用	1.初步掌握吹风机的使用方法，会根据需要选择和使用。 2.养成吹风机使用的安全意识和器具保养维护意识，培养生活自理能力。 3.养成用后及时清理、收纳到位的良好劳动习惯。 4.养成主动承担力所能及的劳动的意识，初步形成热爱劳动的态度。	1.课前，教师可请家长协助，在家中提前让学生认识一下吹风机，摸一摸、看一看，也可在家长的帮助下用一用。 2.课堂教学不仅要让学生学会正确使用吹风机，还要引导学生使用后及时清理并收纳到位。 3.学生回家后可利用家里的吹风机进行实际操作。
电饭煲我会用	1.初步掌握电饭煲的正确操作流程，学会规范地使用电饭煲煮饭。 2.初步形成电饭煲的清洁、保养、维护意识，养成使用后及时清洗、收纳的良好劳动习惯。 3.建立“劳动”与“器具”之间的对应关系，能根据需要正确选择和使用电饭煲。 4.懂得电饭煲是人们生活的好帮手，是人们为了解放自我、提高劳动效率而发明创造的。	1.课前，教师可请家长协助，在家中提前让学生认识一下电饭煲，并在家长的帮助下学习电饭煲的使用方法。 2.课堂教学不仅要让学生认识电饭煲的各个部件，更要让学生学会正确安全地使用电饭煲，做到用后清理、收纳到位。 3.学生回家后在家长的协助下，结合在学校所学内容进行实际操作。
……		

（三）资源开发与利用

本单元教学活动的开展需要统筹利用家庭、学校及社会资源。课前，教师可建议家长带着孩子去电器卖场逛一逛，先让孩子直观地了解一下现在的吹风机、电饭煲以及其他小家电都有哪些品牌、功能及特色等。教师可以让学生从家中带电器实物到课堂上，使用学校劳动专用教室进行课堂教学，学生回家后再进行实际操作；可充分利用家庭差异性开展劳动教育，不同学生家庭的家用器具品种、品牌和型号各异，可以丰富劳动教育的资源。学校和教师还可以寻找和邀请相关专业人员进入学校和课堂，协助教师对学生开展家用器具使用和维护的专业教学。学生回家练习后，还可以让家长对其劳动成果做出评判，并给予建议。

第三学段（5~6 年级）

（一）主题选择

《义务教育劳动课程标准（2022 年版）》提出，要让学生“通过阅读产品说明书，了解家庭常用电器，如电视机、电冰箱、洗衣机、电风扇、空调等的功能特点，掌握基本操作方法。根据需求选择使用功能，规范、安全地操作。”因此，笔者设计了“阅读说明书，学会用家电”这个教学主题，包括“我会阅读产品说明书”和“洗衣机我会用”两项活动，先让学生学会正确阅读产品的使用说明书，再利用洗衣机进行实操，让学生学会正确使用洗衣机。

以“阅读说明书，学会用家电”为教学主题，旨在让学生通过阅读产品说明书，了解家庭常用电器的功能特点，掌握基本操作方法，并学会根据需要选择使用功能，规范、安全地操作。小学高年级学生的识字能力、阅读水平及理解能力都已经达到一定高度，绝大多数高年级学生完全能够读懂产品的说明书并按照说明书进行操作，故上述主题完全符合小学高年级学生的认知水平。

（二）内容规划

“我会阅读产品说明书”和“洗衣机我会用”两项教学活动需要课堂学习和家庭实际操作相结合来完成。“我会阅读产品说明书”需要 1 课时，学生通过本课的学习，应学会阅读产品说明书，从而了解和掌握常用家电的功能特点及规范的操作方法。“洗衣机我会用”需要 1 课时，要求学生在课后回到家里实际操作；学生通过本课的学习，应学会用洗衣机的不同功能洗涤相应材质的衣物，掌握洗衣机日常保养的方法。

活动项目	学习目标	活动建议
我会阅读产品说明书	1. 通过阅读产品说明书，了解家用器具的特点及使用方法，感受家用器具对提高家务劳动效率、提升生活品质的价值和作用。 2. 知道阅读家用器具产品说明书的重要性，了解产品说明书的组成并掌握正确的阅读方法；具有能按产品说明书的操作步骤进行简单操作的能力。 3. 懂得规范使用家用器具的意义，养成在使用之前阅读说明书的意识和习惯，树立劳动安全意识。 4. 养成良好的家用电器使用习惯，在学习和操作过程中养成严谨细致、勤于观察、乐于思考的品质。	1. 课前，教师可建议学生家长利用节假日带孩子去电器卖场了解一下目前市面上主流家电的功能、款式等，让学生对家电有个直观的认识。 2. 在课堂教学中教师要教授学生阅读说明书的正确方法；哪些地方要重点关注，哪些地方可一带而过，教师要清楚。 3. 教师可建议学生回家后查找各种电器的产品说明书加以练习。
洗衣机我会用	1. 通过阅读产品说明书，了解洗衣机的特点及使用方法，感受洗衣机对提高家务劳动效率的价值和作用。 2. 通过阅读洗衣机产品说明书，了解操作洗衣机的正确步骤，能够规范地使用洗衣机。 3. 懂得规范使用家用器具的意义，养成在使用之前阅读说明书的意识和习惯，树立劳动安全意识。 4. 在学习操作洗衣机的过程中养成严谨细致、勤于观察、乐于思考的品质。	1. 课前，教师可建议学生家长利用节假日带孩子去电器卖场了解目前市面上主流洗衣机的特点、款式等，让学生深入了解洗衣机。 2. 在课堂教学中，让学生先通过阅读产品说明书查找到洗衣机的正确使用方法，再通过看视频、看图片等方法让学生学会使用洗衣机；教师重点教授不同材质衣物的洗涤方法。 3. 教师可建议学生回家后利用家里的洗衣机针对学过的内容进行实际操作。
……		

（三）资源开发与利用

家用器具的主要使用场域是家庭，学生在课堂上学习了家用器具的正确使用方法，课后需要在家长的陪伴下，通过反复操作、实践，熟练使用家用器具，例如，使用洗衣机需根据不同衣物的材质，选择相应的洗涤模式，使用电饭煲、电磁炉、微波炉则需根据烹饪的不同食材及目的进行炒、炖，蒸、煮、加热、解冻等操作。家用电器集中出现的场所是商场或家电城，家长可以带着孩子前往，认识家电种类，体验家电功能，感受现代科技给家庭生活带来的各种便利。在课堂教学时，教师应充分使用现有资源开展真实场景下的教学，例如，可以将电扇搬进教室，在装有空调或配备电视机、投影仪的教室进行现场操作教学。可以说，“家用器具使用与维护”任务群要求教师统筹利用家庭、学校及社会资源进行教学。有条件的学校可由教师带领学生去当地的家用电器制造工厂进行参观，让学生亲身感受家用电器的生产过程及功能特点。

第四学段（7~9 年级）

（一）主题选择

七至九年级的学生已在小学阶段初步掌握了家庭常用器具（如常用小家电）的使用方法，初步养成安全使用和保养维护意识。初中阶段的学生要掌握科学、规范使用家用器具的方法，进一步学会对其进行合理的保养和维护。规范使用和合理的保养维护一方面保证了家用器具的寿命，能节约开支，另一方面也为家庭安全提供了保障。鉴于此，笔者设计了“家用器具我维护”主题活动，旨在让学生学会安全使用扫地机器人并进行简单维护，掌握红木沙发等家具的保养知识及相关技能，养成科学安全使用家用器具的良好习惯，提高劳动过程中的安全意识，养成吃苦耐劳、坚持不懈的劳动精神。

（二）内容规划

家庭日常生活中学生经常用到家用器具，如扫地机器人、洗衣机、空调、电冰箱、桌椅橱柜、沙发茶几等，生活中使用这些家用器具时会遇到一些问题，如电器不通电、红木家具干缩开裂以及变形等，需要定期清洁和保养才能维持这些器具的良好性能，从而保障安全使用。针对上述主题活动，笔者设计了“扫地机器人的使用与维护”“红木沙发的保养与维护”这两个实践项目，旨在让学生学会对常见家用器具进行简单的日常保养、清洁。

“扫地机器人的使用与维护”需要2课时，第一课时探究扫地机器人的使用和维护方法，第二课时让学生亲身实践，进行扫地机器人的清洁维护。“红木沙发的保养与维护”安排1课时进行课堂学习，掌握红木沙发的清洁、打蜡等保养方法，课后结合学校会议室或家庭日常劳动进行实践操作。

活动项目	学习目标	活动建议
扫地机器人的使用与维护	1. 了解扫地机器人的结构和工作原理。 2. 通过自主学习、技术探究活动，知道安全使用扫地机器人的注意事项，并学会规范使用和合理维护，养成科学规范使用家用电器的良好习惯。 3. 掌握扫地机器人主刷、边刷、集尘盒、抹布、过滤网等配件的清洁维护方法以及安装更换方法，能通过阅读使用说明书了解扫地机器人的故障及其原因。 4. 培养主动参与家庭劳动的习惯以及吃苦耐劳、坚持不懈的劳动精神。	1. 课堂学习与家庭劳动相结合。 2. 因涉及用水清洁，建议在有水龙头的专用劳动教室进行实践活动。 3. 教师可建议家长拍一些学生进行家庭劳动时的照片或者视频。
红木沙发的保养与维护	1. 了解红木家具的特点、种类和价值。 2. 掌握红木沙发的清洁、打蜡等保养维护方法。 3. 通过开展红木沙发清洁、打蜡实践活动，学会红木家具日常保养维护，培养科学规范的劳动习惯。 4. 养成爱护家具，珍惜劳动成果的意识。	1. 可以让学生聆听讲座，学习红木沙发的保养维护知识和技巧。 2. 结合学校会议室、办公室以及家庭日常劳动进行教学。
……		

（三）资源开发与利用

家庭日常生活中家用器具不可或缺，教师可充分利用学生家庭资源，促使学生开展家庭日常劳动，从而发挥家庭劳动教育的优势和作用，让学生在家长的监督、帮助下学习使用家用电器，利用课余时间对家用电器进行拆卸、清理，完成劳动任务。学校可以邀请家电产品技术员、家电维修人员进入课堂，协助教师完成教学任务。有条件的学校可组织学生到当地的家用电器生产企业参观，了解家用电器的生产流程；或组织学生到专业的家用电器维修店参观、考察，进一步了解家用电器的使用、保养与维修技术；还可以结合学校和当地实际，有目的、有计划地组织学生开展“家用器具使用与维护”科普主题活动，宣传家用器具的科学使用，解答家用器具使用方面的问题，包括如何延长使用寿命，如何安全用电和节约用电等，以培养学生的科学意识、实践能力和社会责任感。

典型项目设计

第二学段（3~4 年级）

电饭煲我会用

学习目标：

1. 学会正确、规范操作电饭煲。

2. 理解正确使用厨房小家电对改善生活质量的意义，懂得这些小家电是人们生活的好帮手。

3. 知道使用完毕，如何正确地清理、保养和收纳，养成良好的劳动习惯。

4. 养成安全、规范使用电饭煲的习惯，养成认真负责的劳动品质。

学习重点：

掌握正确的电饭煲操作流程和操作规范，安全地使用电饭煲。

学习难点：

准确把握加水的量，煮出可口的米饭。

学习准备：

教师准备：多媒体课件、电饭煲一台。

学生准备：各小组安排一人带一个家用的、功能最简单的电饭煲。

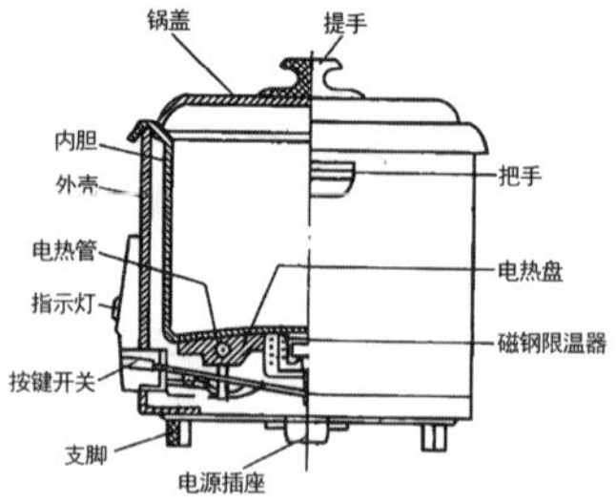

学习过程：

活动一：创设情境，激趣导入

教师创设问题情境：你家的厨房里都有哪些电器呢？你都认识吗？

学生交流，引出课题。

活动二：了解电饭煲的结构

1. 教师出示电饭煲实物。

学生以小组为单位观察，并讨论电饭煲是由哪些部分组成的。

2. 小组汇报。

3. 教师播放课件，出示电饭煲结构图，并进行讲解。

4. 学生通过观看视频学习电饭煲煮饭的原理。

活动三：学习用电饭煲煮饭

1. 学生通过观看视频学习用电饭煲煮饭。

2. 学生交流用电饭煲煮饭的步骤。

3. 教师讲解淘米只漂洗 2 至 3 遍的道理。

4. 教师引导学生注意用电安全，强调不能用湿手去插拔插头和按开关。

5. 学生交流控制米饭软硬度的方法。

活动四：了解电饭煲的日常维护方法

教师提问：我们平时应该怎样对电饭煲进行日常维护呢？

学生小组交流，每小组选出一名代表回答问题。

活动五：课后活动布置

教师发言：今天回家后，请同学们实际操作一次，将你的劳动过程以视频或照片形式记录下来，并与父母或同学交流心得。如果你家里用的是新式多功能电饭煲，要先请教家长，学会操作方法之后再实践。我相信，通过今天的学习，你一定能为家人做出一锅香喷喷的米饭，成为煮饭小能手。

【案例评析】

本案例的学习目标明确，希望学生通过学习正确使用电饭煲，养成良好的劳动习惯和安全使用电器的意识，培养其认真负责的劳动品质。通过课堂教学和课后实践，期望学生能够熟练掌握电饭煲煮饭的正确操作流程和操作规范，能够安全地使用电饭煲，从而达到培养学生实用技能和提高学生综合素质的目的。

本案例从认识电饭煲的组成和工作原理入手，让学生先对电饭煲有一个全面的了解，然后再进行电饭煲使用方法的学习。在使用方法的教学完成后，教师对淘米的次数和放水量进行了讲解，之后引导学生进行讨论，从而让学生不仅会“用”电饭煲，更能煮出软硬适中、可口的米饭；随后组织学生讨论了电饭煲的日常维护方法，并在拓展延伸环节，让学生进一步了解现代家庭普遍使用的多功能电饭煲。

本案例的设计充分调动了学生的学习积极性，也将学校指导和家庭实践进行了有机结合；通过教学活动的开展，培养学生生活劳动技能，让其学会正确使用电饭煲，以增强其生活自理能力，同时培养了学生乐于劳动的习惯和品质。

【阅读材料】

电饭煲的发展历史

电饭煲的发展历史可以追溯到20世纪初，以下是其主要发展历程：

1937年，日本研制的九七式炊事车上出现了原始的电加热饭锅。

1945年，日本索尼公司开发出加热电饭煲试制品。

20世纪40年代末，日本三菱公司开发出具有电热装置的简易电饭煲。

1955年，日本东芝公司开发出第一款电气式自动电饭煲，并实现量产。

1958年，日本发明燃气煮饭煲。

1960年，日本松下公司生产出第一款自动保温式电饭煲。同年，具有定时功能的电饭煲开始生产销售。

1963年，广州轻工集团生产出中国第一台电饭煲——三角电饭煲。

1972年，三菱公司发明了电子控制电饭煲，该产品同时具有电气自动煮饭和保温功能。同年，松下也推出了电子控制电饭煲。

1979年，松下研发出微电脑控制电饭煲，可以自动控制火力大小。

1988年，三菱研制出第一款方形电饭煲。

20世纪90年代至今，电饭煲不断升级和创新，除了基本的煮饭功能外，还可以煮粥、烤面包、蒸馒头、煮汤等，同时也越来越注重智能化和健康化，例如通过光传感器、智能温控等减少营养流失。

电饭煲的发展历程体现了科学技术的不断创新，电饭煲如今已成为人们日常生活中不可或缺的小家电之一，为人们提供香甜可口的米饭和多种美食。

（作者：南京市火瓦巷小学　濮志良）

第三学段（5~6年级）

洗衣机我会用

学习目标：

1. 通过阅读洗衣机的使用说明书，学会用洗衣机洗涤衣物，掌握洗衣机的操作要领。

2. 能区分不同材质的衣服，按照洗涤要求选择相应的洗衣模式。

3. 能够规范、安全、正确地操作洗衣机洗衣服。

学习重点：

了解用洗衣机洗衣服的操作步骤并能正确操作。

学习难点：

能区分不同材质的衣服，按照洗涤要求，选择相应的洗衣模式进行洗涤。

学习准备:

教师准备：多媒体课件，课前给每个学生小组发一份洗衣机使用说明书。

学习过程:

活动一：阅读洗衣机的使用说明书

1. 教师发布活动内容：现在，你们每组都有一份洗衣机的使用说明书，请以小组为单位，比比看，哪一组能够以最快的速度看懂并掌握使用说明书的操作指南。

2. 学生分组讨论，每组选出一名代表讲一讲使用说明书的重点内容。

3. 老师进行点评和总结，并出示课题：洗衣机我会用。

活动二：认识并学会使用洗衣机

1. 认识洗衣机的种类

目前比较常见的洗衣机大致分为两类：波轮洗衣机和滚筒洗衣机，教师出示这两种洗衣机的图片并介绍其工作原理。

2. 学会使用洗衣机

（1）组织学生详细了解洗衣机的使用方法。

（2）让学生通过图片了解洗衣机的操作面板，说说操作面板都有哪些按键。

（3）教师结合使用说明书，介绍洗衣机操作面板各按键的作用，要重点强调不同材质的衣服应按照洗涤要求，按下相应的按键清洗，如羊毛衫要选择面板上的羊毛档，真丝服装要选择丝绸档等。

（4）学生了解操作面板各种按键的作用之后，教师提问：使用洗衣机洗衣服的操作步骤有哪些？各小组讨论后，进行汇报。

（5）教师引导学生归纳出步骤：①放入衣物；②放入洗涤剂；③通电，选择水位、洗涤程序；④开始洗涤；⑤洗涤结束，取出衣物；⑥护理洗衣机。

活动三：详细了解洗衣机的操作程序

1. 教师提问：把衣服放入洗衣机前，要注意什么呢？

学生回答问题，教师总结概括：

（1）查看衣服的洗标，确认是否可以用洗衣机洗。

（2）将衣服分类放入洗衣机，易褪色的衣服要和其他衣服分开洗。

（3）一定要按照洗衣机的容量放入衣物。

（4）取出口袋中或衣服表面的异物，以免洗衣时损坏衣服或洗衣机。

（5）带有长带、长绳和拉链的衣服，将长带和长绳打结，拉上拉链。

2. 教师发言：把衣服放入洗衣机后，要把适量的经溶解的洗衣粉或洗衣液倒入如上图所示的洗涤盒。那么，多少的洗衣粉或洗衣液为适量呢？（教师提示：注意看洗衣粉或洗衣液的外包装）为什么要把洗衣粉溶解后再放入？

学生讨论后回答问题，教师点评并进行总结。

3. 接通电源，选择合适的水位、洗涤程序。（教师通过课件演示）

教师提问：在接通电源时需要注意什么？

学生回答：保持插头与手的干燥，以防止触电。

教师提问：选择合适的洗衣程序非常重要，洗衣程序主要包括哪些？

学生回答：洗衣机针对不同面料的衣物设定了不同洗衣程序，其中最常见的包括棉麻、羊毛、化纤、牛仔等。

教师总结：根据衣服的多少决定注入多少水，根据面料选择程序按键。

4. 教师指导学生开始洗涤，启动洗衣机。

5. 教师发言：当我们启动了洗衣机，它就会自动工作直到洗好衣服，听到洗衣机的蜂鸣声提示，就可以将衣服取出晾干了。

6. 教师指导学生将洗衣机插头拔掉，将洗衣机外壳和面板擦拭干净。

活动四：教师布置任务

1. 学生回家后，按照今天所学习的知识，使用家里的洗衣机洗一次衣服，要求操作规范、安全、正确。

2. 请家长对学生的操作进行评判。

活动五：拓展延伸

教师发言：由于科技的不断发展，如今洗衣机的特殊功能越来越多，比如烘干、空气洗等。同学们在课后可以上网查阅资料，了解一下这些洗衣机的特殊功能。

【案例评析】

新课标要求学生能通过阅读产品说明书，了解家庭常用电器的功能特点，掌握基本操作方法，这对学生的自学能力、阅读文字及图表的能力提出了一定的要求。学生要在阅读说明书的基础上，正确地使用家用电器，完成劳动任务。本案例学习目标明确，主要包括三个方面：一是通过阅读洗衣机的使用说明书，学会用洗衣机洗涤衣物，掌握洗衣机的操作要领；二是能够区分不同材质的衣服，按照洗涤要求，选择相应的按键；三是规范、安全、正确地操作洗衣机洗衣服。活动的重点是了解用洗衣机洗衣服的操作步骤并能正确操作，而难点是区分不同材质的衣服，按照洗涤要求选择相应的按键。教师通过展示多媒体课件，让学生阅读洗衣机使用说明书，引导学生认识和学会使用洗衣机，并通过布置课后任务来巩固和拓展学生的知识。从活动设计来看，该活动重点和难点突出，教师将多媒体课件和洗衣机使用说明书结合起来，循序渐进地引导学生由认识洗衣机到掌握洗衣机的操作，让学生学以致用。同时，课后任务可以让学生巩固所学知识并拓展更多相关知识。综上所述，该案例的活动设计比较合理，充分体现了学校指导和家庭实践相结合的理念，利用家校合作开展教学，进一步提高了学生生活自理能力，培养了学生乐于参加家庭劳动的观念，让学生逐步形成了对家庭的认同感和责任感。

【阅读材料】

洗衣机的发展史

洗衣机的发展史最早可追溯到19世纪。1858年，一个叫汉密尔顿·史密斯的美国人在匹茨堡造出了世界上第一台洗衣机，同年史密斯取得了这台洗衣机的专利权。这台洗衣机使用费力，且损伤衣服，因而未被广泛使用，但其问世标志着用机器洗衣的开端。

1874年，美国人比尔·布莱克斯发明了木制手摇洗衣机。布莱克斯的洗衣机构造极为简单，是在木筒里装上6块叶片，用手柄和齿轮传动，使衣服在筒内翻转，从而达到“净衣”的目的。这套装置的问世，让那些为提高生活效率而冥思苦想的人士大受启发，洗衣机的改进开始大大加快。

19世纪末期的洗衣机已发展出用手柄转动的八角形洗衣缸，洗衣时缸内放入热肥皂水，衣服洗净后，由轧液装置把衣服挤干。

1880年，美国出现了蒸汽洗衣机，蒸汽动力开始取代人力。

1910年，美国人费希尔在芝加哥试制成功世界上第一台电动洗衣机。电动洗衣机的问世，标志着人类家务劳动自动化的开端。

1922年，美国玛塔依格公司改造了洗衣机的洗涤结构，把拖动式改为搅拌式，使洗衣机的结构固定下来。搅拌式洗衣机结构科学合理，受到人们的普遍欢迎。

1932 年，美国本德克斯航空公司宣布研制出第一台前装式滚筒洗衣机，洗涤、漂洗、脱水在同一个滚筒内完成。这意味着电动洗衣机朝自动化前进了一大步，而第一台自动洗衣机于 1937 年问世。另外， 1937 年，英国研制并推出了一种喷流式洗衣机，它是靠桶体一侧的运转波轮产生的强力涡流使衣物和洗涤液一起在桶内不断翻滚，从而洗净衣物。

到了 20 世纪 40 年代，出现了现代的“上置”式自动洗衣机。

1955 年，在引进英国喷流式洗衣机的基础上，日本研制出独具风格并流行至今的波轮式洗衣机。至此，波轮式、滚筒式、搅拌式在洗衣机生产领域三分天下的局面初步形成。

20 世纪 60 年代，日本出现了带甩干桶的双桶洗衣机，人们称之为“半自动型洗衣机”。

20 世纪 70 年代后期，以电脑 (实际上是微处理器) 控制的全自动洗衣机在日本问世，开创了洗衣机发展的新阶段。

……

洗衣机的发展历程充满了不断创新和突破，从最初的手工操作到电动、自动化、智能化。洗衣机已经成为现代生活不可或缺的一部分，为人们提供了方便和高效的洗涤服务。

（作者：南京市火瓦巷小学　濮志良）

第四学段（7~9 年级）

扫地机器人的使用与维护

学习目标:

1. 了解扫地机器人的结构和功能，懂得工作原理。

2. 通过自主学习、技术探究活动，了解安全使用扫地机器人的注意事项，并学会规范使用和合理维护扫地机器人，养成科学规范使用家用电器的良好习惯。

3. 通过开展扫地机器人使用和清洁实践活动，掌握扫地机器人主刷、边刷、尘盒、滤网的清洁维护以及安装更换方法。

4. 能通过阅读使用说明书，了解并排查扫地机器人的故障原因。

5. 培养主动参与家庭劳动的意识以及吃苦耐劳、坚持不懈的劳动精神。

学习重点：

扫地机器人的安全使用和配件清洁。

学习难点：

扫地机器人的故障原因排查。

学习准备：

材料工具：扫地机器人（每组 1 台）、主刷、边刷、拖布、湿巾、小鸟刀等。

教具学具：课件、视频等。

学习过程：

活动一：实物展示，揭示主题

1. 教师通过一句话“知识开启智慧，科技创造未来”，引出“人类发明了各种各样的机器人”，并出示扫地机器人，开启教室清扫工作，学生讨论如何使用扫地机器人。

2. 教师总结：扫地机器人帮助人类清扫卫生的同时，也需要得到清洁和养护。

吸扫拖一体机器人

【设计意图】

通过实物和真实情景展示，开门见山，揭示主题。

活动二：自主学习，技术探究

1. 扫地机器人的使用

（1）教师展示不同类型的扫地机器人，学生观察其结构，讨论其构造以及工作原理。

扫地机器人

吸扫拖一体机器人主要配件图

（2）教师讲解工作原理和使用方法，学生阅读使用说明书并讨论使用中的注意事项，然后教师总结。

使用扫地机器人的注意事项：

①不要在潮湿的环境下使用，以免电机受潮发生短路起火。

②使用时间不宜过长，如果机身过热，应该暂停一段时间再使用。

③做好基站、主刷、边刷、尘盒和机身的清洁，不然会引起电机发热，甚至损坏电机。

④扫地机器人长期不使用，要彻底断电，将电池取出，收藏在干燥的地方。

2. 扫地机器人的清洁

（1）学生观察扫地机器人的结构，讨论清洁方法，选择合适的清洁工具。

（2）教师根据实物，讲解和演示配件拆卸与清洁的技术要点，并总结清洁扫地机器人的步骤与注意事项。

清洁扫地机器人的步骤：

①清洁基站水箱，刷洗基站底部。

②清洁尘盒，倒掉垃圾，用清水冲洗尘盒、滤网，再用湿巾擦拭吸尘口。

③清洁主刷和边刷，主刷用小鸟刀清理，边刷拔下后用水冲洗。

清洁扫地机器人的注意事项：拆卸配件要小心，注意技巧；主刷两端的毛发也要清理干净；配件（如主刷、边刷、拖布等）要定期更换。

3. 主刷、边刷、拖布的安装或更换

（1）教师播放扫地机器人配件安装、更换的视频，讲解更换周期和技术要点。

（2）学生根据更换周期或扫地机器人的提示，选择安装或更换新的配件，由小组代表进行安装或更换的操作。

注意事项：清洁过的配件要用抹布擦干或晾干后再进行安装。

4. 扫地机器人的故障排查

（1）学生根据自己的经验和使用说明书尝试说说扫地机器人可能会出现的故障。

（2）教师总结：扫地机器人可能出现的常见故障包括无法开机、无法关机、工作中突然暂停、毛刷不转、清洁效果不好等。

（3）学生小组讨论故障的解决方法（例如根据使用说明书尝试维修、联系售后维修）。

【设计意图】

通过实物观察和视频的观看，让学生对扫地机器人的结构特点建立直观认识，再尝试进行清洁、配件安装更换以及故障排查，通过理论联系实践，增强学生的实践动手能力。

活动三：实践操作，习得技能

1. 教师明确学生实践操作的任务和要求，进一步强调安全操作流程。

2. 学生以小组为单位，分工协作，共同完成清洁或更换配件的任务。教师巡视指导。

【设计意图】

以小组为单位，培养学生团结协作意识，让学生通过“做中学”和“学中做”习得技能，养成劳动意识。

活动四：展示、评价，巩固、提高

1. 教师出示评价标准（见“扫地机器人清洁能手评价表”）。

2. 学生小组内部评选出“清洁能手”，在全班同学面前进行清洁展示，并与其他同学交流经验。

3. 学生小组间互评，再由教师评选出“班级清洁能手”，并给予表扬。教师对学生的不足之处要给予指导，要求改进。

【设计意图】

充分发挥学生主体作用，推进组内自评、组间互评，最后教师总评，加强学生之间经验分享，进一步巩固所学技能。

扫地机器人清洁能手评价表

评价指标	评价内容（每项满分 10 分）	评价结果		
		自评	互评	教师评
劳动观念	知道扫地机器人的清洁部位，积极主动参与劳动。			
劳动能力	搬运扫地机器人时，轻拿轻放，拆卸配件时认真细心，注意技巧。			
	扫地机器人机身擦拭干净、无灰尘。			
	基站水箱及底部擦拭干净、无灰尘。			
	尘盒、滤网及吸尘口擦拭干净、无垃圾。			
	主刷两端的毛发被清理干净。			
劳动习惯与品质	积极主动参与扫地机器人清洁活动，有团队合作意识。			
	知道进行清洁工作之前必须将扫地机器人彻底断电，有一定安全意识。			
	具有吃苦耐劳、不怕脏的劳动品质。			
劳动精神	具有乐于奉献的劳动精神。			

活动五：拓展延伸，创新发展

1. 请学生尝试其他家用电器的使用与维护。

2. 请学生根据使用说明书提示，回家尝试家用废旧电器的拆卸，了解电器的内部结构以及故障的排除。

【设计意图】

举一反三，让学生尝试其他家用电器的使用与维护，并延伸至小家电的故障处理，以扩大学生的知识面，丰富其业余生活。

【案例评析】

本案例针对学生生活中常见的家用电器——扫地机器人设计教学活动，共设置5个活动环节，主题鲜明，思路清晰，内容丰富，重难点突出，活动设计突破了传统教学模式，教学时，教师结合学生生活实际和扫地机器人实物创设情景，激发了学生的兴趣，激起了学生的劳动欲望。

在自主学习探究环节，教师首先让学生观察扫地机器人的结构，认识扫地机器人的配件，了解工作原理，为下一步清洁或更换这些配件打下基础；让学生总结自己的生活经验并阅读使用说明书，讨论使用扫地机器人的注意事项，充分发挥了学生的主体性，培养了学生总结归纳和口头表达能力，让其知道科学规范使用家用电器的重要性。在清洁或更换配件时教师演示，学生尝试操作，明确了清洁的步骤、方法以及注意事项，教学效果显著。

在实践环节，案例设计了丰富的动手实践活动（扫地机器人配件的清洁、安装以及更换），学生通过小组合作，动手动脑完成实践任务。案例的评价展示环节坚持多元评价，通过评价表呈现评价标准，让学生展示作品、交流经验并评出“清洁能手”，教师以鼓励为主，对学生的劳动成果予以肯定，激发了学生的劳动热情，让学生感受到家务劳动的意义，进一步增强其家庭责任感。

【阅读材料】

红木家具的保养与维护指南

红木家具因质地坚实、色泽红润、质感细腻等特点备受青睐，其保养和维护尤为重要，具体需要做到以下几点。

首先，定期擦拭。红木家具应定期用软布擦拭，以去除灰尘和杂物，同时保持家具的光泽。其次，避免阳光直射。红木家具应放置在阴凉处，避免阳光直射。再次，防潮防虫。红木家具应放置在干燥通风的环境中，以避免潮湿引起木材变形、腐烂，同时也要注意防虫。最后，定期保养。红木家具一般每年都应该进行一次保养，如抛光或上油，以保持其光泽和质感。

（作者：南京市溧水区特殊教育学校　贺晓燕）

第五章　农业生产劳动

背景介绍

习近平总书记强调：农业强国是社会主义现代化强国的根基。中国作为农业大国，历来重视农业生产劳动，可考的农业生产活动已有八千多年历史。农业生产对社会、经济、生态等方面的发展有重要影响，因此《义务教育劳动课程标准（2022年版）》将“农业生产劳动”作为十大任务群之一，提出具体素养要求，可见农业生产劳动在课程育人方面也发挥着重要作用。中共中央、国务院发布的《关于全面加强新时代大中小学劳动教育的意见》和教育部发布的《大中小学劳动教育指导纲要（试行）》，共同强调了一个观点，即在劳动教育过程中，要以体力劳动为主，注重手脑结合。以上文件反映了国家对劳动教育的要求，对尊重劳动、尊重劳动者、珍惜劳动成果的教育不能停留于课堂上的说教，还要让学生走出教室，亲自参与农业生产劳动，真正经历出力流汗的体力劳动，从而用劳动改造学生的观念。2021年中央一号文件明确提出要“开展耕读教育”，更加重视农业生产劳动在教育中的作用。

随着科学技术的发展，我国传统农业正在向现代化农业转型，利用现代科技装备农业、管理农业，大棚技术、现代化温室、物联网管理系统不断与农业生产结合，使农业生产劳动不断发展变化，传统的体力劳作融入现代科技手段，为开展农业生产劳动教育打开了更广阔的视野。

南京地处长江中下游平原，属亚热带季风气候，四季分明，自古种植业和养殖业比较发达。同时，南京拥有众多高等院校和科研机构，如南京农业大学、江苏省农业科学院、农业农村部南京农业机械化研究所等，还建设有金牛湖现代农业示范园区、八卦洲生态农业园等现代化农业产业园区。这些优势都为南京的劳动教育，特别是开展农业生产劳动教育提供了良好的条件。

学生亲近自然、热爱自然，对自然有着强烈的好奇心和探索欲。正因如此，我国从幼儿园开始就设置了一些与种植相关的劳动项目。近年来，与农业生产相关的乡村旅游项目蓬勃发展，其中也包括面向青少年的农业主题研学活动，为青少年体验农业生产劳动、了解农耕文化提供了便利。劳动是义务教育阶段的必修课，《义务教育劳动课程标准（2022 年版）》专门设有“农业生产劳动”任务群，并针对该任务群提出了相应的内容要求、素养表现。学校应根据课程标准的要求，结合当地特色、学校资源、学生特点，选择和设计合适的农业生产劳动内容或项目，以农业生产劳动为载体，提高学生的劳动素养，促进学生德、智、体、美、劳各方面协同发展。

学习目标

第一学段（1~2 年级）

能种植和养护 1~2 种当地常见的植物，或饲养 1~2 种小动物，在简单的养护过程中，学习养护的方法，初步学会使用简单的工具；初步形成责任心和安全意识，养成有始有终的劳动品质，初步形成喜欢劳动、积极参加劳动的态度。

第二学段（3~4 年级）

能种植 1~2 种常见的蔬菜，或合法饲养 1~2 种家禽，掌握蔬菜的种植方法或家禽的饲养方法，具有初步的种植或饲养的劳动能力；形成关爱生命、尊重自然、尊重规律的科学劳动观念，形成有始有终的劳动习惯，懂得一分耕耘、一分收获的道理；知道尊重劳动、尊重普通劳动者，形成“劳动能带来美好生活”的意识。

第三学段（5~6 年级）

能种植与养护 1~2 种当地常见植物，或饲养 1~2 种常见家畜；感受持续性劳动的艰辛和不易，懂得珍惜劳动成果，养成持之以恒的劳动品质；形成热爱自然、热爱土地的情感态度。

第四学段（7~9 年级）

体验当地常见的种植、养殖等生产劳动；选择 1~2 种优良品种，开展系列化种植或养殖劳动实践，如组合盆栽、农副产品保鲜与加工、水产养殖、稻田养殖等，体验先进的种植、养殖方式和方法；了解中国传统农业特点，知道现代农业与传统农业的区别，理解种植、养殖与生活及经济的关系。

学段大单元设计

第一学段（1~2 年级）

（一）主题选择

第一学段的学生年龄较小，从事的农业生产劳动难度不宜过大。《义务教育劳动课程标准（2022 年版）》要求根据实际情况，种植和养护 1~2 种当地常见的水培或土培植物。笔者结合南京地区特色，设计了“培育南京人喜爱的野菜”为主题的教学活动，选择生活中较为常见的植物，由学生开展相关种植活动。这些植物种起来不复杂，学生容易掌握方法，能做好日常的养护和管理。南京人有春季食用“豌豆头”的喜好，同时很多菜肴中也以豌豆为配菜；大蒜是很多南京人在房前屋后的空地甚至花盆里都会种植的植物，更是家常菜中常见的食材或配料，因此笔者选择豌豆和大蒜这两种植物供学生种植，这一选择源于生活习惯和民俗传统，有利于学生了解南京地方文化，形成文化认同感。

（二）内容规划

结合学生学情与教学目标，“培育南京人喜爱的野菜”这一单元选取的种植对象——豌豆和大蒜在生活中较为常见，种植难度适中，适合第一学段学生完成，也便于教师指导，还能延伸到家庭进行日常养护和管理。种豌豆采用水培的方法，种大蒜采用土培的方法，可以让学生接触不同的种植方式，掌握不同的种植方法，学会简单的养护方法，对农业生产劳动的多样性建立初步的认识，还能培养学生的责任心和持久劳动的品质。活动形式可多种多样，可以让学生在教室集体学习，也可以分小组合作学习，还可以进行家庭亲子活动，从而多角度展现学生的劳动过程与成果。

“水培豌豆苗”需要 2 课时，第一课时学生在教师的指导下了解南京人对春季野菜的喜爱，学习水培豌豆苗的方法，并现场进行水培实践。第二课时学生分享豌豆苗的管理过程与生长情况，收获豌豆苗，进行活动回顾。在豌豆苗生长的过程中，由学生进行日常管理，可在学校进行，也可在家里以亲子活动的形式进行。“种大蒜”也需要 2 课时，其安排与“水培豌豆苗”相似。

活动项目	学习目标	活动建议
水培豌豆苗	1. 掌握水培豌豆苗的基本方法，能调节水分促使豌豆苗发芽、生长。 2. 在水培豌豆苗的劳动过程中产生对劳动的兴趣和喜爱，形成主动劳动的愿望与热爱劳动的态度。 3. 能进行持续劳动，会根据需水量适当加水，劳动时认真负责，养成有始有终的劳动习惯。 4. 在劳动的过程中感受劳动与生活的联系，增强对南京地方文化的了解和热爱。	1. 水培豌豆苗最适合的温度在 15℃到 25℃之间，因此气温较高的夏天不宜进行，冬天室内温度不低于 15℃时也可进行。 2. 教师要提前指导学生准备合适的水培工具。 3. 如果学生将水培种植盘带回家进行日常管理，教师要准备“注意事项”，请家长支持。

续表

活动项目	学习目标	活动建议
种大蒜	1. 掌握种大蒜的方法，学会使用小铲子、小锄头等劳动工具。 2. 能坚持为大蒜浇水，准确记录蒜苗的生长过程，养成坚持劳动、坚持观察的劳动品质。 3. 能通过蒜苗的生长感受到劳动的成果，体会到坚持劳动的意义，形成良好的劳动观念。 4. 在劳动过程中了解蒜苗的营养价值，初步形成健康生活的理念。	1. 大蒜生长喜欢冷凉的环境，南京地区一般在 9 月中下旬开始种植。 2. 可在花盆或种植盆里种植大蒜，管理较为简单，适合低年级学生劳动实践。
……		

（三）资源开发与利用

本单元的劳动项目可以在学校内、教室内进行，可利用学校的空地、种植箱、培养箱开展种植，也可以进行家校联合，延伸到家庭中开展植物的日常照管；可以由老师、具有专业知识的家长、外请的专业人员为学生介绍种植项目相关的知识，如影响植物生长的要素、什么是水培等。教师教学时可以结合南京人在春季爱吃“七头一脑”的地方特色，宣传南京文化，让学生建立家乡文化认同感，在拓展知识的同时，让学生习得科学的劳动方法，深刻了解劳动与生活的联系。

第二学段（3~4 年级）

（一）主题选择

第二学段的学生具备了一定的劳动能力和基础，劳动项目的选择可以更加丰富多样。教师可以利用校内外资源，让学生走出教室，在校园里、在种植基地开展种植，从而丰富学生的种植样态，增强学生对世界的认知，让其掌握更多的劳动方法，提高其劳动能力。我们可以组织学生开展“我是种植小能手”主题活动，让学生完整经历一次种植周期，以遵循生长规律为前提进行管理和养护，有利于培养学生关爱生命、尊重自然、尊重规律的劳动观念。供学生种植的东西可以丰富多样，如蘑菇、多肉植物等。通过种植蘑菇，可以让学生了解真菌的生长管理和普通蔬菜之间的区别，增强学生对生物多样性的理解，让其学会用不同的劳动方法养护不同的生物。让学生通过扦插叶片的方法来种植多肉植物，感受种子繁殖以外的植物繁殖方式，有利于学生掌握不同的劳动技能，激发学生探究世界的愿望。

（二）内容规划

围绕“我是种植小能手”主题活动，笔者设计了“打造小菜园”“我是大‘蘑’王”两个项目，相关种植活动在生活中既常见，又便于拓展。“打造小菜园”活动可以结合个人的喜好，选择南京当地的植物种类，可选范围广泛，种植的成功率较高。种植蘑菇的方法简单，养护形式新颖，能激发学生的劳动兴趣和劳动愿望，因此笔者设计了“我是大‘蘑’王”活动。通过对植物和蘑菇的日常管理养护，以及相关知识的拓展教学，开发学生的辨析能力、反思能力，激发学生的探究意识，培养学生通过劳动探究世界的能力。活动可以由教室扩展到校园甚至社会实践基地，有利于丰富学生的劳动空间，多方位展现学生的劳动过程与研究成果。

“我是大‘蘑’王”需要5课时，第一课时在前置学习的基础上进行学习分享，了解蘑菇的生长特点；第二课时让学生在有条件的情况下走进自然，寻找自然界的野生蘑菇；第三课时学习种植蘑菇的方法，进行劳动实践；第四课时收获蘑菇，进行以蘑菇为主的美食制作；第五课时开展活动回顾与总结交流会，分享劳动体会。“打造小菜园”需要6课时，需请专业人士开展劳动指导，由学生进行日常管理与养护。

活动项目	学习目标	活动建议
打造小菜园	1. 能根据土地的大小、土质等因素，按照蔬菜的特点，选择合适的品种进行种植。 2. 了解蔬菜从播种到收获的生长过程，能参与蔬菜生长的全过程劳动；能做好观察与记录，养成持之以恒的劳动品质。 3. 在劳动中能与他人合作，积极参与劳动过程，感受收获的快乐，珍惜劳动成果，形成正确的劳动观念。 4. 在种植蔬菜的过程中，能根据不同蔬菜的特点进行合理的管护，不怕麻烦不怕累，具备坚强的劳动精神。	1. 教师要根据学校现有条件，合理利用空地、种植箱、种植栏等，指导学生开展种植劳动。 2. 劳动前，教师要为学生准备安全、合适的劳动工具，指导学生认识工具，并安全地使用工具进行劳动。 3. 教师在活动设计时要考虑集中指导与日常管理的时间安排，持续跟进学生的劳动过程。 4. 可以聘请一些专业人员，适时指导学生的种植和管理，解决学生的关键性困难。 5. 教师可指导学生适当准备学习单、记录卡等，让学生记录劳动过程和植物生长情况。 6. 种植的蔬菜最好是应季的品种。
我是大"蘑"王	1. 通过学习了解蘑菇这种真菌的生长特点，掌握蘑菇种植的基本方法。 2. 在养护的过程中能坚持观察、坚持记录，总结和对比蘑菇与其他常见蔬菜的区别，能用多种形式表达观察与思考的结果。 3. 通过了解蘑菇的营养价值和经济价值，感受劳动可以创造财富，培养正确的劳动观念。 4. 通过学习蘑菇种植户的事迹，体会"劳动是一切幸福的源泉"，树立正确的劳动观。	1. 蘑菇种植需要一定的技术，教师要为学生提供学习素材，对关键内容进行指导与提醒。 2. 蘑菇生长适合的温度是20℃到28℃，教师要指导学生想办法做好温度控制。 3. 有条件的情况下可以组织学生参观当地蘑菇种植基地、大棚等，或邀请专业人员、种植农户指导学生，与学生交流。 4. 教师要引导学生进行相关的课外阅读，以增长知识，指导学生向书本、向他人、向网络学习种植方法。
……		

（三）资源开发与利用

本单元的劳动项目大部分可以在学校内进行，也可以开展家校联合，延伸到学生家庭进行相关劳动；由老师、具有专业知识的家长、外请的专业人员为学生介绍劳动项目相关的拓展知识，以及种植方法。教师可组织学生进行相关的课外阅读，多角度获取劳动知识；可以邀请当地的种植能手跟学生交流种植体会，畅谈劳动创造财富的经历；还可以联系当地农业生产基地，进行实地参观，让学生与劳动者直接对话交流，在拓展知识的同时，让学生了解科学的劳动方法，学会尊重自然规律，尊重普通劳动者，增强劳动的责任意识，初步形成劳动创造财富的观念。

第三学段（5~6 年级）

（一）主题选择

五六年级的学生已经能够种植一些常见的植物，会养护一些常见的家畜，会观察记录动植物的生长发育情况，了解其习性特点，体验过种植与饲养的基本过程与方法。课标要求学生在此基础上进一步体验简单的种植和饲养等农业生产劳动，初步学会种植蔬菜、盆栽花草与饲养家畜的基本方法。近年来，南京地区打造现代都市农业，农业栽培形式广泛，栽培种类丰富。因长寿花种类繁多，栽培管理方便，花期长，深受人们的喜爱，生菜营养丰富，生长周期短，全年均可种植，故笔者设计“现代农业种植”主题活动，并选择“盆栽长寿花”和“立体栽培生菜”这两个项目，旨在让学生在实践中体验农业生产，培养其坚持不懈的劳动品质。

（二）内容规划

本单元选择“盆栽长寿花”和“立体栽培生菜”两个项目，取材容易，栽培管理方便，可以在学校开展实践，也可以延伸到学生家庭，开展阳台种植体验。通过本单元的学习，让学生了解盆栽花卉的养护与管理，立体架设计、立体栽培及营养液科学配制等，并将学到的知识应用于家庭、校园和社区服务。通过让学生感受植物不同的栽培方式，培养学生科学探究精神和创新实践能力。通过课堂小组学习、家庭亲子劳动以及参观学习交流等不同形式的活动，让学生感受持续性劳动的艰辛与不易，从而懂得珍惜劳动成果，养成持之以恒的劳动品质。

“盆栽长寿花”项目安排 2 课时，其中盆栽花卉上盆体验需 1 课时，学习花期养护管理需 1 课时。“立体栽培生菜”项目安排 2 课时，其中设计制作立体支架需 1 课时，生菜栽植与养护安排 1 课时。

活动项目	学习目标	活动建议
盆栽长寿花	1. 学会盆栽花卉土壤的合理配比，掌握长寿花上盆的步骤与方法，学会长寿花花期的养护和管理。 2. 在劳动过程中感受劳动的快乐，学习劳动的基本方法，形成热爱自然的态度。 3. 能做到持续劳动，能够认真负责地养护管理盆栽花卉，养成有始有终的劳动习惯。 4. 在劳动过程中感受劳动与生活的关系，体会农业劳动的价值。	1. 课前，教师引导学生了解长寿花的品种、特点及其栽培技术。 2. 课堂上让学生学习与交流盆栽方法和花期养护经验。 3. 课后教师应鼓励学生在家庭和校园开展劳动实践，以装饰与美化生活。
立体栽培生菜	1. 了解立体栽培的特点，会使用立体定植篮，掌握生菜的定植方法，学会营养液的配制。 2. 参与生菜从播种到收获的全过程，在劳动过程中感受劳动的乐趣，热爱劳动，树立环保理念。 3. 能够认真思考设计实用立体栽培架，养成科学、严谨的学习态度。 4. 在劳动过程中感受现代农业的发展与应用。	1. 课前，在教师或家长指导下，让学生亲手播种、培育生菜苗。 2. 课堂中让学生学习立体栽培和营养液使用的方法。 3. 课后，将立体栽培技术延伸至家庭、社区的实践与应用。
……		

（三）资源开发与利用

本单元的劳动项目可以利用蔬菜、花卉大棚等资源，学校附近如果有采用特色立体栽培技术的温室蔬菜、花卉大棚，可以组织学生前往开展参观实践活动，也可以把家校联合拓展至家庭种养。教师教学时要配备营养土、修剪刀、花盆、花卉专用肥、水培营养液以及病虫害药剂等耗材。学校可以让有种植养殖经验的教师、家长，当地农业技术员出面，为学生介绍现代立体种植、科学饲养相关知识，同时宣传一些南京特色种植企业和养殖企业，让学生感受地方农业的发展。

第四学段（7~9 年级）

（一）主题选择

7~9 年级的学生已经能够种植一些常见的植物，体验过现代农业种植与饲养的基本过程与方法，学习过常见蔬菜、果树、花卉的栽培技术以及常见家畜的饲养方法。在此基础上，教师可引导学生开展不同形式的农业生产实践，理解种植、养殖与生活、经济的关系，让学生感受到农业生产对现代生活的意义。鉴于此，笔者设计了“农业创意 +”主题活动，并设置了“组合盆栽”“月季修剪与养护”“果蔬保鲜与加工”三个项目。通过学习组合盆栽，增强学生创意设计、美化生活的能力；通过进行月季修剪与养护，让学生掌握花卉栽培与管理的基本方法；通过学习农副产品的保鲜与加工，让学生感受农业生产的不同形式，体验劳动的乐趣，分享劳动的喜悦。

（二）内容规划

本单元选取的“组合盆栽”“月季修剪与养护”“果蔬保鲜与加工”三个项目都很贴近生活。开展“组合盆栽”项目，可以结合南京特色花卉种类进行设计、搭配、组合。月季四季常开，学习其修剪和养护知识可以拓展至其他花卉的管理。“果蔬保鲜与加工”项目可以让学生对丰收的果蔬进行加工，了解果蔬采收之后的生产形式。上述活动可以拓展至家庭、社区以及花卉市场等，以激发学生的学习兴趣，通过不同方式，让学生感受特色种植的过程。

“组合盆栽”项目安排 2 课时，其中 1 课时安排学习观叶植物的组合盆栽，并以常绿观叶植物为主，1 课时安排学习观花植物蝴蝶兰的组合盆栽；“月季修剪与养护”项目安排2课时，其中学习月季修剪安排1课时，学习月季肥水管理安排1课时；“果蔬保鲜与加工”安排2课时，第一课时学习果蔬保鲜方法，第二课时学习果蔬拼盘与沙拉的制作。

活动项目	学习目标	活动建议
组合盆栽	1.掌握组合盆栽的基本方法，充分利用环保材料，学会设计创意组合盆栽。 2.能够参与组合盆栽的劳动实践，感受劳动创造美好生活。 3.在劳动过程中积极与他人合作，感受劳动的乐趣与价值，形成正确的劳动观念。 4.认真操作、保持整洁卫生，养成精益求精的劳动精神。	1.课前了解组合盆栽的特点与应用价值，选择盆栽植物的种类。 2.课堂探究不同种类盆栽组合的搭配与设计。 3.课后制作精美盆栽以美化生活。
月季修剪与养护	1.了解月季在生活中的应用，会使用修剪工具，基本掌握月季修剪方法和日常养护管理方法。 2.能够参与花卉栽培实践活动，体验劳动的美好。 3.在劳动过程中了解修剪的价值与养护的意义，培养正确的劳动观念。 4.在劳动过程中，能够不怕苦不怕累，认真学习，有安全操作的意识和持之以恒的劳动精神。	1.课前了解月季的特点及其在生活中的应用。 2.课堂上探究月季修剪与养护方法。 3.课后延伸至家庭和社区，鼓励学生为月季修剪精美造型，积极美化生活。
果蔬保鲜与加工	1.了解并掌握多种果蔬保鲜方法。 2.积极参与劳动实践，感受劳动在生活中的应用价值，体验劳动创造美好生活。 3.在劳动过程中了解果蔬加工与保鲜的价值，培养正确的劳动观念。 4.保持认真学习的态度，提高食品安全和卫生意识，形成坚持不懈的劳动精神。	1.课前了解不同种类蔬菜与水果的保鲜方法。 2.课堂探究果蔬的保鲜与加工方式。 3.课后组织学生参观果蔬加工厂或者让学生回家动手实践。
……		

（三）资源开发与利用

本单元劳动项目大部分可以在学校进行，学校可以建设一定规模的农业生产劳动实践基地，如蔬菜、果树、花卉、农作物栽培基地，水产养殖基地。学校附近如果有特色种植、农副产品保鲜与加工等场地，可以组织学生前往开展参观实践活动，也可以让学生课后回到家进行相关实践。学校可以挑选有种植养殖经验的教师进行教学，也可以聘用当地农业技术员作为兼职教师，可以结合教学宣传一些南京当地的种植活动和农产品特色加工项目，给学生讲一些创业者的故事，让学生广泛了解农业技术在生活中的应用。

典型项目设计

第一学段（1~2 年级）

水培豌豆苗

学习目标：

1. 掌握水培豌豆苗的基本方法，会调节水分，促使豌豆苗发芽、生长。

2. 在劳动的过程中感受劳动的快乐，形成热爱劳动的态度。

3. 能做到持续劳动，适当加水，认真负责，养成有始有终的劳动习惯。

4. 在劳动的过程中感受劳动与生活的联系，了解南京人对“七头一脑”的喜爱，激发对南京本土文化的热爱。

学习重点：

学习并掌握水培豌豆苗的基本方法。

学习难点：

能根据需水量进行加水养护，养成有始有终的劳动习惯。

学习准备：

教师准备：豌豆种子、水培种植盘、水培豌豆苗的视频。

学生准备：豌豆种子、水培种植盘、小水壶、喷壶、抹布。

学习过程：

活动一：你吃过“七头一脑”吗？

荠菜头

马兰头

香椿头

枸杞头

苜蓿头

小蒜头

豌豆头

菊花脑

1. 教师创设情境：春天到了，很多植物都冒出了小芽，其中的一些小芽可以成为南京人餐桌上的美食。

2. 教师介绍“七头一脑”

教师提问：有没有小朋友听说过“七头一脑”？（学生发言）

教师结合学生的发言补充：南京人爱吃野菜是出了名的，而且已有很长的历史。南京人最爱吃的野菜是“七头一脑”，即枸杞头、马兰头、小蒜头、苜蓿头、荠菜头、豌豆头、香椿头和菊花脑。它们其实就是植物新冒出来的嫩芽，营养丰富，味道鲜美，有的还能清火，是南京人餐桌上的最爱。（配合图片）

3. 教师发言：为了能经常吃到这些美味，人们尝试种植这些野菜。我们先来学习种植其中的一种——豌豆苗（豌豆头）。

【设计意图】

由南京人喜爱的野菜“七头一脑”引入活动，让学生初步认识到劳动源于生活、服务生活，从而引起学生的劳动兴趣，让其初步形成“劳动带来美好生活”的观念。

活动二：水培豌豆苗的准备

1. 教师讲解：水培就是不用土壤，直接用水代替土壤来种植植物的方法，往水中加入营养成分，植物从水中吸取营养，也能够正常生长。

2. 教师发言：想一想，水培豌豆苗时，我们需要准备哪些东西呢？（学生发言）

教师结合学生的发言，出示水培豌豆苗的工具和材料：豌豆种子、水培种植盘、小水壶、喷壶、抹布。

【设计意图】

与土壤种植作对比，介绍水培的方法，以激发学生的求知欲。让学生说说需要的劳动工具，旨在激活学生的生活经验，为开展劳动做准备。

活动三：水培豌豆苗

1. 教师给学生播放水培豌豆苗的视频。

教师发言：谁能说一说水培豌豆苗的过程？（教师引导学生说说水培豌豆苗的步骤）

2. 结合学生的发言，教师介绍水培豌豆苗的步骤：

（1）清洗豌豆种子。

（2）把豌豆种子铺在水培种植盘中，把种植盘架在容器上。

（3）用小水壶给水培容器里加水，水的高度最多达到豌豆的一半，要让豌豆接触到空气。

（4）给水培种植盘盖上盖子，或者盖上塑料袋，放在温暖通风的地方，让豌豆种子发芽，发芽后可以拿掉盖子。

（5）为防止水变质，要每天给种植盘换水，用小喷壶给豌豆喷水。

（6）每天观察豌豆苗的生长情况，等长到15~20厘米，就可以剪下来食用了。

3. 学生动手水培豌豆苗。

（1）学生以小组为单位清洗豌豆种子，在水培种植盘内摆放种子，加入水。

（2）教师强调注意事项：清洗豌豆种子的动作要轻，不要把种子洗坏；给水培种植盘加水时，不要漫过豌豆种子。

4. 教师引导学生用抹布将桌上洒的水擦干净，比比哪个小组做得又快又好。

5. 小组评比：评选劳动小能手。

教师发言：小组内同学互相比比，看哪些同学在水培豌豆苗的过程中步骤正确，哪些同学做事认真，有头有尾，桌面打扫得干净，能按要求做到的同学，给予“劳动小能手”称号。

【设计意图】

教师在播放视频后引导学生说出水培的步骤，旨在培养学生的观察能力、表达能力，让学生在学习水培步骤的过程中掌握水培的方法，形成简单的劳动能力。

活动四：学习回顾

1. 学生回顾水培豌豆苗的步骤，说说学到的劳动方法，以及收获和体会。

2. 教师引导学生回顾劳动过程，说一说后面每天要如何进行观察和养护；鼓励学生坚持换水和观察，比一比谁最先收获豌豆苗。

【设计意图】

“活动四”对学生学习过程进行回顾，并对后期的养护提出希望，旨在培养学生良好的劳动习惯和品质。

【案例评析】

“水培豌豆苗”借助通俗易懂、喜闻乐见、易于操作的活动形式，让学生动手水培，经历简单的劳动过程，体会获得劳动成果的喜悦，培养了学生热爱劳动的精神。

案例中，由老师为学生介绍南京人喜爱的野菜，与乡土文化融合，让学生初步感受到劳动与生活的关系。课程重点介绍豌豆苗的特点和种植方式，为下一步学生开展劳动打下基础，同时也增强了学生对本土文化的认同感。

通过对种植过程的观察、总结，引导学生学习水培豌豆苗的方法。学生在学习与总结种植步骤的过程中，培养了劳动的条理性。看似简单的方法，其中包含了很多细节，如水位的高度，容器的摆放位置等，课程引导学生关注细节问题，培养了学生认真细致的劳动品质，对劳动过程的回顾和劳动成果展示，有助于学生总结劳动收获，萌生对劳动的热爱之情。

“水培豌豆苗”有可能是学生第一次独立种植一种蔬菜并取得收获，对学生的劳动精神、劳动观念的培养有着重要的意义。在老师的指导下，通过视频学习、动手实践的方式，学生学会了豌豆苗的水培方法，并通过与同学分享劳动体会和收获，感受到劳动的快乐。同时，学生可以通过向家人介绍自己水培豌豆苗的过程，进行简单的劳动反思。

【阅读材料】

什么是水培？

水培是一种新型的无土栽培方式，需要把植物的根茎浸入营养液，直

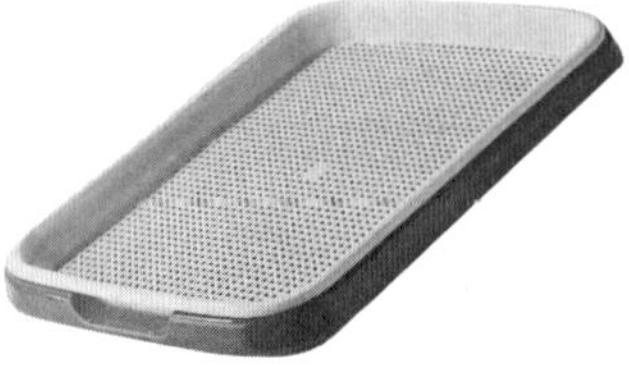
水培篮

接获取生长所需的水分、养分，使植物健康成长。水培的植物看起来更加干净，受到很多人的喜爱。水培通常用到盆、瓶等容器，营养液的成分是水培植物生长的关键。

野菜不能随便吃

以“七头一脑”为代表的野菜是南京人餐桌上的美味，但野菜可不是随便可以吃的，也不是什么人都适合吃的。首先，马路边、工厂周围的野菜最好不要采来吃，因为可能有汽车尾气或其他有害物质污染了野菜，导致不能食用。其次，多数野菜性寒凉，脾胃不好的人、或易过敏的人要慎重食用。有的野菜含有毒素，要经过处理才能食用，一定要选择安全可靠、新鲜卫生的野菜食用。

（作者：南京农业大学实验小学　李宾）

第二学段（3~4 年级）

我是大“蘑”王

学习目标：

1. 通过学习了解蘑菇这种真菌的生长特点，掌握蘑菇种植的基本方法。

2. 在养护的过程中能坚持观察、坚持记录，总结和对比蘑菇与其他常见蔬菜的区别，能用多种形式表达观察与思考的结果。

3. 通过了解蘑菇的营养价值和经济价值，懂得劳动可以创造财富，培养正确的劳动观念。

4. 通过学习蘑菇种植户的事迹，认识到劳动是一切幸福的源泉，树立正确的劳动观。

学习重点：

学习并掌握蘑菇等可食用真菌的养护方法。

学习难点：

能根据气温、湿度等因素正确养护蘑菇，养成观察、记录的好习惯。

学习准备：

教师准备：蘑菇菌包、喷壶、观察记录表、蘑菇养护的视频资料、蘑菇种植户劳动致富的资料。

学生准备：蘑菇菌包、喷壶、观察记录表。

前置性学习准备：

阅读相关课外读物，对蘑菇这种真菌建立初步的认识。

学习过程：

活动一：我和菌类的第一次接触

1. 学生代表分享自己课外阅读的情况，说说自己对蘑菇的认识，其他学生倾听同学发言，做好记录。

教师发言：我们经常听到一句话——万物生长靠太阳。通过前期的学习，有的同学发现蘑菇在没有阳光的树林里，甚至在没有阳光的大棚里都能生长，这是为什么呢？

学生回答：蘑菇是一种真菌，不需要进行光合作用，靠培养基质、碎木屑等材料提供营养。

教师总结说明：生物种类繁多，生长习性和特点各不相同，构成了多彩的世界，我们要保护各种生物，保护生物多样性。

【设计意图】

引导学生进行前期课外学习，调动学生的生活经验，从而激发学生的学习兴趣。通过与常见植物的对比，让学生感知蘑菇的特性，初步感受生物多样性。

活动二：蘑菇大发现（有条件的学校可以开展）

1. 邀请具备相关专业知识的专家或家长给学生开讲座，介绍南京地区常见的野生蘑菇的种类，辨别其中的有毒蘑菇，提高学生的生活安全意识。

2. 利用课余时间，由老师或者家长组织学生走进自然，进入树林，寻找自然界中的蘑菇，记录发现蘑菇的地点、环境，描写或描绘蘑菇的样态，感兴趣的学生可以通过网络查找并确认蘑菇的种类。

【设计意图】

有条件的情况下，由学生家长或教师带领学生走进自然，寻找野生蘑菇，让学生观察蘑菇的生长环境，认识不同蘑菇的形态，从而增强对蘑菇的感性认识，提高劳动的兴趣。

活动三：照顾蘑菇宝宝

活动准备：根据学生人数或者班级小组数量准备蘑菇菌包。

1. 教师给学生播放蘑菇种植的视频资料，让学生说说蘑菇的种植方法。学生发言后，教师进行总结：

（1）打开菌包两头的薄膜。

（2）用喷壶对薄膜里的材料喷水，保持湿润。

（3）将菌包放在 15℃至 25℃的阴暗环境中。

（4）每天向菌包喷水 1 至 3 次，注意环境通风，10 至 15 天就可以采收蘑菇了。

2. 学生根据蘑菇种植方法，打开菌包薄膜，喷水，教师提醒其注意观察菌包的变化。

3. 教师引导学生设置对比实验，观察蘑菇在不同环境下的生长情况，做好对比记录，如有光照和阴暗环境下，每天喷水次数不同的情况下，蘑菇生长的区别。

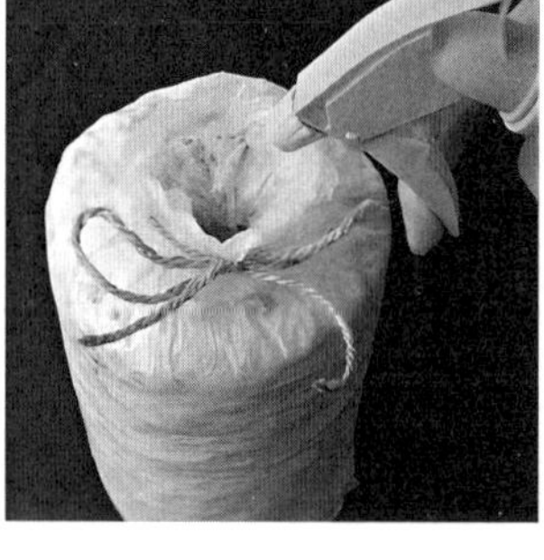

4. 教师引导学生用统计表、记录单等记录蘑菇在成长过程中高度、宽度等的变化情况。

5. 教师指导学生用多种方式（文字、绘画、照片等）表现蘑菇生长形态的变化。

【设计意图】

通过学习蘑菇种植的视频资料，引导学生梳理步骤，找出注意点，并按照步骤进行蘑菇的种植和养护，增强其劳动能力，并通过日常观察和记录，培养学生综合运用各学科知识的能力。

活动四：收获蘑菇

1. 学生阅读课外书籍，了解蘑菇的营养价值，学习一种蘑菇的烹饪方式，如煮蘑菇汤、蘑菇炒鸡蛋等。

教师组织学生开展班级交流，学生在课堂上分享自己课外阅读学到的内容。

2. 蘑菇成熟以后，由学生进行采摘，并用文字、绘画、照片等方式记录下收获的过程，写一写收获心得。

3. 收获蘑菇之后，教师可以引导学生制作蘑菇菜肴。

（1）如果以班级或小组为单位收获蘑菇，可以在学校制作蘑菇美食。

学生清洗蘑菇，配合老师制作蘑菇鸡蛋汤，并在全班分享。

（2）如果以个人为单位收获蘑菇，可以在家庭制作蘑菇美食。

学生清洗蘑菇，然后在家长的指导下制作蘑菇菜肴，并用照片、视频等多种方式记录下烹饪的全过程。

【设计意图】

收获蘑菇以后，教师引导学生制作简单的蘑菇菜肴，将农业生产劳动与日常生活劳动联系起来，有利于培养学生多种劳动能力。

活动五：我是大“蘑”王交流会

1. 教师可安排学生将养护蘑菇过程中拍摄的照片、记录的数据、绘制的图画等，制作成一本绘本或电子相册或幻灯片；在班级、年级乃至学校开展我是大“蘑”王交流会，让学生公开展示自己的劳动成果，比比谁的蘑菇成熟最快，谁的蘑菇长得最大，谁的蘑菇最重……

2. 评选种植能手和劳动小达人

教师组织班级同学进行互评，根据蘑菇的大小、重量等因素，评选出班级“种植能手”和年级“种植能手”；结合学生的电子相册、记录表、绘本等各种作品，评选出年级“劳动小达人”。

3. 教师介绍蘑菇种植户靠劳动致富的故事，让学生认识到“劳动是一切幸福的源泉”，增强学生尊重劳动、热爱劳动的观念，培养其劳动精神。

【设计意图】

学生通过对前期劳动过程的记录、回顾，梳理自己的劳动经历，开展班级乃至年级的交流会，并进行互评，有利于提高劳动技能，积累劳动经验，形成劳动反思能力。对劳动致富材料的学习，可以让学生体会到劳动的价值，从而形成正确的劳动观。

【案例评析】

“我是大‘蘑’王”项目安排了校外考察、听讲座、阅读交流、种植实践等丰富的活动，学生由此积累了丰富的劳动经验，收获了丰富的劳动成果，也培养了劳动精神。

“我是大‘蘑’王”不仅有劳动技能的学习，培养了学生的劳动能力，而且通过活动设计，将劳动习惯和品质、劳动观念、劳动精神的培养全都蕴含其中，通过让学生学习劳动致富的故事、观察记录种植蘑菇的全过程，培养了学生的劳动素养。

“我是大‘蘑’王”还以劳动内容为基础，培养学生正确的世界观。通过阅读、观察、对比，学生初步认识到蘑菇作为真菌与普通蔬菜的区别，理解了生物多样性这一重要概念，初步形成科学的生态观念。

“我是大‘蘑’王”以丰富多彩的内容，培养学生多种学习能力，还进行了跨学科培养。学生通过观看视频后归纳种植步骤，锻炼了提取信息、处理信息的能力。在种植蘑菇的过程中，教师引导学生以多种形式进行记录，如拍照、画图、做 PPT 等，涉及多学科的知识应用，学生自然而然地进行了跨学科学习，锻炼了综合能力。

案例中，劳动过程层层递进，符合学生认知规律，帮助学生积累了劳动经验，丰富了其对自然的认识，以及对生物多样性的理解，增强了学生对尊重规律、科学劳动的体会。

【阅读材料】

小蘑菇能致富

在 2020 年，南京市高淳区漆桥街道建立了一个食用菌基地，基地内种有多种食用菌，其占地 60 多亩，共 89 个菌菇大棚，解决了周边农民的就业问题。大棚里食用菌长势喜人，一把把“小伞”鲜嫩而肥厚，村民们经常开心地在大棚里采摘新鲜的食用菌。通过种植食用菌，村民人均每年可以增加收入 2 万多元，小蘑菇带动村民走向了劳动致富的道路。

（作者：南京农业大学实验小学　李宾）

第三学段（5~6 年级）

立体栽培生菜

学习目标：

1. 了解立体栽培的特点，学会使用立体定植篮，掌握生菜的定植方法，学会配制营养液。

2. 参与生菜从播种到收获的全过程，在劳动过程中感受劳动的乐趣，热爱劳动，树立环保理念。

3. 学会设计实用立体栽培架，养成科学、严谨的学习态度。

4. 在劳动过程中感受现代农业的发展与应用。

学习重点：

学习并掌握生菜立体栽培的方法。

学习难点：

学习并掌握生菜定植及营养液配制的方法。

学习准备：

教师准备：多媒体课件，立体栽培支架、定植篮、定植棉、营养液等。

学生准备：自育生菜小苗。

学习过程：

活动一：认识现代农业立体栽培模式

生菜立体气雾栽培

草莓高架栽培

西红柿植物工厂栽培

菊花智能温室管理系统

1. 教师展示南京现代都市农业发展的视频与图片，让学生了解蔬菜、花卉等的立体栽培模式，并直观感受现代农业技术的日新月异。

2. 学生交流立体栽培在生活中的应用。

3. 教师展示立体栽培的生菜，并进行小结：立体栽培生菜清洁卫生，生长迅速，还有观赏价值，种出的生菜绿色有机、营养丰富。

【设计意图】

通过介绍蔬菜立体栽培模式在现代农业生产中的应用，让学生初步了解现代农业技术，激发学生的学习兴趣。

活动二：立体栽培生菜工具与材料的准备

1. 教师提出问题：同学们自己种的生菜苗情况如何？（学生展示自己培育的生菜苗，交流生菜播种、育苗经验）

2. 教师评价学生生菜苗的培育成果，补充介绍生菜的生长周期与育苗管理。

3. 教师通过课件与实物展示立体栽培支架，介绍生菜水培循环系统。

4. 教师现场展示定植篮、定植棉，介绍营养液的种类与使用方法。

【设计意图】

通过课件与实物的展示，让学生了解立体栽培需要的工具和材料。

活动三：探究生菜定植方法与营养液的配制要求

1. 学生小组交流生菜如何定植，归纳定植的方法。

2. 学生尝试进行生菜定植，教师示范正确的定植方法，讲解要点与注意事项：

（1）选苗：选择具有 2 至 3 片真叶的健康植株。

（2）清洗：将幼苗从盆中轻轻拔出，再将幼苗根部放入清水中清洗干净。

（3）修剪：将过长的根系、老根与黄叶剪掉。

（4）定植：用定植棉轻轻包裹住生菜的茎基部，然后全部放入定植篮的中间，将生菜苗放正、放直立，固定住植株。

（5）加营养液：根据营养液配方说明，将营养液稀释 1000 倍，倒入立体架循环系统。

3. 学生总结生菜立体栽培步骤：选苗—清洗—修剪—定植—加营养液。

4. 教师介绍营养液成分与配比，学生尝试配制。

【设计意图】

通过学生尝试操作、教师示范、学生归纳，有效帮助学生理解教学重点与难点。

活动四：实践操作

1. 教师出示生菜立体栽培要求：

（1）小组分工明确，每组完成 1 排生菜支架的栽植。

（2）植株健壮，定植整齐、规范、美观，营养液配制方法正确。

（3）保持桌面、地面的整洁，及时整理，有序摆放。

2. 学生立体栽培练习

（1）学生实践操作，教师巡视指导与帮助。

（2）学生分工合作、互帮互助，教师提醒注意安全、规范操作。

【设计意图】

给学生充分的空间与时间进行实践，鼓励学生小组合作，提醒学生注意安全，保持良好的卫生习惯。

活动五：展示、评价与拓展

1. 学生成果展示

（1）小组展示种植成果，交流实践心得。

（2）小组根据操作标准互评，教师点评。

2. 拓展应用

（1）有条件的学校可以组织学生参观专业蔬菜大棚，由专业人士介绍立体栽培养护与管理。

（2）鼓励学生利用环保材料开展家庭立体栽培。

【设计意图】

通过展示、评价劳动成果，让学生进一步了解立体栽培，学以致用，树立环保意识。

【案例评析】

生菜立体栽培常用于农业展馆、餐厅布景、生态办公以及学校、家庭园艺活动，栽培管理方便，应用形式广泛。鉴于此，本案例以“立体栽培生菜”为教学内容，贴近生活，贴近时代，有利于学生了解现代农业的发展与应用。

案例整体设计较为完善，步骤清晰，层次分明。课前让学生自育生菜苗，调动了学生准备劳动材料的积极性。教师清晰地示范并讲解了生菜定植的方法与注意要点，然后让学生分组动手实践，取得了较好的教学效果。

在评价环节，先采用小组评、学生个人评相结合的方式，按照评价标准点评劳动成果，再由教师对劳动工具的使用、劳动态度等进行综合评价。在拓展环节，鼓励学生利用环保材料自制立体支架，栽培生菜或者其他品种，享受劳动的乐趣。

【阅读材料】

自制立体栽培支架

1. 材料准备

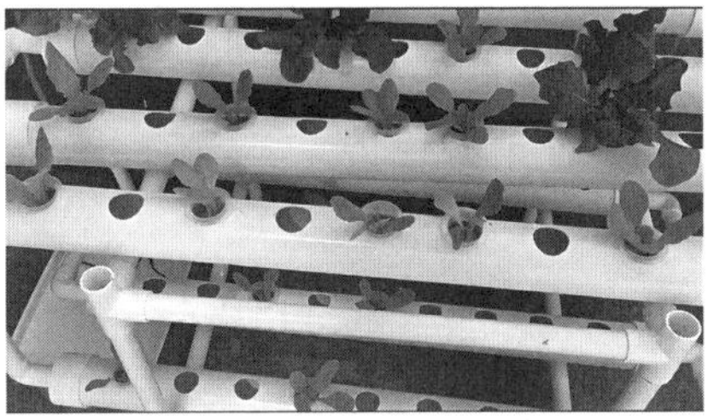

准备好 PVC（聚氯乙烯）管、PVC 胶等材料，并设计好立体支架图纸，然后尝试用 PVC 胶将 PVC 管粘接成不同类型的立体管道栽培架。

2. 安装管道

立体管道栽培架制作好之后，以 PVC 管和不同的接头为主要材料，用 PVC 胶将其粘接成各种循环的管道，安放在栽培架上，形成不同模式的中、小型立体管道设施。

3. 栽培品种

管道式立体栽培支架适用于种植绝大多数叶菜类蔬菜，如叶用莴苣、苦苣菜、红苋菜、西芹、小白菜、莜麦菜等，不仅栽培效果良好，干净卫生，而且具备较高的观赏价值。

（作者：南京市溧水区特殊教育学校　李飞凤）

第四学段（7~9年级）

月季修剪与养护

学习目标：

1. 了解月季在生活中的应用，会使用修剪工具，基本掌握月季的修剪方法和日常养护管理方法。

2. 能够参与花卉栽培实践活动，体验劳动的美好。

3. 在劳动过程中了解修剪的价值与养护的意义，培养正确的劳动观念。

4. 在劳动过程中，能够不怕苦、不怕累，认真学习，懂得安全操作，具有持之以恒的劳动精神。

学习重点：

修剪月季的基本方法。

学习难点：

月季的养护和管理。

学习准备：

教师准备：多媒体课件、枝剪、有机肥、复合肥等。

学生准备：盆栽月季。

学习过程：

活动一：认识现代月季品种

1. 教师展示现代月季主要品种。

2. 学生交流月季在生活中的应用。

3. 教师小结：月季四季常开，深受人们的喜爱。

【设计意图】

教师展示不同品种的月季，再让学生讨论月季在生活中的应用价值，从而激发学生的学习兴趣。

活动二：修剪月季的意义

1. 教师提问：月季为什么需要修剪？

2. 学生交流修剪月季的意义。

3. 教师总结：通过修剪，月季枝叶会更加疏密得当，有利于通风透光，促进生长，月季造型也因修剪变得更美观。

【设计意图】

让学生了解修剪月季的意义。

活动三：探究月季修剪与养护的方法

1. 疏除方法

（1）教师示范讲解月季枝条疏除的基本方法。

（2）学生进行体验操作，教师强调注意事项：要安全使用剪刀，疏除干枯枝、细密枝、杂乱枝。

2. 短截方法

（1）教师示范讲解如何进行枝条短截，引导学生归纳出基本方法。

（2）学生进行体验操作，教师强调注意事项：短截主枝，留外芽。

3. 养护管理

（1）教师展示肥料的种类，讲解肥料的特点。

（2）教师示范施肥的方法：穴施有机肥或复合肥，随水浇透。

【设计意图】

通过学生尝试操作、教师示范、学生归纳，有效帮助学生理解教学重点与难点。

活动四：实践操作

1. 教师出示月季修剪与养护要求：

（1）小组分工明确，每组完成 2~3 棵月季的修剪与养护。

（2）修剪规范、美观，养护管理方法正确。

（3）保持桌面、地面整洁，及时整理。

2. 学生操作练习

（1）学生进行实践操作，教师巡视指导，及时给予帮助。

（2）学生分工合作、互帮互助，教师提醒注意安全、规范操作。

【设计意图】

给学生充分的空间与时间进行实践，鼓励小组合作，提醒学生注意安全，保持良好的卫生习惯。

活动五：展示、评价与拓展

1. 学生作品展示

（1）小组展示月季修剪与养护的成果，交流实践心得。

（2）小组根据操作标准互评，并选出“最美月季”，然后教师进行综合点评。

2. 拓展应用

（1）教师介绍月季的养护与管理。

（2）教师介绍各类月季修剪方法。

（3）课后，教师组织学生开展“修剪技能大比拼”活动。

【设计意图】

通过展示、评价劳动成果，让学生进一步了解修剪与养护知识，能学以致用，树立健康的审美意识。

【案例评析】

本案例的教学符合农业生产实际，重点放在了月季生长过程中修剪这一关键管理环节，学生掌握了月季的修剪方法还可以应用于其他苗木的修剪。通过课程教学不仅让学生学习掌握修剪这项劳动技能，更让学生感受修剪的乐趣，培养其审美意识。

本案例整体设计较为完善，步骤清晰，教学形式多样，由于修剪对于劳动技能的要求较高，教师教学时采用自己先亲身示范，然后学生动手实践的方式，教师示范时清晰地讲解了月季修剪的方法与注意要点，让学生理解后再亲手操作。

案例最后的评价环节先采用学生小组评、个人评的方式，评选出最美月季，再由教师对修剪时学生劳动工具的使用、劳动态度等进行综合评价。

最后，组织开展“修剪技能大比拼”活动，让学生熟练应用学到的修剪方法，将课堂上学到的劳动技能应用于生活。

【阅读材料】

棒棒糖月季的修剪

棒棒糖月季又称月季树，这种月季一般嫁接到蔷薇枝干上，造型像一棵小树，通常选择株型饱满、花量多、勤开的棒棒糖月季进行修剪。棒棒糖月季的修剪方法如下。

1. 修剪花蕾

棒棒糖月季通常每枝的花蕾较多，花蕾在刚长出来的时候，每个枝条选择保留一个花蕾，其余小的、弱的花蕾全部剪除，这样可以有效减少植株的养分消耗，修剪后的花朵饱满艳丽，观赏价值高。

2. 花后修剪

在棒棒糖月季的花期，需要及时将开败的花朵和干枯的花蕾剪掉，修剪的同时将枯枝、病叶一起剪掉，这样做是为了减少不必要的养分消耗，使植株快速恢复生长，还能够促进通风透光，避免病虫害。

3. 疏枝修剪

在棒棒糖月季生长阶段，需要进行疏枝修剪，将过长的枝条剪去三分之一左右，使株型更加美观，同时疏除萌蘖枝条、杂乱枝条和细弱枝条。

（作者：南京市溧水区特殊教育学校　李飞凤）

第六章 传统工艺制作

背景介绍

闻一多先生说："我爱中国固因他是我的祖国，而尤因他是有那种可敬爱的文化的国家。"

精湛、丰富的传统工艺是中国古代劳动人民智慧的结晶，既有独特的文化价值，又充满了艺术魅力。在新颁布的《义务教育劳动课程标准（2022年版）》中，"传统工艺制作"作为十大任务群之一，其内容设置贯穿整个义务教育阶段。该任务群不仅具有丰富的教育价值，还具有一定的社会价值，其精选体现中华优秀传统文化、反应工匠精神的劳动内容，引导学生通过观察、设计、制作、探究、展示等实践方式获得丰富的体验，习得相应的劳动知识与技能，感悟和体认劳动价值，形成不断创新的劳动品质和精益求精的劳动精神。该任务群也是我们走进历史的窗口，是增强少年儿童文化自信心和自豪感的重要载体，可以激发他们守护民族文化、热爱祖国的深厚情怀，把中华民族优秀传统文化进一步发扬光大。同时，传统工艺又为现代工艺制作、生产劳动奠定了良好的基础。《大中小学劳动教育指导纲要（试行）》指出，新时代劳动教育要秉持"继承优良传统，彰显时代特征"的基本理念，强调"在充分发挥传统劳动、传统工艺项目育人功能的同时，紧跟科技发展和产业变革，准确把握新时代劳动工具、劳动技术、劳动形态的新变化。创新劳动教育内容、途径、方式，增强劳动教育的时代性。"

南京是中国四大古都之一，有着7000多年文明史，有"六朝古都""十朝都会”之称，入选首批国家历史文化名城。南京的传统工艺历史悠久，声名远播，门类众多，涵盖面广，涉及衣食住行，是传统文化和本土文化极为重要的部分。南京云锦木机妆花手工织造技艺、南京剪纸、金陵刻经印刷技艺、金陵琴派入选《人类非物质文化遗产代表作名录》，更有数十项技艺入选省级“非遗”名录，丰富多彩的传统工艺项目、身边的“非遗”传承人与工匠，都为开展传统工艺制作创造了有利条件。

通过传统工艺制作劳动，培养学生初步的筹划思维，锻炼其基本的设计能力和动手能力，提高其审美水平；让学生体悟劳动创造财富、劳动创造美好生活的基本道理；让学生体验劳动的艰辛、快乐与成就，初步形成劳动质量意识，并养成专心致志的劳动品质，以及精益求精、追求卓越的工匠精神；让学生感受传统工艺技术的精湛和工艺作品中蕴含的文化、社会价值，树立传承中华优秀文化的观念，形成文化自信，促进学生德、智、体、美、劳协同发展。

学习目标

第一学段（1~2 年级）

能简单表达自己的方案构想，并使用常用工具制作简单的传统工艺品；感受传统工艺的奇妙，初步养成认真劳动、合理利用材料的良好习惯，形成乐于动手的劳动态度。

第二学段（3~4 年级）

能设计并制作简单的传统工艺作品，感受传统工艺技术的精湛，以及劳动的艰辛和收获的快乐，形成传承并发扬传统工艺的意识，初步养成专心致志的劳动品质。

第三学段（5~6 年级）

了解传统工艺的发展历史及其特点，理解传统工艺的价值，初步形成传承中华优秀传统文化的意识；能正确地使用由传统工艺制作的常用工具，能读懂基本的实体图、示意图、装配图等，掌握传统工艺制作的基本技能和方法，并能根据需要，选择合适的材料和工具，设计并制作简单的传统工艺作品；在设计制作传统工艺作品时，感悟劳动的艰辛，养成安全规范、认真细致、团结合作的劳动习惯和品质，学会客观评价自己和他人的作品，树立质量意识，初步形成精益求精、追求卓越的工匠精神。

第四学段（7~9 年级）

树立传承中华优秀传统文化的观念，了解传统工艺制作的渊源及所具有的人文、经济和科学价值，体会传承传统文化的意义；能综合运用所学知识，能绘制出作品草图，列出所需工具和材料的清单，制订加工流程，熟练使用加工工具进行制作；学会使用技术语言对作品质量进行评价，提高审美及评价能力；培养安全意识、节约意识和环保意识，养成认真负责、有始有终的劳动习惯和吃苦耐劳、珍惜劳动成果的品质，形成精益求精、追求品质的工匠精神。

学段大单元设计

第一学段（1~2 年级）

（一）主题选择

第一学段学生年龄较小，对劳动技能的学习处于起步阶段。《义务教育劳动课程标准（2022 年版）》要求：选择 1~2 项传统工艺制作项目，如纸工、泥工、编织等，了解制作需要的基本材料和常用工具，在教师指导下按照要求和步骤进行简单作品制作。鉴于此，结合日常生活，笔者设计了“家乡四季风物”为主题的传统工艺制作活动。本主题活动内容趣味性强，制作南京本土的四季相关玩具、美食，难度低，活动周期短，实用性强，可以充分激发学生的劳动兴趣，让其体验传统工艺制作过程，获得劳动成就感，让学生充分感受传统工艺的奇妙以及劳动带来的美好体验，初步激发学生的文化自豪感。

（二）内容规划

基于本学段学情和学习目标，“家乡四季风物”主题活动以教材内容和南京地域特色、节日特色活动组合的形式呈现，包含四个季节的特色工艺作品制作：春季——长草娃娃，夏季——青蛙凉帽，秋季——梧桐叶书签，冬季——南京面塑。教学形式以课堂教学为主，家庭劳动为辅，充分联系学生的日常生活，基于已有经验，进行传统工艺制作的操作实践和拓展延伸。

“有趣的长草娃娃”需要2课时，第一课时制作长草娃娃，第二课时进行评价、展示、拓展；“青蛙凉帽”需要2课时，第一课时制作青蛙凉帽，第二课时进行评价、展示、拓展；“梧桐叶书签”需要2课时，另需前置活动收集梧桐落叶，第一课时制作梧桐叶书签，第二课时进行评价、展示、拓展；“南京面塑”需要2课时，第一课时制作新年面塑，第二课时进行评价、展示、拓展，有条件的情况下，还可开展场馆学习。

活动项目	学习目标	活动建议
有趣的长草娃娃	1. 熟练掌握纸黏土制作的基本技法（边转边捏），能根据步骤图捏制一个长草娃娃。 2. 了解种子的萌发条件，感受劳动创造美好生活。 3. 养成规范劳动、有始有终、认真负责、保持劳动场域整洁的劳动习惯和品质。 4. 在劳动中感受劳动与日常生活的紧密联系，产生对大自然和劳动的喜爱之情。	1. 课前需做好构思并针对性地准备好材料。 2. 课堂上开展探究学习、劳动实践，制作长草娃娃。 3. 课后让学生将作品带回家，进行日常管理，并撰写劳动日记、绘图。
青蛙凉帽	1. 掌握折弧线的基本技法，能根据步骤图制作青蛙凉帽。 2. 在劳动的过程中感受劳动的快乐，形成热爱劳动的观念。 3. 在制作中培养合作意识，养成有始有终、认真负责、团结合作的劳动习惯和品质。 4. 在劳动中感受劳动与日常生活的紧密联系，产生对大自然和劳动的喜爱之情。	1. 课前进行劳动材料准备。 2. 课堂上开展探究学习、劳动实践，制作青蛙凉帽。 3. 课后可通过展示会、服装秀等丰富活泼的形式，进行作品展示。

续表

活动项目	学习目标	活动建议
梧桐叶书签	1.了解树叶书签的特点，掌握树叶书签的制作技法，能根据梧桐叶特点，设计、制作简单的梧桐叶书签。 2.体会热爱自然、热爱生活的情感，树立人与自然和谐相处，劳动最美丽的观念。 3.在制作中培养合作意识，养成有始有终、认真负责、团结合作的劳动习惯和品质。 4.培育精益求精的劳动精神，增强对南京本土文化的热爱，培养文化自信。	1.课前进行前置活动，收集、筛选梧桐落叶，进行材料准备。易过敏体质孩子需做好防护。本活动提倡亲子劳动。 2.课堂上开展探究学习、劳动实践，制作梧桐叶书签。 3.课后可进行其他树叶书签的制作，还可举一反三，制作鲜花书签。
南京面塑	1.初步了解面塑艺术，感受南京面塑艺术的特点，尝试运用揉、捏、剪、挑、压等方法，塑造小兔子形象。 2.懂得劳动创造美好生活，树立劳动最美丽的观念。 3.在制作中培养合作意识，养成有始有终、认真负责、团结合作的劳动习惯和品质。 4.培育精益求精的劳动精神，培养对中华优秀传统文化和传统工艺的热爱之情，培养文化自信，养成尊重、保护与传承中华传统工艺的意识。	1.课前进行设计构思，材料准备。 2.课堂上开展探究学习、劳动实践，制作南京面塑；要关注食品卫生和安全。 3.课后结合家庭劳动，开展亲子劳动，让学生与家人共同制作南京面塑。有条件的学校可进行场馆学习，向有困难的群体赠送面塑成品。
……		

（三）资源开发与利用

本单元的学习与实践可以与非物质文化遗产的继承、工匠精神的弘扬结合起来，可以充分利用本地的场馆资源，如南京市民俗博物馆（非物质文化遗产馆）就有关于“南京面塑”的学习活动，学校可以借此开发场馆实践项目。就“梧桐叶书签”“南京面塑”这两项活动而言，一方面，可以充分发挥家长资源，鼓励并倡导亲子共同完成劳动；另一方面，还可以结合传统节日、民俗庆祝活动与德育活动，加强课程资源统筹，并以此为基础开展教学。

第二学段（3~4 年级）

（一）主题选择

剪纸是我国传统民间艺术，在喜庆的节日里张贴剪纸作品，既装点了环境，又给我们的生活营造了浓浓的热闹喜庆的氛围，给人视觉艺术的享受。《义务教育劳动课程标准（2022 年版）》就“传统工艺制作”任务群针对第二学段提出了新要求：识读简单的示意图，尝试设计简单作品。南京剪纸历史悠久，个性突出，融北方剪纸的粗放和南方剪纸的细腻于一体，花中有花，题中有题，粗中有细，拙中见灵，艺术形式优美异常，鉴于此，笔者以“美丽的南京剪纸”为教学主题，适合已经有一定纸工基础的三四年级学生，可以让学生在习得劳动技能后，大胆地进行设计制作。

（二）内容规划

基于本学段学情和学习目标，本单元活动内容围绕“美丽的南京剪纸”展开，笔者在《剪纸团花》一课的基础上，加以开发与衍生，扩充为“走进南京剪纸大师”“剪纸团花”“我是剪纸技艺传承人”三个项目。校园内活动包括劳动知识的普及、劳动技能的学习、劳动成果的展示，以发展学生的辨析能力、反思能力，激发学生的探究意识，培养学生通过劳动探究世界的能力，另外建议学校尝试借助场馆资源，把教学场域由教室扩展到非遗博物馆，以丰富学生的劳动空间，有条件的话，还可以请工匠走进校园，让更多学生体验更丰富的劳动项目，激发其文化认同与自信。

“走进南京剪纸大师”需要 2 课时，第一课时以了解劳动知识为主，第二课时以走出校园，寻访匠人为主；“剪纸团花”需要 2 课时，第一课时制作团花，第二课时进行评价、展示、改进；“我是剪纸技艺传承人”需要 2 课时，第一课时制作精美的剪纸图案，策划展示活动；第二课时进行校园综合展示。

活动项目	学习目标	活动建议
走进南京剪纸大师	1. 了解南京剪纸的历史，实地寻访南京剪纸大师。 2. 对话剪纸大师，进一步了解南京剪纸，理解“三百六十行，行行出状元”的道理，尊重普通劳动者，树立劳动最光荣的观念。 3. 养成认真负责、团结合作的劳动品质。 4. 以大师为榜样，通过对话，理解精益求精、追求卓越的工匠精神。	1. 第一课时以课堂学习为主。课前进行资料收集。 2. 第二课时进行实地考察、场馆学习，寻访匠人或邀请工匠进校园，还可以听讲座。 3. 学生外出时要注意安全，听从老师、家长及场馆工作人员安排。
剪纸团花	1. 了解团花的制作原理，掌握剪团花常见的技法，能设计、折叠、制作简单的团花。 2. 在劳动的过程中感受劳动的快乐，形成热爱劳动的观念。 3. 在制作中养成有始有终、认真负责的劳动习惯和品质。 4. 培育精益求精的劳动精神，增强对南京本土文化的热爱，培养文化自信。	1. 课前进行设计构思、材料准备。 2. 课堂上开展探究学习，劳动实践，制作团花。教师要重点关注学生的图样设计能力。 3. 课后进行拓展，尝试制作其他形式的团花。
我是剪纸技艺传承人	1. 能设计、制作更复杂的南京剪纸作品，完成作品展的布展，向同学介绍剪纸作品。 2. 在劳动的过程中感受劳动的快乐，形成热爱劳动的观念，懂得劳动创造美的道理，树立劳动最光荣、劳动最美丽的观念。 3. 能在小组合作中养成有始有终、认真负责、团结协作的劳动习惯和品质。 4. 培育精益求精的劳动精神，培养对中华优秀传统文化和传统工艺的热爱之情，提升尊重、保护与传承中华传统工艺的意识，产生文化认同与自豪感。	1. 课前以小组为单位进行设计构思和讨论。 2. 课堂上开展探究学习，劳动实践。 3. 课后可在校园内进行综合性学习成果展示。
……		

（三）资源开发与利用

本单元的学习与实践可以与非物质文化遗产的继承、工匠精神的弘扬结合起来；可以充分挖掘本地的场馆资源，如南京市民俗博物馆（非物质文化遗产馆）有关于“南京剪纸”的学习活动，教师可以带领学生实地参观、学习；可以邀请非物质文化遗产继承人、工匠大师等进入校园，开展劳动实践指导；可以进行跨学科资源整合，鼓励学生在图案设计时向美术老师请教；还可以充分利用网络资源，学习图案设计。

第三学段（5~6 年级）

（一）主题选择

第三学段的学生已经有了简单传统工艺品制作的经验，能读懂简单的示意图。《义务教育劳动课程标准（2022 年版）》要求：选择 1~2 项传统工艺制作项目……了解其特点及发展历史，初步掌握制作的技能和方法。鉴于此，本单元的教学以“民间手艺我来学”为主题，选择“平结手链”和“金陵折扇”这两个项目，让学生了解中国传统工艺及南京当地特色传统工艺。平结手链属于传统编织工艺，操作性强，密切联系生活，且综合运用数学、艺术等学科知识，体现了多学科的视野，是学生比较感兴趣的学习项目。金陵折扇是南京的传统手工艺品，制作精细，轻巧美观，既是纳凉实用品，又是艺术品。

（二）内容规划

本单元选择的“平结手链”项目，旨在让学生学习压、挑、绕、调等编结技法，设计以平结为主结的手链并完成编制。该项目计划 2 课时完成，第一课时让学生欣赏中国结实物及图片，了解中国结的历史与发展，学习平结的编制方法，并探究手链的结构，完成手链的草图设计；第二课时指导学生按草图完成平结手链的制作并进行交流、评价。金陵折扇是中国折扇的代表，最讲究扇骨用材和扇骨雕刻，其制作分为制扇骨、做扇面、穿扇面三大工序。“金陵折扇”项目计划 2 课时完成，第一课时，学生认识金陵折扇，了解金陵折扇的历史与发展，掌握其工艺特点，了解制作工具、材料及制作方法；第二课时，学生体验扇面的设计与绘制并进行交流、评价。

活动项目	学习目标	活动建议
平结手链	1. 知道绳结工艺是具有传统文化价值的手工劳动技艺。 2. 了解平结的结形特征和线路走向，学会编绕和调整。 3. 了解手链的结构，能根据需要画出所要编制的手链的草图，懂得熟练运用平结，体验手链的编制过程。 4. 能对自己和他人的劳动态度、劳动成果等进行客观评价，在得到评价后能通过反思有所提升。 5. 通过实践体验，养成有序、严谨、认真、安全的劳动习惯。 6. 能珍惜劳动成果，学习结束后及时整理、清洁劳动场所。	1. 教师要了解现阶段学生对编结工艺的认知水平，准备好材料、工具及实物教具。 2. 活动中，教师要注重学生读图能力的培养，引导学生按图编结。 3. 教师要加强个别指导，关注学生评价以及对学习成果和过程的反思。
金陵折扇	1. 知道金陵折扇是南京传统手工艺品，了解金陵折扇工艺的价值，感受传统工艺劳动的智慧。 2. 了解金陵折扇的工艺特点，知道制作折扇的材料、工具以及制作流程，并体验扇面的设计与绘制。 3. 养成有序、严谨、一丝不苟以及规范使用劳动工具的劳动习惯和品质。 4. 能珍惜劳动成果，学习结束后主动整理、清洁劳动场地。 5. 具备追求创新、精益求精的劳动精神。	1. 教师要了解现阶段学生对南京传统手工艺的认知水平，准备好相应的材料和工具。 2. 活动中教师要注重学生的探究学习，重视其实践体验，关注学生的评价和反思。 3. 活动后可让学生查一查折扇非遗传承人及中国四大名扇方面的资料。
……		

（三）资源开发与利用

本单元劳动主题项目的教学，基本可以在学校内进行，最好是在劳动专用教室，准备好相应的材料、工具，就可以开展教学实践活动。学生可以通过查阅资料、走访市场等方式，了解绳结和金陵折扇的相关知识，学校也可以充分利用本地的场馆资源开展教学，如组织学生参观金陵折扇工艺研究所等。学习金陵折扇，可以让学生在传承南京传统手工艺的同时，感受家乡传统文化的魅力，从而增进对家乡文化的认同。

第四学段（7~9 年级）

（一）主题选择

第四学段的学生已经有了设计并制作简单传统工艺作品的经验，能读懂基本的实体图、示意图、装配图。《义务教育劳动课程标准（2022 年版）》要求：选择 1~2 项传统工艺制作项目，了解其基本特点及发展历史，掌握制作的基本技能和方法；根据劳动需要，设计方案并选择合适的材料和工具制作简单作品。本单元的教学以“传统技艺我传承”为主题，选择“盘长结挂饰”和“秦淮花灯”这两个项目，让学生了解中国传统工艺及南京当地特色传统工艺。盘长结是中国传统手工编织工艺品，是中国结中最有代表性的基本结，结形紧密对称，寓意长长久久、生生不息，是许多变化结的主结，深受大家的喜爱。秦淮花灯的品种繁多，主要有宫灯、球灯、花灯、动物灯、转灯等，有着“做工精细、色彩艳丽、造型逼真、动感合一”的特点。

（二）内容规划

本单元选择的“盘长结挂饰”，旨在让学生学习压、挑、抽、调、修的编结技法，设计以盘长结为主结的挂饰并完成编制。该项目计划 3 课时完成，第一课时，学生欣赏盘长结实物及图片，了解盘长结的文化内涵，探究盘长结挂饰的结构，完成草图设计；第二课时，学生按草图的设计开始编制，先编一个起始结，再按图纸编二回盘长结；第三课时，进行二回盘长结的抽绳收缩和调结，需打上收尾结，穿上穗子等装饰物，剪去多余的线绳，藏好线头。“秦淮花灯”计划 3 课时完成，第一课时，让学生了解秦淮灯彩非遗文化，知道花灯的制作流程，掌握宫灯的基本结构，小组合作完成宫灯的草图设计；第二课时，小组合作完成宫灯的骨架扎制；第三课时，组织学生学习裱糊的基本方法，裱糊宫灯并美化装饰，最后进行交流、展示。

活动项目	学习目标	活动建议
盘长结挂饰	1.知道绳结工艺是具有传统文化价值的手工劳动技艺。 2.了解二回盘长结的结形特征和线路走向，学会编绕和调整。 3.掌握编结中定位、挑、压、穿、绕、抽、拉、整的技术及相关术语的表达。 4.能对作品外观进行客观评价。 5.通过实践体验，养成有序、严谨、认真、安全的劳动习惯。 6.能珍惜劳动成果，学习结束后整理、清洁劳动场所。	1.学生课前搜集中国结的起源、文化内涵，非遗传承人的故事等资料；教师课前准备好所需的工具、材料及实物教具。 2.活动中，教师要注重学生读图能力的培养，引导学生看图编结。 3.课程结束后可以举办作品展示、作品义卖等活动。
秦淮花灯	1.了解金陵灯彩，弘扬中华传统文化，增强民族自豪感。 2.了解宫灯的结构形态，学会扎制宫灯框架。 3.掌握分块裱糊技术，能对宫灯的外观进行装饰。 4.养成有序、严谨、认真、安全的劳动习惯。 5.能从草图设计、扎制骨架、裱糊以及劳动态度等方面进行客观评价。 6.珍惜劳动成果，活动结束后能有序整理、清洁劳动场域。	1.活动前，教师需指导学生搜集金陵灯彩的相关资料，可以组织学生在春节期间观赏灯会、参观灯彩厂、采访灯彩艺人等。教师要准备好材料和工具。 2.活动中，教师要关注学生的小组合作情况，通过探究学习和合作学习让学生完成宫灯的设计与制作。 3.活动后，教师可鼓励学生尝试用其他材料制作花灯或设计其他造型的花灯。
……		

（三）资源开发与利用

本单元主题项目的教学，可以让学生课前查阅与主题相关的资料、走访市场，了解相关历史，了解相关非遗传承及传承人的故事。学校可以充分利用本地的资源，开展校外劳动实践活动，如组织参观南京东艺彩灯厂等生产花灯的工厂，走访秦淮花灯非遗传承人；还可以和中国的传统节日、当地的民俗文化相结合开展教学，如组织学生在春节期间观看秦淮灯会，让学生在节假日用自己制作的中国结装饰家居等。教师应准备好相应的材料、工具，在劳动专用教室让学生完整体验相关设计与制作过程。

典型项目设计

第一学段（1~2 年级）

南京面塑

学习目标：

1. 初步了解面塑艺术，感受南京面塑艺术的特点，尝试运用揉、捏、剪、挑、压等方法，塑造一个小兔子。

2. 懂得劳动创造美好生活，树立劳动最美丽的观念。

3. 在制作中培养合作意识，养成有始有终、认真负责、团结合作的劳动习惯和品质。

4. 培育精益求精的劳动精神，培养对中华优秀传统文化和传统工艺的热爱之情，建立文化自信，养成尊重、保护与传承中华传统工艺的意识。

学习重点：

掌握面塑制作的基本技法，并试着塑造一个小兔子。

学习难点：

揉、捏、剪、挑、压、粘、贴等不同技法的灵活运用。

学习准备：

面团（白色、红色、粉色、绿色、黄色）、垫板、塑料刀、圆头棒、盘子，围裙、护袖等防护工具。

学习过程：

活动一：了解南京面塑

教师导入：快过年了，今天就和老师一起走进面塑的世界，去感受这项指尖创造的伟大艺术。

1. 了解面塑文化

教师出示图片等相关资料，让学生了解面塑文化。

2. 南京面塑欣赏

教师发言：在过去的南京，遇到过年、过寿这样的喜庆活动，人们都要准备各种造型的面塑（课件展示），以此象征万事如意、多福多寿、和睦友爱。

今天，老师就和大家一起来做面塑小兔子，庆祝即将到来的农历兔年。

【设计意图】

与现实生活密切联系，通过丰富的图片让学生初步感受面塑文化的丰富多彩。面塑制作选择学生喜闻乐见的兔子形象，教师明确任务，既有年味又有趣味，旨在激发学生的探究兴趣。

活动二：认识劳动工具与材料

1. 认识劳动工具与材料

教师引导学生思考制作面塑需要哪些工具和材料，并发言。

教师介绍并展示劳动工具与材料：面团（白色、红色、粉色、绿色、黄色）、垫板、塑料刀、圆头棒、盘子，以及围裙、护袖等防护工具。

2. 试用新材料

教师让学生搓揉面团，感受与过去使用过的纸黏土的联系与区别。

教师提示：面团容易干裂，搓揉时需要动作快一些，可用保鲜膜覆盖，如面团干裂，微微蘸水湿润后揉几下，即可恢复。

【设计意图】

在准备环节，先引导学生体验、熟悉材料，从而为后续的制作做好准备。

活动三：讲解面塑兔子制作步骤与难点

1. 分析步骤

教师发言：同学们看一下制作说明（教

师展示），想一想制作面塑小兔子有哪些步骤？哪一步最难？

教师总结制作步骤：搓身体、搓耳朵、做尾巴，装饰配件、组合调整。

2. 教师示范，破解难点

（1）搓身体

①取适量白色面团，揉搓成圆球体，作为兔子的脑袋。

②取约为上一步两倍大的白色面团，揉搓成椭球体，作为兔子的躯干。

提示：椭球体的制作方法是先将面团搓成圆球，再放在掌心前后搓动球体的中间部分。

③用手指在躯干一侧的上端略微按压，然后与脑袋粘在一起，身体就基本做好了。

（2）搓耳朵及尾巴

①取一个白色小面团，搓成水滴状，作为兔子的耳朵。

提示：水滴状面团的制作方法是先将面团搓成圆球，然后压住一侧，前后搓动，形成一头大一头小的小水滴状。

②用指尖将水滴状面团大的一头略微捏扁。

③用红色面团搓成细线，在耳朵的侧面围一圈，多余部分切去。

④用同样的方法再做一个略小的水滴状面团，在白色部分中间贴一层黄色面团做的水滴形薄片作装饰，以此作为兔子的尾巴。

⑤将耳朵和尾巴分别粘在脑袋和躯干上，并调整好角度。

提示：注意身体各部分的比例。

（3）其余步骤，教师播放相关视频，进行展示。

【设计意图】

在教学过程中，教师有针对性地培养学生问题意识、自学能力、探究能力和破解难点的能力。通过教师示范，学生实践体验，引导学生破解难点。

活动四：制作面塑兔子

1. 学生小组合作，动手制作面塑兔子，教师巡视指导。

2. 教师提示制作要点：

（1）粘贴时手法要轻；

（2）可尝试多次修改，以保证作品美观。

3. 教师巡视时，要对制作过程中保持整洁的，以及小组合作分工合理、效率高的提出表扬。

【设计意图】

在培养学生观察、动手能力的同时，培养其团结协作精神，提升其审美水平；对于具体操作中出现的细节问题，教师巡视后及时纠错、示范，鼓励学生互帮互助。

活动五：展示评价

1. 对完成的作品进行展示。

2. 学生投票，小组互评；教师采访学生，了解其投票的理由。

3. 教师采访优秀作品的作者，让其分享劳动经验。

4. 教师引导学生反思：这节劳动课你有什么收获？

教师应鼓励学生从工艺制作、小组合作、劳动过程等多角度进行反思，并提出改进的想法。

5. 教师总结：

孩子们，中国的面塑文化历史悠久，五彩的面塑寄托了我们祖先对美好生活的向往，而勤劳的他们也用自己的双手一步步创造了美好的生活。愿今后的日子里，你们也能把这份勤劳与智慧传承下去。

【设计意图】

让学生对自己的劳动成果做出全方位的评定，选出优秀作品之后，引导学生学习榜样，进行反思，并提出改进想法，让实事求是、精益求精的工匠精神真正落地。最后，教师进行总结升华，鼓励学生传承、弘扬传统工艺，从而树立文化自信。

【案例评析】

本教学设计为“家乡四季风物”主题活动的最后一项，选取内容为南京非遗项目面塑制作，与节日相结合，充分调动了学生的生活经验，通过营造劳动情境，激起了学生的劳动兴趣。

教师在教学中，通过介绍面塑的历史和出示各色面塑图片，给学生带来传统文化的浸润，让其充分感受到传统工艺的精妙，初步产生文化自信。在工艺技法的教学中，教师鼓励学生进行探究式学习，与过去使用过的材料进行对比，从而建立联系，掌握区别；让学生针对制作的步骤和难点进行思考，再由教师着重进行针对性指导，从而提高了教学效率。教师指导后，放手让学生尝试制作，再根据学生制作的情况，相机发现并纠正劳动过程中出现的问题。在学生制作过程中，教师对其劳动品质、劳动态度进行了有针对性的培养，并在课程最后引导学生进行反思、总结，培养其精益求精的劳动精神，从而达成对学生劳动素养四个维度的综合培育。

此外，该主题活动具有较强的拓展使用价值，面塑成品和技能可以在课后充分运用于生活实践。学生还可以和父母一起进行亲子劳动，共同制作面塑，庆祝新年，让学生真切地体验到“劳动最快乐”的含义。

【阅读材料】

“非遗”知多少

“非遗”全称“非物质文化遗产”，在我国是指各族人民世代相传，并视为其文化遗产组成部分的各种传统文化表现形式，以及与传统文化表现形式相关的实物和场所。非物质文化遗产是一个国家和民族历史文化成就的重要标志，是优秀传统文化的重要组成部分。

2022 年 12 月，随着“中国传统制茶技艺及其相关习俗”的申遗成功，中国已有 43 个项目被联合国教科文组织列入人类非物质文化遗产代表作名录（名册），位居世界第一。南京非物质文化遗产代表性项目共有 195 项，其中，列入省级非遗名录的 76 项，列入国家级非遗名录的 13 项，以下 4 项被列入联合国教科文组织人类非物质文化遗产代表作名录：

1. 中国雕版印刷技艺（金陵刻经印刷技艺）

金陵刻经处是中国近现代佛教文化的传播源，其由杨仁山个人创办，是中国近代第一个高等佛学堂，同时，也是汉传佛教唯一刻印流通木版佛经的场所，还是收藏木刻佛教经典像版的文物中心，其所珍藏的清光绪年间雕刻的18幅佛像版在国内外享有盛誉。以金陵刻经印刷技艺刻印的经书版式疏朗，字大悦目，刻印考究，纸墨精良，世称“金陵本”。

2. 南京云锦木机妆花手工织造技艺

云锦产于南京，因其图案美若天上的云霞而得名，以其独特的妆花工艺，位列中国三大名锦之首。南京云锦木机妆花手工织造技艺是中国4700多年丝绸织造史中，唯一不可被机器取代，凭人的记忆传承的传统手工织造工艺。

3. 中国剪纸（南京剪纸）

剪纸于明代初年已在南京民间十分流行，尤以喜花和斗香花而闻名。喜花用于婚嫁妆奁、洞房和节日喜庆装饰。斗香花用于装饰斗香烛，是南京独有的、富有地域特色的刻纸。

4. 中国古琴艺术（金陵琴派）

古琴又称“七弦琴”，是中国最古老的富有民族色彩的弹拨乐器。金陵琴派以兼取众家之长的气度确立了在中国古琴界的地位，该流派大量琴曲、琴谱及琴论文献流传至今，成为研究南京历史文化的重要依据。

（作者：南京市民生实验小学　周洁）

第二学段（3~4年级）

剪纸团花

学习目标：

1. 了解团花的制作原理，掌握团花常见的制作技法，能设计、折叠、制作简单的团花。

2. 在劳动的过程中感受劳动的快乐，并热爱劳动。

3. 在制作中养成有始有终、认真负责的劳动习惯和品质。

4. 培育精益求精的劳动精神，增强对南京本土文化的热爱以及文化自信。

学习重点：

团花形剪纸的基本特点和制作步骤。

学习难点：

能够使用剪纸纹样的基本形设计出较为合理的团花图案。

学习准备：

红纸、剪刀、铅笔、胶水、垫板。

学习过程：

活动一：了解团花的折法

教师发言：同学们，上节课我们了解了南京剪纸，一张纸对于我们来说很普通，可它在剪纸艺人的手里，却是个千变万化的宝贝！咱们今天要学习制作的就是剪纸中的一种——团花。

1. 欣赏作品，总结规律

教师展示早期团花作品《对马团花》《对猴团花》，引导学生观察、总结团花特点：中心对称。

2. 团花的折法

（1）教师提问：如何能剪得又快又圆呢？谁有最巧妙的方法？

（2）教师邀请一名学生上台操作，并介绍折叠、剪圆的方法，同时教给学生折叠的技巧：边缘对齐，折痕要压深。

（3）教师提醒剪边线时要保留中心点，团花外形的不同与所剪弧度有关系。

【设计意图】

通过欣赏、探究，再让学生自己动手实践，尝试总结团花的基本特点。

活动二：学习团花的画法与剪法

1. 教师将准备好的团花范作展开再收拢，引导学生欣赏范作，以探寻团花的基本形状。

2. 教师引导学生认识常见的团花纹样，如毛毛纹、水滴形、小圆点等，以此为基础寻找、辨别范作中的纹样。

3. 教师通过课件演示，引导学生发现团花纹样都是由基本形的一半设计而来。

4. 学生尝试设计纹样，教师巡回指导。

5. 教师发言：同学们要强化对基本形的识别，通过对比不同作品，了解画纹样的要点。

教师引导学生总结要点：布局合理、花纹不连。

6. 教师示范、讲授剪纸的技法：

（1）可根据需要，用剪刀的不同位置剪；

（2）注意转角处要剪到位；

（3）剪毛毛纹时，剪得细细长长比较好看。

【设计意图】

通过范作的展开和收拢，再加上多媒体技术，可以让学生轻松观察到纹样设计的基本形状以及设计的基本原理，从而轻松化解教学难点。围绕剪刀的合理使用，由教师现场示范剪纸技法，对学生剪纸操作进行有效指导。

活动三：制作团花

学生现场制作团花，教师巡回指导，纠正错误，提醒学生用剪刀时要注意安全，废纸入篓，注意卫生。

【设计意图】

在前期有效指导的基础上，学生进行独立实践操作，教师适时给予指导，同时提醒学生养成良好的劳动习惯。

活动四：交流评议

1. 评选优秀作品

教师发言：选出你最喜欢的作品，谈一谈喜欢的原因，并提出改进意见。

2. 教师对各小组的纪律、卫生、作品数量等方面开展综合评价。

3. 教师为优秀作品和学生榜样颁奖。

4. 教学拓展

教师发言：团花艺术不仅可以装扮节日，还以独特的美装饰着我们的生活。请同学们留心生活，去欣赏那些更精美复杂的团花作品。

5. 反思总结

教师提问：这节劳动课你有什么收获？

教师鼓励学生积极发言，多角度进行反思总结。

6. 课堂小结

教师总结：剪纸艺术还有许多奥秘。瞧，同样的花纹，用不同的折法，呈现的效果也截然不同。我们的祖先还将花鸟鱼虫融入剪纸艺术，设计出更多更丰富的作品。课后，让我们在剪纸的世界里继续遨游吧！

【设计意图】

团花质量的评价是本课的重点，除此之外，学生劳动时的纪律、卫生，最终完成的作品数量也应该得到教师的品评，鉴于此，“活动四”安排了评选优秀作品和教师评价的环节，以此选出优秀作品和学生榜样，引导学生向榜样和好作品学习，以反思自己，获得进步。在拓展环节，教师对学生进行发散性思维、创造性思维的训练，让他们充分感受剪纸艺术的魅力，唤起学生对于劳动的热情。

【案例评析】

剪纸团花是一种比较简单，易于掌握的传统工艺，它由折和剪两种技法相结合，有着工具简单、制作简便和便于接受的特点。团花一般为圆形花样，多数呈中心对称。

在本单元的前置学习中，学生已充分了解民间剪纸艺术之美，萌发了继承和发扬我国民间优秀艺术传统的愿望，因此本课以劳动实践为主，通过折、画、剪、评四大步骤串联课堂教学，充分发挥了学生的探究精神，让学生通过逆向思维、恢复与拆解，发现团花折、画、剪的秘密。过去的教学，学生往往只是去模仿，缺少自己的创意。而在“剪纸团花”的教学中，教师有意识地让学生尝试自主设计纹样，提高学生剪纸技能和兴趣的同时，也为以后学习更复杂的剪纸打下了良好的基础。最后的反思环节，学生对中国民间传统美学的认识有所提升，一定程度上增强了学生的民族自信、文化自信。

学生可以充分利用本课所学制作团花的技艺来美化生活环境，如用团花装点教室、房间，后续可以开展“我是剪纸传承人”的校园综合展示活动，让学生浸润在传统剪纸的世界中，体会传统文化的博大精深和传统工艺制作的神奇美妙。

【阅读材料】

南京剪纸绝活——斗香花

斗香花是一种套色剪纸，体现了南京剪纸独有的技艺。从前，每逢元宵节或中秋节，人们举行祭拜仪式时要烧一种塔形的“斗香”，香的顶部、上下各层都用“斗”形彩色刻纸来装饰，这些彩色刻纸就叫“斗香花”。

斗香花的图案涉及人物、花卉、走兽、翎毛、风景、戏剧脸谱和神仙（如八仙、寿星）等题材，这充分体现了南京人丰富多彩的生活和多样的文化。

斗香花剪纸虽然名字里有“剪”，但实际上是先“刻”后“斗”出来的。匠人先用七层蜡光纸和一层皱纹金纸叠在一起，按照统一的样式刻花，完成刻花之后，再通过灵感，将每张刻花的不同部分拼凑起来，重新贴在一张白纸上，最后，还需要将白纸也刻成图案完全相同的样式。因此，一套斗香花可以做出八张花样相同、颜色各异的剪纸。最后的剪纸效果，有时甚至就连剪纸匠人自己都无法预料！

（作者：南京市民生实验小学　周洁）

第三学段（5~6 年级）

金陵折扇

学习目标：

1. 知道金陵折扇是南京传统手工艺品，是江苏省非物质文化遗产项目，认识金陵折扇工艺的价值，感受传统工艺劳动的智慧。

2. 了解金陵折扇的工艺特点，知道制作折扇的材料、工具以及制作流程，能根据需要，进行扇面的设计与绘制。

3. 养成有序、严谨、一丝不苟以及规范使用工具的劳动习惯和品质。

4. 能珍惜劳动成果，学习结束后主动整理、清洁场地。

5. 培养追求创新、精益求精的劳动精神。

学习重点：

扇面的设计与绘制。

学习难点：

扇面内容要主题明确，构图均衡对称、色彩协调。

学习准备：

工具准备：铅笔、毛笔、颜料、剪刀等。

材料准备：学习任务单、边长 300 毫米的正方形宣纸。

学习过程：

活动一：认识金陵折扇

1. 探究非物质文化遗产

（1）教师展示各种金陵折扇的图片并加以介绍：金陵折扇是南京地区的传统手工艺品，是一种用竹木做扇骨，韧纸或绫绢做扇面的能折叠的扇子，既可祛暑纳凉，又是艺术品。同学们有没有听说过金陵折扇？

教师结合学生的发言补充：金陵折扇在2009年被列入江苏省非物质文化遗产名录。

（2）教师提问：你知道什么是非物质文化遗产吗？为什么要申请加入非物质文化遗产名录呢？

学生发言后教师总结：在我国，非物质文化遗产是指各族人民世代相传，并视为其文化遗产组成部分的各种传统文化表现形式，以及与传统文化表现形式相关的实物和场所。非物质文化遗产是一个国家和民族历史文化成就的重要标志，是优秀传统文化的重要组成部分。

如今有些传统工艺因工艺复杂，经济效益低下，后继无人，面临失传的困境。国家已经出台很多政策意图挽救，比如设置非物质文化遗产名录，让社会媒体大力宣传以吸引越来越多的人关注，等等。申请加入非物质文化遗产名录正是出于传承和保护传统工艺的需要，希望这些传统工艺能够代代传承下去。

2. 探究金陵折扇的特点及种类

学生阅读金陵折扇相关资料，回答问题。

（1）金陵折扇的特点

教师提问：金陵折扇是中国扇子最具代表性的品种之一，请你说一说金陵折扇有哪些特点。

学生回答后，教师总结：金陵折扇的特点是轻盈、灵巧、雅致、透气。

（2）金陵折扇的种类

教师提问：各位同学都预习过相关内容，那么请问金陵折扇的种类有哪些？

学生回答：就制作材料而言，金陵折扇一般可分为水磨玉骨折扇、红木折扇、宫绢折扇三类。

教师补充：除了传统的折扇，金陵折扇还与金陵竹刻等结合，产生了“雕刻扇”，此外，还有“金箔扇”“雨花扇”“剪纸扇”等。

3. 探究金陵折扇制作工艺

（1）教师提问：金陵折扇的制作有哪些工序？其中最重要的是哪道工序？

学生阅读学习任务单，思考后回答问题。

教师总结：制作金陵折扇有制扇骨、做扇面、穿扇面三大工序，其中最重要的工序是制扇骨。这道工序包括了选料、断料、劈料、拿火等43道小工序。

（2）教师提问：请同学们说一说扇面的制作过程。（教师播放制作扇面的视频，学生观察思考后回答问题）

教师总结：扇面的制作需要经过选料、开纸、裱面、沿边、收摺等多道工序，制好的扇面再配上字画，更有艺术魅力。

4. 明确重点学习任务

教师应明确重点学习任务，即学会扇面的设计与绘制。学生通过对制好的扇面进行字、画的设计与绘制，最终制作出个性化的折扇。

【设计意图】

通过欣赏金陵折扇图片、了解金陵折扇非遗文化，探究金陵折扇的制作工艺，让学生感受金陵折扇的艺术魅力，从而激发其学习传承金陵折扇传统手工艺的兴趣。

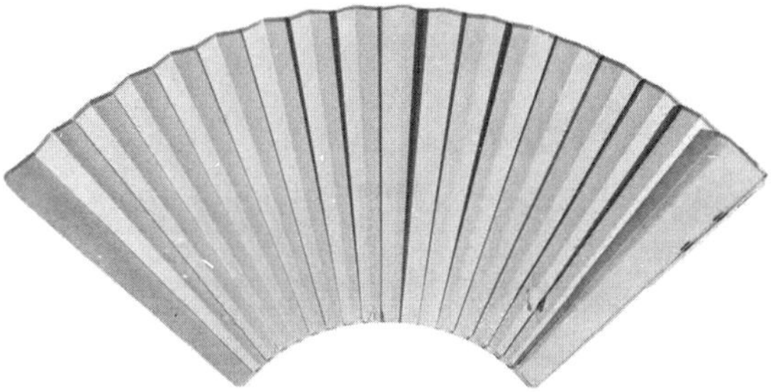

活动二：扇面的设计与绘制

1. 扇面的制作

教师给学生播放制作扇面的视频，并发言：请说一说扇面的制作步骤。

学生讨论后，总结得出扇面的制作步骤如下：

（1）将正方形宣纸以左下角为支点对折。

（2）以左下角为支点，按照对角线再对折，用同样的方法尽可能多对折几次。

（3）将纸张的上部和下部各折出一道横直的痕迹来。假想纸样有一条中线，这两道折痕应该与这条中线成 90 度角。

（4）拿出剪刀，沿着那两道折痕，将纸张的上、下部分分别剪断。

（5）将剩余的中间部分展开，就得到了一个扇面。

2. 劳动实践

学生用边长 300 毫米的正方形宣纸按上述步骤和方法完成扇面的制作。

教师巡回辅导，学生有问题及时解决。

3. 扇面的设计与绘制

金陵折扇扇面的设计主要从主题内容、构图、用色及表现手法等方面进行思考与创作。

教师讲解扇面设计与绘制的步骤：

（1）确定好主题内容，用铅笔在稿纸上进行构图。

（2）选择合适的色彩和图案。

（3）在扇面上绘制出设计好的图案，可以用水彩、丙烯颜料、油画颜料等各种绘画工具作画。

（4）完成绘制后，对扇面进行涂漆和装饰，可在图案周围镶上金色的边框等。

（5）可以根据需要安装配件，使扇面更加美观、实用。

4. 劳动实践

学生按上述步骤和方法完成扇面的设计与绘制，教师对学生进行个别辅导。

【设计意图】

通过劳动实践活动激发学生传承金陵折扇传统工艺的兴趣，提高学生的动手和创新能力，丰富学生劳动体验。

活动三：展示交流，评价反思

1. 成果展示：教师组织学生开展扇面作品展示等活动，学生也可用图片或文字等方式记录自己的劳动过程及劳动成果。

2. 思考体会：学生介绍自己在扇面设计与绘制的劳动实践中遇到什么问题，是如何处理的，说一说对于这次劳动实践活动有怎样的体会，有哪些需要改进的地方。

3. 综合评价：学生按要求填写评价表。

【设计意图】

通过展示交流，总结经验教训，促进学生自我反思，进一步优化作品。课堂教学发挥了学生评价主体的作用，旨在提高其交流表达能力，让学生树立自信，收获成长。

活动四：拓展延伸

1. 教师介绍金陵折扇传承人倪世金的故事。

2. 教师介绍中国的四大名扇：历来就有制扇王国之称的中国，其扇文化有着深厚的历史底蕴。中国扇以江苏的檀香扇、广东的火画扇、四川的竹丝扇、浙江的绫绢扇最为出名，并称中国的四大名扇。

【设计意图】

教师介绍非遗传承人的故事，让学生学习他们精益求精、追求卓越的工匠精神；教师介绍中国的四大名扇，旨在让学生感受中国扇文化丰富的历史底蕴和内涵。

【案例评析】

此案例充分利用了当地的资源，针对课程标准的要求和学生学习状况，结合南京传统手工艺而选择“金陵折扇”项目，其主要亮点如下。

1. 基于当地传统手工艺选择主题，激发了学生的劳动兴趣

劳动课程要与现实生活相联系，要将劳动内容与当地的传统文化相联系，让劳动教育成为学生学习中华优秀传统文化、树立民族自豪感的重要渠道。本案例选择南京传统手工艺金陵折扇作为劳动主题，有利于创设良好的学习情境，拓宽学生的美学视野，加深其对传统文化的认知和理解，推动传统文化的传承和发扬。

2. 适度开放，给予学生自主设计的空间

在扇面的设计与绘制方面，将主动权交给了学生，教师则给予方法的指导，让学生融合多学科的知识，选择主题，进行构图，并用合适的绘画工具进行绘制。学生在劳动实践中，手脑并用，学创融通，积极体验，其创新意识和实践能力得到了有效的提升。

3. 学科融合，提高学生创造美和欣赏美的能力

扇面的设计与绘制，对学生的知识与技能有一定的要求，涉及数学、艺术等学科知识，如扇面的制作要折纸、计算、裁剪，扇面的设计要布局，涉及书法、绘画等知识的综合运用。学生通过不断地思考，将已有知识与劳动体验联系起来，在劳动体验中习得新知识，掌握新技能，其创造美和欣赏美的能力也得以提升。

【阅读材料】

书画扇面

书画扇面是扇面艺术中的一种，其特点是在扇面上绘制文字或绘画。书画扇面具有观赏价值和实用价值，可以作为艺术品来欣赏，也可以作为降温、遮阳、避风的实用工具，是传统文化与现代实用工具的完美结合。

制作书画扇面需要选取最适合书画的扇面材料，如宣纸、丝绢等，使用毛笔等不同的工具，根据扇面的大小和形状精心绘画或书写。绘画的内容通常包括山水、花鸟、人物等，都带有一定的文化内涵，表达了作者的情感和思想。书法作品的字体和文字排列需考虑整个扇面的弧度和长度，以达到完美的视觉效果。

书画扇面不仅是一件艺术品，更是传统文化的一种表现形式，目前在世界艺术收藏领域越来越重要。

（作者：南京市栖霞区教师发展中心　张琴）

第四学段（7~9 年级）

秦淮花灯
——宫灯的设计与制作

学习目标：

1. 了解秦淮花灯文化，通过传统工艺制作感受传统工艺与节日、生活之间的关系。

2. 了解宫灯的种类，能根据需要画出所制宫灯的草图，熟悉各种绑扎法，通过宫灯的设计与制作，体验花灯的制作流程，初步学会扎制宫灯，以及其他造型彩灯的制作方法。

3. 养成有序、严谨、认真、细致、精确、安全的劳动习惯。

4. 在小组合作学习中，增强质量意识、效率意识，初步形成团结协作、珍惜团队荣誉的品质。

学习重点：

小组合作，按流程完成宫灯的设计与制作。

学习难点：

分块蒙面裱糊，保持平整干净，做好色彩搭配。

学习准备：

工具准备：剪刀、白乳胶、102 胶、牙签等。

材料准备：包装带、白棉线、裱糊纸、提手杆等。

学习过程：

活动一：秦淮花灯知多少

1. 分享观赏灯会的感受

（1）教师出示秦淮灯会的图片并发言：秦淮灯会是流传于南京地区的民俗文化活动，每年春节期间都有灯会，你观赏过灯会吗？看到了哪些种类的花灯？这些花灯各有什么寓意？哪种花灯给你留下的印象最深刻？

（2）学生交流观赏灯会的情况。

（3）教师总结：秦淮灯会是流行于南京的民俗活动，有“天下第一灯会”和“秦淮灯彩甲天下”的美誉，是中国唯一一个集灯展、灯会和灯市于一体的大型综合灯会，也是中国持续时间最长、参与人数最多、规模最大的民俗灯会。“老南京”有句俗话：“过年不到夫子庙观灯，等于没有过年；到夫子庙不买盏灯，等于没过好年。”

2. 非物质文化遗产的定义和分类

教师提问：你知道什么是非物质文化遗产吗？它是怎么分类的？

学生讨论、发言。教师总结：

（1）在我国，非物质文化遗产是指各族人民世代相传，并视为其文化遗产组成部分的各种传统文化表现形式，以及与传统文化表现形式相关的实物和场所。非物质文化遗产是一个国家和民族历史文化成就的重要标志，是优秀传统文化的重要组成部分。

（2）目前，我国已经建立了国家、省、市、县四级非物质文化遗产名录体系；中国列入联合国教科文组织人类非物质文化遗产名录（名册）的项目共计 40 余项，总数位居世界第一。

3. 非物质文化遗产——秦淮灯会

教师提问：秦淮灯会是什么类别的非物质文化遗产？

学生讨论、发言。教师总结：

2006 年，南京市申报的秦淮灯会经中华人民共和国国务院批准列入第一批国家级非物质文化遗产名录。

4. 明确学习任务

教师提出本课的学习任务是小组合作设计并制作出宫灯，并作为春节的装饰物，鼓励学生设计自己喜爱的宫灯造型，制作出个性化的宫灯。

【设计意图】

通过欣赏花灯图片、交流观赏花灯的感受，探究秦淮花灯的非遗知识，让学生感受秦淮花灯的独特魅力，激发其学习传承秦淮花灯的兴趣。

活动二：小组合作，确定活动方案

1. 探究宫灯的类型

教师展示各种宫灯的图片及自制的宫灯实物，提问：宫灯一般是怎么分类的？

学生讨论、发言后，教师总结：宫灯又称宫廷花灯，是富有特色的汉民族传统手工艺品之一。宫灯的种类有很多，如一团和气灯、哈哈二仙灯、

三阳开泰灯、四季平安灯、五子夺魁灯、六国凤祥灯、七才子路灯、八仙过海灯、九子登科灯、十面埋伏灯等。人们通过这些不同主题的宫灯，寄托心中的愿望。

2. 探究宫灯的结构

教师出示六角宫灯的图片及实物，请学生说说六角宫灯由哪几部分组成。

学生讨论、发言后，教师总结：六角宫灯主要由底座、骨架、灯托和灯罩四部分组成。

3. 探究宫灯的制作过程

学生观看制作宫灯的视频，讨论宫灯的制作流程。

学生讨论、发言后，教师总结宫灯的制作流程：设计图纸、扎骨架、裱糊灯身、设置光源、美化装饰等。

4. 制订活动方案，画出宫灯的设计图

教师展示宫灯实物和几幅宫灯图纸。

学生小组讨论所要制作宫灯的样式，画出设计草图，标注尺寸，列出所需要的材料和工具，然后讨论细节问题，如裱糊纸的颜色、宫灯如何装饰等。教师要明确小组各成员在劳动各阶段的任务，务必使人人参与。

【设计意图】

通过展示范例，让学生了解宫灯的制作流程、结构特点以及制作所需的材料和工具；小组合作画出草图，制订制作方案，为后期制作花灯做好准备。

活动三：学创融通，实施方案

1. 学习扎制骨架

（1）学习绑扎技法

教师发言：在制作宫灯时，需要把宫灯的骨架绑扎得牢固些，而不同材料、不同形状的宫灯骨架，所用到的绑扎技法会有所不同。常用的绑扎技法是抽绳绑扎法和交叉绑扎法。

①学习抽绳绑扎法

教师播放抽绳绑扎法的视频，提问：抽绳绑扎法有什么特点？绑扎时需要注意什么？

学生观察，思考问题，小组交流、举手发言。

教师总结：使用抽绳绑扎法时，看不到结头，美观又牢固，比较适合宫灯各部件的扎制，绑扎时要注意用力绷紧线绳。

②学习交叉绑扎法

教师播放交叉绑扎法的视频，提问：交叉绑扎法有什么特点？绑扎时需要注意什么？

学生观察，思考问题，小组交流、举手发言。

教师总结：交叉绑扎法比较适合各部件组合时的绑扎。绑扎时要注意绷紧线绳，多交叉几个回合再打结。

（2）进行劳动实践

学生根据自己设计的方案，分工合作，按照设计草图选择合适的绑扎方法进行宫灯骨架的扎制；教师进行个别指导。

2. 学习裱糊骨架

（1）教师播放裱糊骨架的视频，学生观察并讨论裱糊的操作步骤及注意事项。

（2）学生小组对扎好的宫灯骨架进行裱糊蒙面操作；教师进行个别

指导。

3. 设置灯源、美化装饰

（1）教师展示几幅不同灯源的图片，以及各种经过装饰后的宫灯的图片。

（2）学生观察思考，寻找可以借鉴的装饰方法。

（3）学生给裱糊好的宫灯安装灯源，然后进行装饰。

【设计意图】

学生依照制订的方案，运用所学的知识、技能开展宫灯的制作，在动手实践中验证设计方案的可行性，遇到问题积极思考解决方法并进行尝试，从而习得劳动知识与技能，感悟和体认劳动价值，培育劳动精神。

活动四：成果展示，综合评价

1. 成果展示：组织学生开展宫灯作品展示等活动，学生也可用图片或文字等方式记录自己的劳动过程及劳动成果。

2. 思考体会：学生介绍自己在宫灯设计与制作的劳动实践中，遇到了什么问题，自己是如何处理的，经过这次劳动实践活动，收获了哪些经验和体会，还有哪些需要改进的地方。

3. 综合评价：学生按要求填写评价表。

【设计意图】

通过评价，引导学生理解劳动实践的价值与意义，感悟劳动成果的来之不易，认识到劳动可以让生活变得更美好。

活动五：拓展延伸，促进提升

1. 花灯制作材料方面的拓展

教师发言：早期的小型花灯，多用蔑竹作为骨架，随着现代工艺的发展，骨架基本上被硬纤维带、金属焊接构架所取代，烫金贴金工艺大量运用，还可以用激光雕刻机进行制作。课后同学们可以尝试体验用其他材料制作花灯。

2. 秦淮花灯非遗传承人

教师介绍秦淮花灯非遗传承人曹真荣、顾业亮、陈柏华、陆有昌等人的故事，让学生明白三百六十行，行行出状元的道理。

【设计意图】

引导学生运用已有知识、技能，尝试用其他材料制作花灯，达到举一反三、学以致用的效果。通过非遗传承人的故事，让学生理解精益求精、追求卓越的工匠精神。

【案例评析】

“秦淮花灯”项目充分利用了当地的资源，将传统手工艺、传统节日与劳动教育相结合，学生在活动中设计方案，综合运用所学知识解决问题，以完成宫灯的设计与制作，有利于在实践体验中激发其学习的主动性和创造性。

该案例注重学生的劳动体验，真正做到了让学生“学中做，做中学”。同时，教师也注重培养学生的规范意识、质量意识、合作意识，指导学生正确使用工具，按照规范的流程与方法安全操作；引导学生关注细节，每个步骤都按照要求认真完成。

《义务教育劳动课程标准（2022 年版）》强调要“强化合作意识，引导学生学会分工合作，体悟构建平等、和谐的劳动合作关系的重要性”。此案例关注学生的合作学习，在宫灯的设计、制作等各个环节，教师都做好了组织和引导，关注小组的有效合作，并明确分工，让学生优势互补，为学生提供更多展现自我的机会。

在展示评价环节，本案例组织学生填写评价表、展示作品、记录自己的劳动过程，并对劳动实践中经验和教训进行反思，学生一方面能感受到制作成功带来的喜悦，另一方面也能通过反思发现自身的优势和不足，从而达到互相学习、共同进步的目的。

【阅读材料】

灯彩的前世今生

灯彩历史悠久、源远流长，是起源于中国的一种传统民俗工艺品。灯

彩种类繁多、形态各异，在古代，其主要作用是照明，与民间的元宵赏灯习俗密切相连。早在唐代，灯彩就已经盛行于民间，逐渐演变为一种艺术形式。宋代灯彩被广泛应用于庆祝婚礼、踏青等节庆活动。明清时期，灯彩艺术得到了飞速的发展。我国地大物博，不同地区的灯彩各有民族和地方特色，比较著名的灯彩有自贡灯彩、田村云灯、瓯越灯彩、杭州灯彩、镇江灯彩、石城灯彩、苏州灯彩、北京灯彩、金陵灯彩等。

随着现代科学技术的发展，灯彩的创作思路和表现方式更加丰富。现代的新媒体技术、光影技术和传统的灯彩工艺相融合，使灯彩这门古老艺术更加绚丽多彩。

（作者：南京市栖霞区教师发展中心　张琴）

第七章　工业生产劳动

背景介绍

“生产劳动和教育的早期结合是改造现代社会的最强有力的手段之一。”工业生产劳动是生产劳动的主要内容之一，是利用木工、金工、电子电工等工业化手段创造物质财富的劳动，通常在劳动过程中具有机械化、程序化、标准化的特征。在不同的社会发展阶段，工业生产劳动的内涵、方式等有所不同，既有一定的连续性，也具有一定的时代性和发展性，体现了现代生产和现代科学技术发展的必然趋势。“工业生产劳动”任务群旨在让学生在工业生产劳动中直接经历物质财富的创造过程，体验从简单手工生产劳动到复杂现代化工业劳动、创造性生产劳动的发展过程，让学生学会使用常用工业生产劳动工具，掌握相关木工、金工、电子电工等技术，体悟物质产品的来之不易，以及劳动与自然的基本关系，认识到工业生产劳动创造价值，从而增强产品质量意识，理解平凡劳动的伟大。

南京是中国的历史文化名城，也是中国东部地区重要的中心城市。南京的工业发展起步较早，且深刻影响着人们的生活，著名的工业企业有南京钢铁厂（原材料及加工）、扬子石化、金陵石化（石油化工）、熊猫集团（电子）、金城集团（机械相关工业）等。同时，众多的工厂、工业园区分布在南京各个城区，为学生进行实地考察，参观了解工业生产劳动的过程，了解不同行业的特点提供了便利，也让身在其中的学生能够切身感受到工业生产技术的发展与变革。

中小学生对身边的事物都具有一定的好奇心，在有效的任务驱动下，能激发其实践兴趣，促进其劳动素养的提升。通过“工业生产劳动”任务群的学习，让学生体验工业生产劳动的过程，熟悉所选项目的工具特点、设备特点、加工材料要求等，能根据项目要求合理选择材料并制订、实施设计方案。在实践活动中，让学生学会识读图纸以及绘制简单的技术图样，并根据图样制作产品模型或原型，完成产品组装、测试、优化等，体验到工业生产劳动创造物质财富的喜悦与成就感，在此基础上，让学生进一步理解工业生产劳动对人类生活、生产的重要影响。

学习目标

第三学段（5~6 年级）

掌握木工项目中简单工具的使用方法；能依据简单技术图样，选择合适的材料、工具、技术与方法，安全、规范、有效地开展劳动；能根据需求，设计并制作、加工简单的产品模型或原型；初步形成安全规范地进行劳动的意识；强化诚实守信的劳动习惯和品质，形成劳动效率意识和劳动质量意识；养成持之以恒的劳动品质，在劳动中主动克服困难，具有不怕辛苦、积极探索、追求创新的劳动精神。

第四学段（7~9 年级）

掌握木工生产工具、设备的使用方法，以及加工材料的技术要求；能根据项目内容提出创造性解决方案，制订合理的劳动计划；养成安全、规范地进行劳动的良好习惯；在实践中培养提升产品质量的意识和合理利用材料、环保节约的劳动意识；能对劳动过程与劳动成果进行反思和总结，提升创造性劳动能力、合作能力，获得初步的职业体验，养成职业规划意识；热爱劳动，形成尊重普通劳动者的观念，树立不畏艰辛、锐意进取、精益求精、不断创新的精神。

学段大单元设计

第三学段（5~6 年级）

（一）主题选择

5~6 年级的学生具备了一定的劳动能力和基础，具有一定的独立思考和设计的能力，教师可通过有效引导，使学生更好地利用多种学习方式把多学科知识有效融入劳动课程，让劳动项目的选择更加丰富多样。笔者设计了“我是小木工”主题活动，旨在让学生亲历系统制作木工作品的过程，让学生熟悉工具的特点、使用方法；能通过简单的技术图样完成一到两个作品的制作，在制作的过程中熟悉流程和相关材料。具体而言，通过七巧板的制作，让学生学会在木料上画线、切割的方法；通过相框的制作，让学生掌握识图、画线、锯切和打磨等木工技能，知道合理规划制作流程，能对相框进行适当的个性化创意设计。通过递进式的项目教学，培养学生观察、思考、想象、创新、创造等能力，让其体会木工劳动的乐趣。

（二）内容规划

针对第三学段学生的知识基础与能力水平，围绕“工业生产劳动”任务群在本学段的目标素养要求，“我是小木工”主题活动选择了“制作七巧板”和“制作相框”两个项目。七巧板和相框在生活中较为常见，劳动实践难度适中，适合本学段学生完成，也便于教师指导，还能延伸到课后进行拼装和美化创作。

“制作七巧板”需要 3 课时。七巧板的绘制相对简单，教师可以通过衔接数学课程的方式，利用实物和图片介绍七巧板的绘制方法，便于学生直观理解和领会；切割是制作七巧板的难点，可以让学生选用美工刀来完成，对于动手能力弱的学生也可以选择用卡纸绘图，用剪刀来完成切割，这样降低了制作的难度，但流程相同，便于学生对木工项目实践的多样性建立初步的认识和理解，教师在讲解美工刀的使用和切割要领时要着重强调安全规范。

“制作相框”需要5课时。相框的制作建立在学会制作七巧板的基础上，难度有所增加，旨在进一步提高学生对工艺流程的认识，让学生在图样的表达、材料的选择、工具的使用等方面更加成熟。制作木质相框所用材料规格比较复杂，这些材料的作用也各不相同。教师在讲解的过程中可以通过课堂学习单结合图纸的形式，让学生联系生活实际，探讨、理解不同规格的材料的作用，能基本梳理出制作的顺序。教师再通过展示实物、半成品、视频和图片等，进一步明确制作相框的重难点。课堂教学要发挥学生的主体作用，让学生发现自己作品存在的不足，并能在现有能力范围内对作品进行优化和装饰；通过评价与拓展，让学生理解相框的作用，并在研讨交流中挖掘出相框的其他功能及应用价值，跳出相框只能装相片这一固定思维模式，让学生更加深入体会技术的革新和产品的创造在工业生产劳动中的作用，体验劳动创造物质财富的喜悦与成就感。

活动项目	学习目标	活动建议
制作七巧板	1.知道七巧板制作的基本流程，能参照个人能力选择合适的工具和材料完成活动任务。 2.在劳动的过程中体悟劳动的快乐，形成会思考、会创新、懂创造、热爱劳动的品质。 3.能做到持续劳动、认真负责，养成有始有终的劳动品质和及时整理收纳清洁的劳动习惯。 4.在劳动的过程中感受劳动与生活的联系，培养做事认真、一丝不苟的劳动精神。	1.课前让学生通过不同渠道了解七巧板的各种形态。 2.教师以学生为课程主体，通过播放视频，展示图片、实物等方式，引导学生主动探索实践。 3.课后让学生在家长帮助下或学校集体活动中进行实地考察，了解七巧板在生产生活中的运用。
制作相框	1.了解相框的种类、结构、材质、造型等有关知识，掌握制作相框的基本流程和要领，并能制作出美观实用的相框。 2.在劳动的过程中能识读相框的制作图样，根据相框的使用要求选择材料并进行创意设计，养成规范使用劳动工具的良好习惯，以及合理利用材料、环保节约的劳动意识，提高团结协作的能力，培养对美好事物的情感和审美情趣，增强创新思维能力。	1.教师要注重项目与学生生活的联系，让学生从不同层面和角度了解相框在生活中的应用，让学生学会主动探究。

续表

活动项目	学习目标	活动建议
制作相框	3. 在劳动的过程中形成产品质量意识，懂得珍惜劳动成果，与其他同学团结协作，开展创造性劳动，养成吃苦耐劳、持之以恒的品质。 4. 通过相框的制作，让学生体悟劳动实践的意义，形成安全规范、坚持不懈、勇于创新的劳动精神。	2. 教师可以通过展示实物、图片，播放视频等形式让学生了解相框的不同形态，也可以因校制宜、因地制宜，根据学生的学情让其选择合适的材料进行劳动实践。 3. 把制作相框作为研究活动，让学生通过家庭互动、社区服务、实地考察等方式走出课堂、走进生活，直观感受时间、技术、场景、需求的不同对相框制作的直接影响，并以此为基础扩大劳动实践项目的内容。
……		

（三）资源开发与利用

以木工为主题的教学活动可以在学校、教室内开展，也可以延伸至家庭和社区。教师可引导学生从家庭中收集相关的实物，或通过网络寻找相关资料，或去街头、商店、工厂、公园等地参观考察，摄影摄像，然后在课上交流，开阔视野，增长知识。教师可引导学生在家里和亲人共同制作不同用途的木工产品，从而推进亲子互动，让学生在家庭劳动中体会合力创作的快乐。为了让学生感受劳动实践的多样性，实践载体的可变性，还可利用黏土、布艺、卡纸、激光雕刻进行七巧板和相框的制作。有条件的学校，还可带领学生参观七巧板构造的家居，运用相框艺术设计的城市街头小景等。通过直观的感受和亲身的实践，让学生初步体验生产劳动的过程，深刻理解劳动与生活的密切联系。

第四学段（7~9 年级）

（一）主题选择

7~9 年级的学生已经具有一定的劳动能力和实践基础，可以通过较为复杂的项目认识工具、材料、工艺、产品等的变化，感受工业生产劳动的价值和意义。

鲁班锁是我国古代的一种益智玩具，属于榫卯结构，它拆开容易，拼装起来却有难度，学生往往对其充满好奇，选择制作鲁班锁为劳动主题，容易激发学生的劳动兴趣。通过鲁班锁的制作，让学生认识和了解榫卯结构，学会系统地准备工具和材料，能根据三视图画线，制定劳动步骤，学会考虑可行性操作技术和工艺安全的要求，并重视实施进度和合作分工。在实践活动中给学生足够的思考、尝试、制作、评价空间，通过由浅入深，由易到难，由传统到创新的递进，使学生从“学会技术”转为“会学技术”。通过展示、评价、交流、拓展等环节，强调技术意识、劳动方法、创新思维的重要性，培养学生认真负责、一丝不苟、踏踏实实的劳动态度，以及严格遵守劳动纪律和规范操作的劳动习惯，增强其环保意识、质量意识，让学生克服胆怯心理，形成积极的学习心态，养成吃苦耐劳、坚持不懈、勇于创新和精益求精的劳动精神。

（二）内容规划

学习鲁班锁的制作，包括学习画线、锯割、凿削、打磨、拼装、优化处理等，旨在让学生了解榫卯结构在生产生活中的应用，掌握常见工业生产劳动项目中所蕴含的材料知识、加工程序、操作规则等。

三根鲁班锁的制作需要 4 课时，六根鲁班锁的制作需要 6 课时。

通过实物展示，让学生看懂三视图，理解三视图为何能够清晰地表达产品的特征，教会学生在给定的木料上准确画线。在劳动实践中，让学生学会选择合适的木制品加工方式，学会安全规范地使用木工工具，学会用手锯、线锯锯割，用刻刀、凿子进行凿削，用锉刀、砂纸进行打磨，用颜料进行装饰等；培养学生在劳动过程中发现问题和解决问题的能力，让学生学会对鲁班锁进行拼装和优化，在做好安全防护的前提下，完成鲁班锁作品。

活动项目	学习目标	活动建议
三根鲁班锁的制作	1. 看懂三视图并能按照三视图在木料上准确画线；掌握手锯、线锯、刻刀、锉刀等木工工具的使用方法和技巧；了解鲁班锁的有关知识，学会正确拼装鲁班锁；能根据木工制作的一般流程，制作出不同的鲁班锁作品。 2. 了解木工工人的辛苦与快乐，体会木工技术对人们生活的影响，感受木工传统技术的伟大。 3. 养成安全、规范地进行劳动的良好习惯，形成认真负责、有始有终的劳动品质和合理利用材料、环保节约的劳动意识，提升产品质量意识，培育精益求精的劳动精神。 4. 在实践过程中理解木工劳动对生活、生产的重要作用；感受劳动的魅力和价值，培养职业认同感；弘扬爱岗敬业、甘于奉献的劳模精神。	1. 课前利用图书、网络等资料并结合学生自身生活经历，让学生了解我国传统和现代建筑及器具中榫卯结构的运用，了解鲁班锁的发展历程。 2. 在课堂中，教师要关注学生对技术图样的理解、木工工具的使用、制作流程的掌握，促使学生形成一定的技术思维。 3. 课后鼓励学生拓展项目研究思路，与其他学科活动相融合，增加劳动实践的深度；以榫卯结构为研究主题，通过家庭互动学习、网络学习、考察研学等活动，增加项目活动的宽度；教师也可以此为基点，进行相关方面的课题研究，形成研究论文，拓宽项目活动的广度。
……		

（三）资源开发与利用

本单元的劳动项目可以在学校、教室内开展。鲁班锁制作完成以后，可以作为礼物送给亲朋好友。教师可以采用多种活动形式，如劳模大讲堂、劳动成果展示、榫卯结构研究讨论会等，让学生进一步领略大国工匠精神和中华优秀传统文化。学生还可以通过研学活动，调查了解当地的古建筑，感受榫卯结构的魅力，进而宣传南京文化，形成热爱家乡、热爱劳动人民的情怀。

在课堂之外，有条件的学校可以利用所在地区工业企业，组织学生参观工厂产品生产线，与工人面对面交流劳动体验并初步体验工业产品的生产过程，包括组装、包装等环节，加强学生对生产劳动创造价值的理解，让学生身临其境地感受工业生产的魅力。

典型项目设计

第三学段（5~6 年级）

制作相框

学习目标：

1. 通过探究性学习，了解相框的分类、材质、造型等相关知识和特点；认识主要木工工具，通过看示范、听讲解、实践劳动，掌握使用木工工具的基本技法；知道制作相框的流程和要领，能做出美观漂亮的相框。

2. 学会正确使用美工刀对薄木片进行切割，能够对相框外观进行创作设计；通过劳动实践，学会制作相框的基本方法和技巧，在制作中逐步培养发现美、创造美的能力。

3. 通过实践活动，提高探究能力和创新思维能力，激发探究的热情、创作的欲望和实践的主动性；通过小组团队合作，培养团结协作的意识和能力；培养对美好事物的情感和审美情趣，展现独特个性。

4. 在劳动的过程中感受劳动的快乐，形成热爱劳动的态度。

5. 通过劳动实践，认识到创造性劳动的意义，形成安全规范、做事认真、不怕辛苦、积极探索、追求创新的劳动精神。

学习重点：

了解制作相框的基本步骤及注意事项。

学习难点：

掌握切割、打磨、粘贴等木工技能，设计出式样新颖、外形美观的相框。

学习准备：

教师准备：多媒体设备、实物投影仪、不同材质相框成品、木工加工工具等。

学生准备：相框材料包、图纸、美工刀、双面胶、砂纸等。

前置性作业设计：

查找资料，了解相框的有关知识，包括结构、材质、款式、造型、应用等。

相框材料包

学习过程：

活动一：认识相框的基本结构

1. 教师引导学生交流讨论自己生活中所见相框的大小、材质、造型等。

2. 教师通过展示图片，加深学生对相框的了解，并引导学生总结出相框的基本结构。

3. 教师引导学生认识制作相框的材料和工具。

【设计意图】

教师引导学生交流讨论相框方面的知识，调动学生的生活经验，激发学生的学习兴趣，让学生通过认识相框，初步感受生产劳动的多样性。

活动二：制作相框前的劳动准备

1. 教师引导学生核对材料包中不同规格的木料，并观察成品木制相框，结合相片的规格，让学生知道自己接下来要制作的相框的具体尺寸，做到心中有数。

2. 教师指导学生学会美工刀的正确使用方法，要特别关注安全措施。对于动手能力弱的学生，教师可让其选用卡纸和剪刀进行相框模型的制作。

3. 画线、切割、打磨、粘贴是制作相框的程序，通过对成品相框的探究，让学生知道不同规格木料的作用，结合图纸分析，让学生尝试制订相框的制作流程，为劳动实践做好准备。

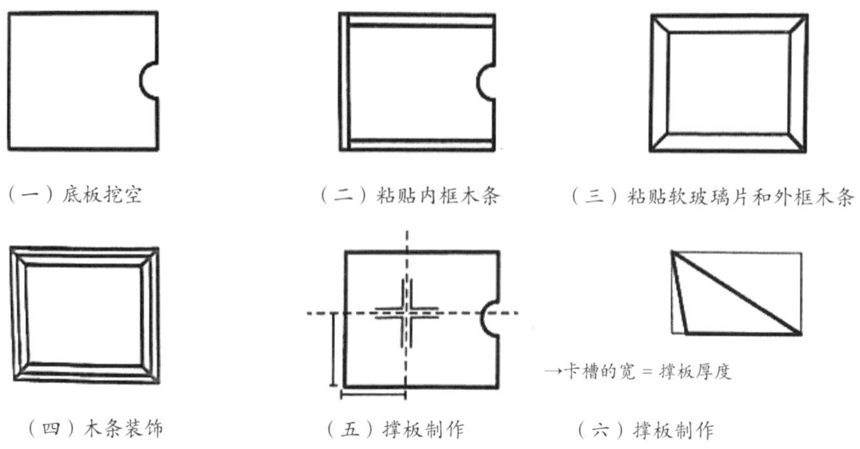

相框制作步骤图

【设计意图】

通过劳动准备，让学生能看懂图纸，学会以图纸为基础梳理制作相框的工艺流程，能发现问题并根据自身能力选择制作相框的替代材料，学会劳动中的变通和采用多种方法解决问题。

活动三：制作相框

1. 底板挖空：教师要结合生活实际，引导学生了解挖空底板的作用，并能根据实际需要设计挖空的位置、大小和形状。

2. 粘贴内框木条：教师介绍粘贴内框木条的作用，并讲解粘贴的方法。

3. 粘贴软玻璃片：教师介绍软玻璃片的作用，引导学生根据实际需要决定是否粘贴软玻璃片。

4. 粘贴外框木条：教师介绍粘贴外框木条的作用，并讲解木条的拼接方式如（45 度角拼接、井字形拼接、螺旋形拼接）。

5. 木条装饰：教师引导学生根据自己的设计，用涂色、添加装饰物等方式对相框进行个性化装饰和美化。

6. 撑板制作：教师介绍撑板的作用及制作和安装方式，让学生根据个人理解进行合理的个性化制作。

【设计意图】

通过制作相框，让学生了解木工制作的材料和工具，培养其创造性思维。在安全规范的劳动中，让学生有计划、有步骤地对制作相框进行统筹安排，能够掌握木制品制作的一般流程并在劳动中形成个性化的创新作品。

活动四：相框的展示与评价

学生以小组为单位对相框进行展示和评价，选取评价高的作品在全班面前展示；由教师对学生的劳动过程和劳动成果进行综合性评价；教师引导学生在所获评价的基础上加以反思，分析不足，并尝试自我完善。

教师介绍评价标准：

1. 制作过程安全规范，小组注重合作交流，能独立完成相框作品。

2. 采用不同的方法对木条进行拼接，相框完成后打磨光滑，无毛刺。

3. 相框装饰美观大方，具有新颖性、创新性和参考价值。

4. 相框撑板制作与安装合乎情理，具有实用性。

5. 小组卫生状况良好，能及时收纳工具、材料。

【设计意图】

通过对制作过程和方法、相框装饰设计、相框功能、劳动习惯等方面的评价，引导学生对劳动过程进行回顾与总结；帮助学生在发现问题的同时寻找解决问题的方法，调动学生的积极性。通过将相框的用途加以拓展，让学生联系生活实际，培养学生的发散思维和创新精神，让学生体会劳动的价值，形成正确的劳动观念和一丝不苟的劳动精神。

【案例评析】

本案例选题贴近学生的生活，关注了学生的年龄特点和实践认知。教师课堂教学符合教学规律，能从学生实际生活场景入手，通过课前直观观察、课中认真制作、课后积极创作，让学生在情感上产生共鸣，实现了劳动素养中“学做融创”的有机结合。

在前期准备活动中，教师能根据学生的动手能力和认知水平的不同，鼓励其对劳动材料进行适当的调整，体现了教学的灵活性，也让学生切身体会到工业生产劳动材料选择的多样性。在课堂教学中，教师关注学生的安全规范，培养学生良好的劳动习惯，让学生在有序的劳动中，形成一丝不苟、认真负责的劳动态度。通过展示、评价，让学生对制作相框的整个过程进行梳理、回顾，让学生知道合作学习的重要性，解决问题的关键性。通过交流、拓展环节，让学生知道相框的功能性、变化性、装饰性，形成技术思维的迁移，加深学生对木工这一职业的理解，增强学生对工业劳动的认知。

在案例中，教师让学生从相框的外形特征、边框特点、装饰方法等几个方面进行分析，了解自己的不足并在此基础上学会自我完善，最大限度体现了学生的主体性，同时让学生学会学习方法的迁移，并进行跨学科知识的融合，能够使用同一份相框材料包制作出不同设计效果的相框作品。

【阅读材料】

木工制作的安全防护

1. 防噪音

木工制作时产生的噪声来源于各种机器设备，长期处于高强度的噪声环境会使人产生头痛、记忆减退等症状。改善机器润滑，减少机器震动，可以消减噪声。木工操作时，戴上护耳罩或耳塞，可减轻噪声的伤害。

2. 防粉尘

锯割和凿削木料时，会有木屑弹人眼睛。锉削和砂磨木料以及机械加工木材时很容易产生粉尘，这些粉尘影响人的上呼吸道。因此，在木工操作时，要戴好防眼睛和面部伤害的护目镜和防尘的自吸过滤式口罩。机器要附加吸尘和集尘装置。

3. 防火

木材是容易燃烧的材料，因此，在有火灾隐患和危险的地方，要做好木材防火处理。摆放木材要远离火源，并备有防火剂。

手工工具的安全使用

1. 锯子的安全使用

将画好线的木条夹持在台虎钳上进行锯割。起锯时，可用拇指指甲贴着锯条侧面帮助定位，用力要小，速度要慢，往返行程要短。锯条的锯路要正，锯线不往两边偏。锯割时，要紧握锯柄，不要随意晃动，以免伤及手指。

如果锯子长期不用，应在锯条两面涂上润滑油，防止生锈。

2. 凿子的安全使用

平凿的宽度略小于开榫宽度，留有适当余量，每次凿去的部分不宜多，需分多次凿削。凿削时一定要注意木条纹理，以免开裂。

下凿时，应从榫眼的近处逐渐向远端凿削。第一凿可落在离线 2~3 毫米处，刃口朝外，凿削深度不超过 10 毫米。每敲一下，都要前后摇动一下凿身，不能左右摇摆。第二凿要往第一凿的方向斜凿，剔去木屑。如此重复至 10 凿，逐渐扩大榫眼，至 13 凿时，将榫眼两端凿齐，侧壁清理干净。

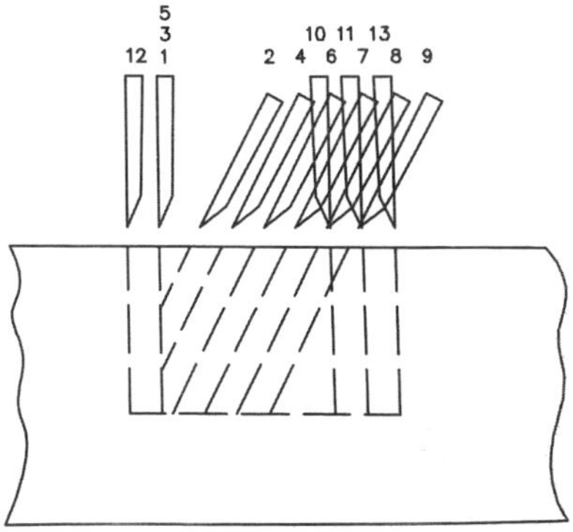

凿子的使用方法

凿子用完后，不能随手乱放，以免掉落损伤凿刃或扎伤脚。

3. 锤子的安全使用

使用锤子之前，要检查锤把是否松动，避免锤头脱落伤人。用锤子敲打凿子时，要将锤子的中心打在凿把的中心点上，否则容易打滑，把手打伤。

4. 美工刀的安全使用

使用美工刀时，刀片不宜伸出太多，不能对着人，不使用时应及时收回刀片，变钝的刀片应及时更换。握刀的姿势和运刀的手法要正确，运刀要由轻到重，逐渐加力，避免伤手。裁切时，下面要垫一块废旧夹板或专业木工垫板，以免损坏工作台面。

（作者：南京师范大学附属中学江宁分校　李玉）

第四学段（7~9 年级）

三根鲁班锁的制作

学习目标：

1. 了解并掌握鲁班锁制作的一般程序；能够看懂图纸，正确使用手锯、刻刀、平锉等木工工具，通过锯割、凿削、打磨、组装等技术进行劳动实践。

2. 通过对木料的锯割、凿削、打磨，培养动手能力，增强规范操作意识和安全意识，培养认真、细致的劳动品质。

3. 感受中国榫卯工艺的魅力，产生热爱中华文化、传承中华文化的思想感情；培养对木工的兴趣，亲身体验木工制作的乐趣。

学习重点：

学会三根鲁班锁的制作方法，掌握画线、锯割、凿削、打磨、组装、

三根鲁班锁

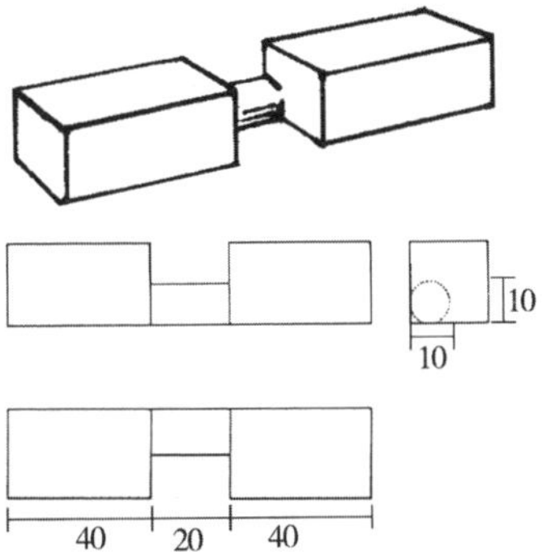

1 号鲁班锁部件的三视图

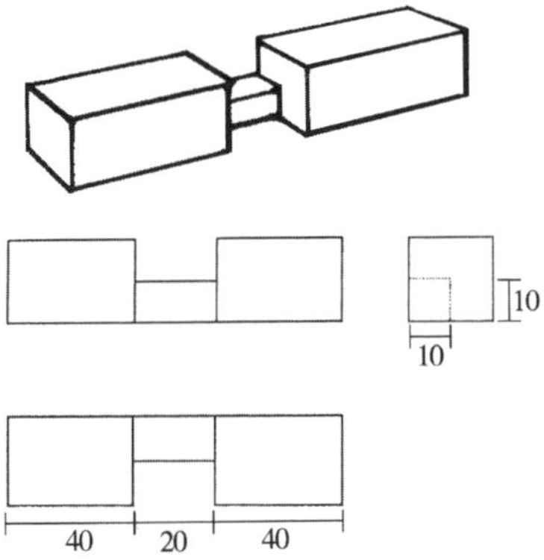

2 号鲁班锁部件的三视图

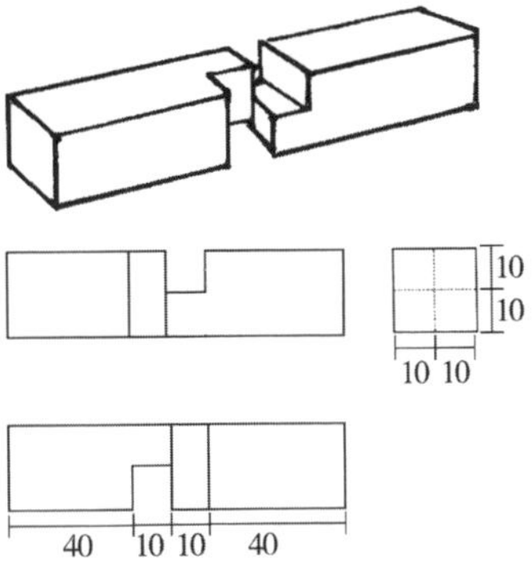

3 号鲁班锁部件的三视图

优化等技能。

学习难点:

锯割、凿削、打磨等木工技术。

学习准备:

教师准备：多媒体设备、实物投影仪、鲁班锁成品及半成品、图纸、木工加工工具和图片、视频资料。

学生准备：木条三根（规格均为 100 毫米 ×20 毫米 ×20 毫米）、木工工具（直角尺、木工铅笔、手锯、平凿、平锉、细砂纸）、防尘口罩和护目镜。

学习过程：

活动一：榫卯结构知多少

1. 教师创设情境：同学们，在不用钉子、绳子、胶水的情况下，怎样把不同规格的木头拼搭在一起呢？

2. 教师展示三根和六根鲁班锁实物，让学生拆开后尝试拼装。

教师总结：鲁班锁对放松身心、开发大脑、灵活手指均有好处，它看上去简单，其实奥妙无穷，操作不得要领，很难完成拼合。

3. 教师介绍榫卯结构相关知识、鲁班锁的故事、榫卯结构在建筑和生活中的运用，再通过图片和视频让学生知道榫卯工艺是古代中国建筑、家具及很多器械的主要制作工艺，是我国劳动人民智慧的结晶。

【设计意图】

通过“玩”的方式让学生进入本课的学习，在拆拼鲁班锁的过程中动手、动脑，激发其好奇心和创作欲，让学生知道鲁班锁不仅是一种古老的益智玩具，更是传统工艺的代表作品，让学生切身感受大国工匠的劳动智慧和技术传承。

活动二：识图和画线

1. 教师介绍木工工艺的一般流程和制作鲁班锁所需的材料和工具。

2. 识图：结合三根鲁班锁模型，学会看三视图。

（1）教师引导学生观察鲁班锁成品和半成品，理解三视图并思考：鲁班锁的三根木条有什么区别和联系？

（2）学生交流并举手发言，教师进行点评。

3. 画线：先用尺子和铅笔在木条上画出中心线，然后根据图纸上的尺寸，在木条上画出加工线。

教师提示学生思考：

（1）为什么三根木条四面的横向和纵向中心线都要画出。（便于校正和核对）

（2）画线时是否需考虑留有余量？（余量为 1 至 2 毫米）

1 号鲁班锁部件

3 号鲁班锁部件

2 号鲁班锁部件

（3）为了便于下节课的锯割，是否考虑在锯割的位置做上标记？（可以在锯割的位置打“×”）

教师总结：

（1）三根木条的尺寸要相同，截面为正方形，相邻面互相垂直。

（2）开槽的尺寸必须准确。槽口长度等于截面正方形的边长（即 20 毫米），或为截面正方形边长的一半（即 10 毫米），槽口的深度等于截面正方形边长的一半（即 10 毫米）。

（3）图纸上面 1 号部件和 2 号部件绘制形状相同，只是加工方式不同。

【设计意图】

鲁班锁的制作复杂费时，需要学生坚持不懈的付出心力和体力。通过识图和画线让学生在劳动实践中学会统筹安排劳动流程并保持较高的劳动效率，养成良好的劳动习惯和一丝不苟的劳动态度。

活动三：锯割和凿削

1. 锯割

（1）教师介绍动作要领：起锯时，锯条对准加工线外侧（就是要去除部分的那一侧）。锯割时，锯条要持平，锯路要垂直，注意保留加工余量，以确保得到较为精确的结构。

（2）教师演示锯割木条，学生观看，直观感受握锯和站立的姿势，并进行锯割练习。

（3）教师提问：锯割时要注意什么？

学生举手回答后，教师总结：在使用锯子锯割时应该注意，向前推用力，向后撤不用力，不要左右晃动锯子，这样很容易把锯条弄断。如果锯条被木料夹紧，应该从竖直方向拔出后，接着再锯。

（4）学生再次锯割，体会并掌握其要领，之后学会自己检查调整和安装锯条。

2. 凿削

教师介绍凿削的要点：凿槽需要用凿子和锤子这两种工具，凿削时，刃口朝外，使用锤子击打凿子的时候，要轻点，慢点，集中注意力（安全问题无小事），逐渐剔去木屑，然后将槽壁修理平整，保留画线。如果所用木条材质较软，也可选用刻刀进行加工。

【设计意图】

让学生熟悉工具的特点、加工材料的要求，学会正确使用锯割、凿削工具，形成安全、规范、有序的劳动习惯和合理利用材料、环保节约的劳动意识。

活动四：锉削加工和试装修正

1. 锉削加工

（1）教师讲解锉削加工的流程：先用平锉锉去槽内毛糙多余的部分，使之平直，保留画线；再用细砂纸对木条进行打磨，使槽内尺寸准确到位，木条表面光滑。木条的两端要加工出适当的倒棱，使之看上去更加美观。

（2）教师介绍锉削的要求：凿切面、木条表面光滑平整，倒角打磨光滑不刺手。

（3）教师现场示范锉削加工。

（4）学生用平锉和砂纸进行锉削加工。教师巡视指导，强调注意安全。

2. 试装修正

（1）教师发言：三根木条尺寸准确并达到平整、垂直的要求后，就可以试着进行插装了，在插装测试时，可以对鲁班锁作品进行修正，以达到外观严丝合缝，榫卯松紧适中。

（2）教师提问：三根鲁班锁的插装方法有哪几种？

教师出示三根鲁班锁的实物与图片，学生理解并尝试三根鲁班锁的两种插装方法。

教师提问：如何对即将完工的三根鲁班锁进行检验修正？

教师播放检验与修正三根鲁班锁的视频，引导学生灵活运用工具对鲁班锁每个部件的凹槽进行检验和精细化加工，以完善劳动成果。

【设计意图】

通过锉削加工、试装修正的学习，培养学生灵活运用所学知识解决问题，以及完善和改进劳动成果的能力，形成对木工生产劳动的真实认知和体验，养成自觉自愿、认真负责的劳动品质。

活动五：评价和拓展

1. 评价

详细多元的评价有利于促进学生更好的学习和改进。教师让学生回顾鲁班锁制作的过程，说说学到的劳动方法，表达自己的劳动感受、收获和体会，并展开评价，以此为基础对劳动成果进行优化。

评价和改进	自评	同学评	老师或家长评	改进方案
积极实践				
画线精准				
锯割平直				
凿削精确				
打磨平整				
组装严密				

续表

评价和改进	自评	同学评	老师或家长评	改进方案
安全规范				
清洁卫生				

2. 拓展

教师发言：鲁班锁看上去简单，其实奥妙无穷，其采用凹凸部位相结合的连接方式，凸出部分叫榫（或榫头），凹进部分叫卯（或榫眼、榫槽），凸出与凹进的部分相互咬合（榫和卯咬合）。榫卯结构起到了连接稳固的作用。

教师引导学生尝试学习制作其他结构和形状的鲁班锁，并对自己的作品进行美化。

【设计意图】

对劳动过程进行回顾，让学生感受中国传统工艺文化的博大精深，体验工业生产劳动创造物质财富的喜悦与成就感，初步形成精益求精、追求卓越的工匠精神，体悟普通工业生产劳动者爱岗敬业、甘于奉献的劳动精神。

【案例评析】

案例中，教师从学科本位出发，以学生为主体，关注学生学段特点，通过讲解和师生共同观察、分析来激发学生的学习兴趣，通过启发式教学，

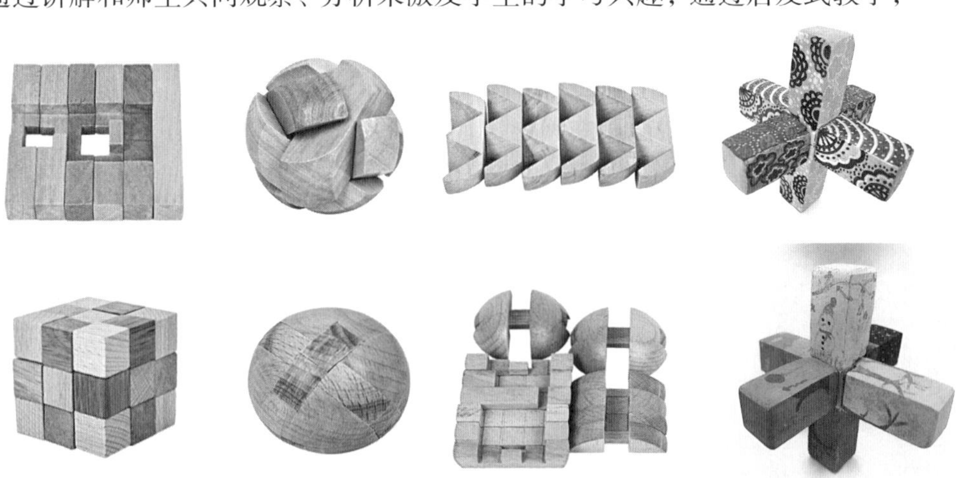

引导学生主动探索，挖掘学生的个性特长，指导学生合理规划鲁班锁的制作步骤和测试、优化方法，适应了学生的认知规律和身心特点，培养了学生的探究能力与创造思维。

在项目实施中，教师给学生足够的思考、尝试、实践、评价空间，并加强劳动知识技能的讲解，让学生认清事理，从发展历程、结构特点、生产生活运用、研究价值、科技创新等几个方面了解鲁班锁，体悟其所蕴含的大国工匠精神；让学生逐步掌握劳动实践项目中所蕴含的材料知识、加工程序、操作规则，并认识不同加工工艺所涉及的常用工具，学会其正确安全使用的方法和技巧。教师通过测试、分析和评估，对学生作品进行客观评价，指导学生利用测试结果对作品进行优化，让学生切身理解工业生产劳动对生活、生产的重要影响。

在本案例中，教师善于在课堂知识基础上激发学生的探究欲望，能适时、恰当地调动学生的积极性，从学科本位进入教育本位，从校园活动进入社会活动，让学生在真实的生活空间和场景中体会中国传统手工艺的研究价值与创新价值，扩大了学科的活动空间和研究领域。

【阅读材料】

了不起的匠人——王震华

十万多道工序，两万多个小时的孤独死磕，六万多公里披星戴月地往返，这位老人没用一根钉子、一滴胶水，亲手造出了一座天坛祈年殿，一举获得世界手工艺产业博览会暨非物质文化遗产保护成果展“国匠杯”金奖，他就是“当代鲁班”王震华。

一次天坛旅行，王震华被宏伟的祈年殿深深震撼，决心 60 岁前用微缩技艺重现这座古建筑。为了思考时不被干扰，他在郊区租了一间房子，每天骑电动车往返 18.6 公里，要花两个多小时的时间。五年间，王老每天工作 10 小时，一年只休息 10 天。从 2010 年开始，王老几乎天天都会遇到难题，但还是咬牙坚持了下来。直到第四年，王老的第三代祈年殿终于做好了。他舒了一口气，说：“我才真正感觉到希望了，因为 1.5 的榫卵出来了。”2015 年 10 月 30 日晚 8 点，比原比例整整缩小了 81 倍的祈年殿完成了！窗上有雕花，窗户可开合，小小的一扇门，竟然是由 8 个以毫厘计算的零件拼接而成。更为精巧的是，每道栏杆都可以活动，其用到了只有 1.5 毫米的燕尾榫。

因为王震华的努力，微缩技艺被列入非物质文化遗产名录，他本人也被评为传承人。十年蛰伏，终得一朝惊艳。他为榫卯注入灵魂，向世人展现了中国古老技艺的精密。

（作者：南京师范大学附属中学江宁分校　李玉）

第八章　新技术体验与应用

背景介绍

新技术正在不断改变我们的学习、生活、工作方式，是人类进步的催化剂。高新技术在军事领域的应用可以提高国家的军事实力和安全水平，以人工智能、大数据为代表的高新技术可以提高国家在科技领域的话语权，增强国际影响力和国际竞争力，以医疗技术、环保技术和节能技术等为代表的高新技术可以改善人民的生活条件，提高社会的可持续发展水平。高新技术产业的发展可以带动相关产业，促进就业，增加税收，提高国家的竞争力和创新能力，从而推动国家经济的发展。由此可见，高新技术对于一个民族或国家有着重要的作用与意义。

“新技术体验与应用”是重要的劳动课程内容，《义务教育劳动课程标准（2022 年版）》的十大任务群之一，故劳动教育要关注新技术的体验与应用，要根据学生的年龄和能力，采用适当的方式引导学生体验新技术，并在学生体验的过程中培养其动手能力、实践能力和创新能力。

南京是中国最早开展计算机研究和制造的城市之一，拥有国内外知名的信息技术企业。南京还拥有多家国内外知名的生命科学研究机构和企业，如中国科学院南京生物医学工程研究所等。南京是中国最早开展光电子技术研究和制造的城市之一，拥有多家国内外知名的光电子技术企业，如长飞光纤光缆、南京南瑞光电等。南京也是国内领先的新能源产业基地之一，拥有多家新能源企业，如江苏大唐新能源、南京新能源等。南京在环保科技方面也有相关研究机构和产业园区，如南京大学绿色化学与工程研究院、南京环保科技园等。南京在高新技术领域具有一定的基础与实力，未来还将继续发挥优势，推动科技创新和产业升级。

中小学生对新技术充满了好奇，他们学习能力强，乐于接受新鲜事物，勇于探究新的技术，具有一定的创新能力和创新精神。在中小学生的劳动教育中开展新技术体验与应用的教学工作，可以很好地启发学生对新技术的热爱和追求，为其今后成为具有新技能的高素质劳动者打下良好的基础。

学习目标

第三学段（5~6 年级）

通过掌握某项新技术的使用方法，认识到新技术推广对家庭幸福、社会进步的意义；在新技术体验与应用过程中，初步形成劳动创造财富的观念，理解普通劳动者的光荣和伟大；在劳动过程中初步形成劳动效率意识和劳动质量意识。

能发现日常生活劳动中存在的问题，并综合运用新技术解决问题；能发现生产劳动中的需求与问题，并选择合适的工具、材料，运用新技术加以解决；能合作完成简易工业产品的设计与制作，运用新技术服务他人、服务社会。

在劳动过程中学会吃苦耐劳，主动钻研，养成安全劳动、规范操作、精益求精的劳动习惯和品质；初步形成不畏艰辛、积极探索、追求创新的劳动精神。

第四学段（7~9 年级）

通过了解和学习三维打印技术、激光切割技术、智能控制技术、数控加工技术、液态金属打印技术等新技术，理解劳动创造美好生活的道理，认识到劳动对国家富强、人类发展的意义；形成初步的职业生涯规划意识。

在利用三维打印技术、激光切割技术、智能控制技术、数控加工技术、液态金属打印技术等新技术进行劳动时，能发现新的需求和问题，并进行劳动方案的选择和劳动流程的规划；能按照安全规范要求，选择适当的材料、工艺、工具和设备，综合运用劳动技能解决问题，并能根据实施情况，对劳动方案进行必要的改进与优化；发展富有创造性的劳动能力，在劳动过程中注重劳动效率和劳动质量。

在新技术体验和应用中做到积极向上，持之以恒，有责任担当；养成自觉遵守劳动规范、劳动法规的习惯，形成认真负责、吃苦耐劳的劳动品质；坚持追求高质量、精益求精，树立勤俭、奋斗、创新、奉献的劳动精神。

学段大单元设计

第三学段（5~6 年级）

（一）主题选择

激光切割技术作为新技术之一，具有贴近生活、投资少、可操作性强等优点，适合作为小学生新技术体验与应用的教学内容。笔者设计了“激光切割技术初探与实践”主题活动，帮助学生了解激光切割技术基本原理，让学生学会激光切割技术中常用的设计、绘图、加工、组装等技能，从而提高学生的劳动能力与综合素养。

（二）内容规划

教师引导学生了解激光技术在日常生活中的应用，认识激光切割技术的工作原理，并应用激光切割技术进行简单产品的设计、绘图、加工与组装；感受激光切割技术在提高生产效率、产品质量以及创造性解决问题等方面的重要作用。根据“激光切割技术初探与实践”这个主题，笔者设计了三个活动项目，即“走进绚丽多彩的激光切割世界”“利用激光切割技术制作木制七巧板”“作品展示与评价，开展拼图游戏”，每个项目安排 1 课时。

活动项目	学习目标	活动建议
走进绚丽多彩的激光切割世界	1. 了解激光技术在日常生活中的应用。 2. 知道激光切割技术原理及其主要设备。	1. 搜集准备激光切割技术相关资料。 2. 组织学生讨论、分享激光技术在生活中应用的例子。 3. 组织学生参观、考察，了解激光切割技术的原理与主要设备。 场地：专用教室、加工工厂或基地。
利用激光切割技术制作木制七巧板	1. 学会选择合适的制作材料，设置切割参数。 2. 了解七巧板的组成，设计制作图纸。 3. 学会激光切割机的联机调试与切割加工。	1. 让学生讨论不同材料切割的难易程度，明确切割参数设置的意义与原理。 2. 组织学生观察七巧板的组成，讨论分析如何画线。 3. 学生加工前，教师要进行安全教育，强调规范操作。 场地：机房与新技术应用专用教室。
作品展示与评价，开展拼图游戏	1. 能够根据制作标准，对作品进行正确评价。 2. 能够根据游戏规则，开展拼图游戏，通过游戏培养思辨能力。	1. 师生共同制定作品评价标准，学生展示七巧板作品，师生共同对作品进行评价。 2. 教师介绍七巧板拼图游戏规则，布置游戏。 3. 对优秀作品及其制作者、游戏优胜者进行表彰。 场地：班级教室或劳动教育专用教室。
……		

（三）资源开发与利用

学校或机构资源：教师可以向学校或教育主管部门咨询有关激光切割教学的资源。这些部门通常会提供教学设备、软件、教学资料等方面的支持，以帮助教师更好地开展激光切割教学活动。

网络资源：教师可以在互联网上寻找激光切割方面的教学资源，如教学视频、幻灯片、教学案例等。国内外许多知名的教育资源网站都提供了丰富的教学资源供教师和学生使用。

行业资源：教师可以向激光切割行业协会或企业寻求支持，了解行业的最新发展动态、技术应用案例等。这些资源可以帮助教师更好地了解激光切割技术的前沿和应用，为教学活动提供参考和支持。

社区资源：教师可以在社区寻找志同道合的教育工作者和激光切割技术爱好者，分享教学资源、经验和创新思路。通过与他们的交流和合作，教师将获得更多的教学资源和支持，有利于教师提高教学水平，积累教学经验。

实践资源：教师可以鼓励学生将激光切割技术应用到实际生活中，并记录下实践过程，形成教学案例等教学资源，供自己和其他教师使用。这种方式不仅可以提高学生的实践能力和创新能力，也可以为激光切割教学活动提供更加丰富、实用的教学资源。

第四学段（7~9 年级）

（一）主题选择

数控技术作为一种典型的工程技术，涉及数学、物理、计算机等多学科知识。数控技术作为现代制造技术的重要组成部分，对于培养符合社会发展需求的高素质人才具有重要意义。初中学生具有了一定的新技术体验与应用的经历，因此我们可以选择具有一定挑战性的数控技术作为教学内容。笔者设计了“数控技术入门与体验”这个主题活动，旨在帮助学生了解数控技术的基本原理，激发学生对科技的兴趣和热情，培养学生探索与创新精神，提升其综合素质。

（二）内容规划

根据“数控技术入门与体验”这个教学主题，结合初中生的学习特点与能力，笔者设计了以下三个活动项目：“走进神奇的数控技术”“利用数控技术制作主题印章”“作品展示与评价”，其中“利用数控技术制作主题印章”安排 2 课时，另外两个活动各安排 1 课时。

活动项目	学习目标	活动建议
走进神奇的数控技术	1. 认识数控技术，了解数控技术在工业生产与日常生活中的应用。 2. 知道常见数控加工系统的组成以及工作流程。	1. 课前准备数控技术相关资料。 2. 教师引导学生通过调查、讨论、访谈等形式，了解数控技术在生产与生活中的应用。 3. 教师引导学生通过实地考察、参观等形式，了解数控加工系统的组成以及工作流程。
利用数控技术制作主题印章	1. 学会常见绘图软件的使用，能正确绘制需要加工的矢量图。 2. 掌握常用的数控编程软件和编程技巧，能够将矢量图正确输出成加工代码。 3. 知道数控加工中常用的刀具和夹具，能正确地选择、安装刀具和夹具。 4. 熟悉数控系统中控制软件的使用，能熟练操作控制平台进行正确加工。	1. 在计算机教室，用 Adobe Illustrator 等常见的绘图软件开展绘图教学。 2. 在计算机教室，用精雕 SurfMill 等数控编程软件开展数控编程的教学。 3. 教师示范，学生进行刀具安装、夹具使用、对刀、找加工原点等操作。 4. 教师示范，学生实际操作控制软件与控制平台。
作品展示与评价	1. 能够根据制作标准，对作品进行正确评价。 2. 通过劳动反思与拓展，培养创新精神与工匠精神。	1. 制定作品评价标准，展示作品，对作品进行评价。 2. 对劳动过程进行总结与反思。 3. 课后让学生继续进行数控技术知识与技能的学习，以完善作品。
……		

（三）资源开发与利用

学校或机构资源：教师可以向学校或教育主管部门咨询有关数控加工教学的资源。这些部门通常会提供教学设备、软件、教学资料等方面的支持，以帮助教师更好地开展数控加工教学活动。

网络资源：教师可以在互联网上寻找数控加工方面的教学资源，如教学视频、幻灯片、教学案例等。国内外许多知名的教育资源网站都提供了丰富的数控加工教学资源供教师和学生使用。

行业资源：教师可以向数控加工行业协会或企业寻求支持，了解行业的最新发展动态、技术应用案例等。这些资源可以帮助教师更好地了解数控加工技术的前沿和应用，为教学活动提供参考和支持。

社区资源：教师可以在社区寻找志同道合的教育工作者和数控加工技术爱好者，分享教学资源、经验和创新思路。通过与他们的交流和合作，教师将获得更多的教学资源和支持，从而提高教学水平，积累教学经验。

实践资源：教师可以鼓励学生将数控加工技术应用于实际生活，并记录下实践过程，形成教学案例和教学资源，可供自己和其他教师使用。这种方式不仅可以提高学生的实践能力和创新能力，也可以为数控加工教学活动提供更加丰富、实用的教学资源。

典型项目设计

第三学段（5~6 年级）

利用激光切割技术制作木制七巧板

学习目标:

1. 了解激光切割技术的用途，认识新技术对社会进步的意义。

2. 能够正确使用激光切割软件设计与制作七巧板，在劳动过程中初步形成劳动效率意识和劳动质量意识。

3. 在激光切割过程中，通过小组合作学习，培养团队协作能力。

4. 通过劳动实践中的规范与安全教育，养成安全劳动、规范操作的意识。

5. 通过作品展示与分享，体验劳动的成就感，感受劳动之美，追求创新精神。

学习重点：

掌握激光切割操作流程，养成安全劳动意识。

学习难点：

正确设计切割加工图，根据材料设置加工参数。

学习准备：

教师准备：多媒体课件、相关视频资料、激光切割机等。

学生准备：计算机，激光绘图和加工软件（RDWorks），激光切割机（兴荣激光），3 毫米厚的木板。

学习过程：

活动一：情境创设

1. 展示七巧板

教师展示七巧板实物，并发言：七巧板是一种古老的中国智力玩具，用七块板可拼成许多图形，如三角形、平行四边形、不规则多边形，玩家也可以把七巧板拼成各种人物、动物、建筑、文字等。简单的七块板，蕴含着深奥的数学知识。请同学们观察，七巧板包含了哪些几何图形？（学生举手发言，教师点评）

2. 介绍七巧板的常见制作材料与制作方式

教师发言：制作七巧板的常见材料有木板、亚克力板、卡纸等。制作方式包括手工制作、激光切割、数控加工等。手工制作通常包含画线、切割、打磨、着色等步骤；激光切割制作主要有制图、设置加工参数、联机加工等步骤。利用激光切割技术制作七巧板具有效率高，精准度高等优点。

【设计意图】

将劳动教育与数学、信息技术等学科进行融合，让学生感受劳动中不同学科相互关联、共同作用，有利于实现劳动创新。

活动二：劳动实施

学生分组：两人一组，互相帮助，做好自评与互评。

1. 绘制七巧板切割图形

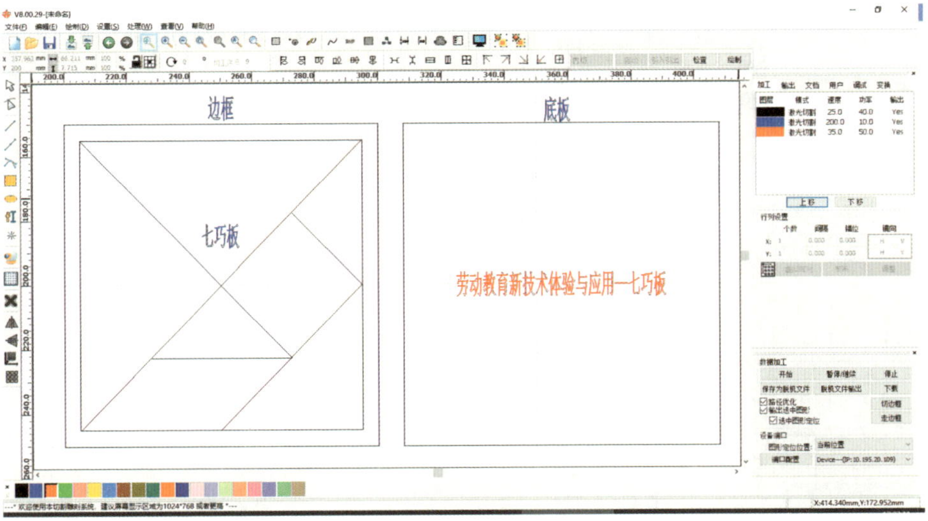

绘制图形

教师引导学生打开 RDWorks 软件，绘制七巧板切割图形，其尺寸情况如下：底板大小为 100 毫米 ×100 毫米，边框宽度为 10 毫米，七巧板规格为 90 毫米 ×90 毫米。

为了实现不一样的切割效果，需要给绘制好的图形或文字设置颜色，就七巧板的绘制而言，可将图形线条设置为黑色，底板文字设置为红色，其他文字设置为蓝色。

2. 设置加工参数

根据加工材料正确设置加工参数，是激光切割十分重要的一个步骤。不同的材料具有不同的特性，其适配的切割参数一般不同，进行参数设置可以参考厂家给出的参考数据，也可以根据自己的经验确定数值。

教师说明：影响切割效果的主要参数是切割速度与切割功率。速度相同时，功率越大，切割得越深，功率相同时，速度越慢，切割得越深。

具体到这次制作七巧板，黑色线条需要深切（切割深度 3 毫米），红色文字要浅切（切割深度 0.5 毫米），蓝色文字仅作为标注，无须切割（“是否输出”参数设置为“否”），具体加工参数的设置，可参考图片（“参数设置”“具体参数”）。参数设置好后，将文件保存或导出。

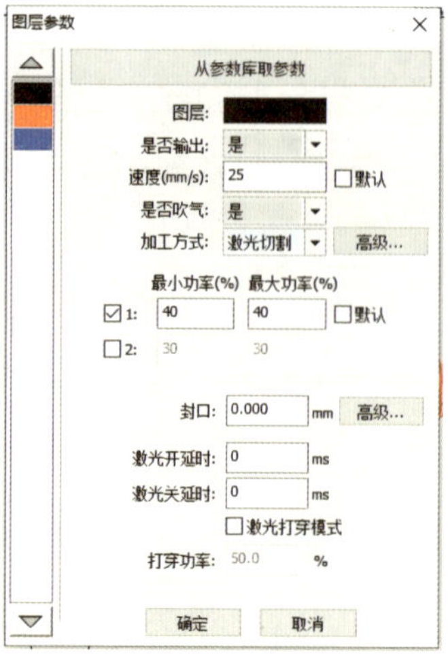

参数设置

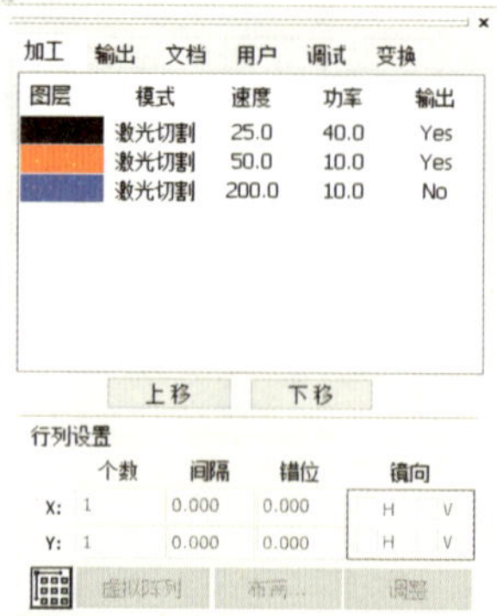

具体参数

3. 联机加工

连接激光切割机的方式通常有两种：通过 USB 连接线连接；通过网络连接（激光切割机需要正确接入网络）。如果以上两种联机方式都不能实现，也可以将保存好的加工文件拷入 U 盘，将 U 盘插入激光切割机的 USB 接口，实现切割加工。

教师指导学生以网络连接的方式，进行联机加工，具体流程如下：

（1）检查网络

打开激光切割机，点开 RDWorks 软件右下角“设备端口”工具栏，检查网络连接状态。

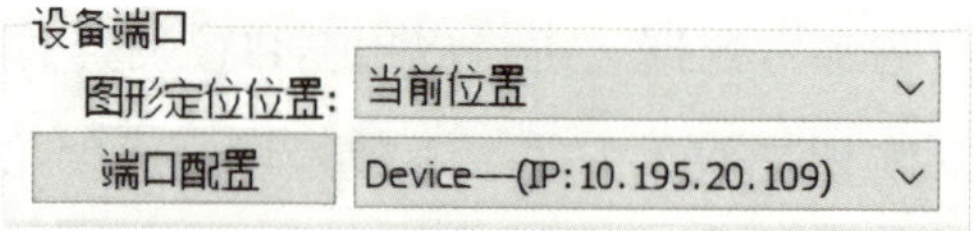

网络连接

（2）放置加工材料，确认加工区域范围

在切割机中放入木板，将木板右上角与激光头对齐，调整木板与激光头间的距离。在软件中选中加工图形，然后点击“数据加工”工具栏中的“走边框”按钮，确认加工时切割的范围，确保加工区域没有超出木板。

正确放入木板

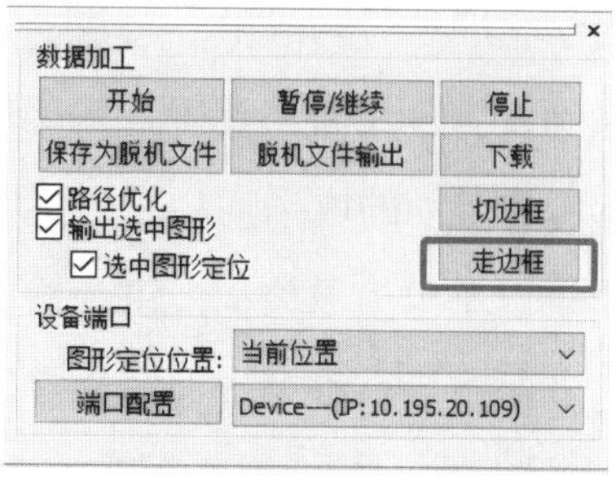

确认加工区域

（3）正式加工

盖上激光切割机盖板，在软件中选中“加工图形”，然后点击“数据加工”工具栏中的“开始”按钮，进行加工。

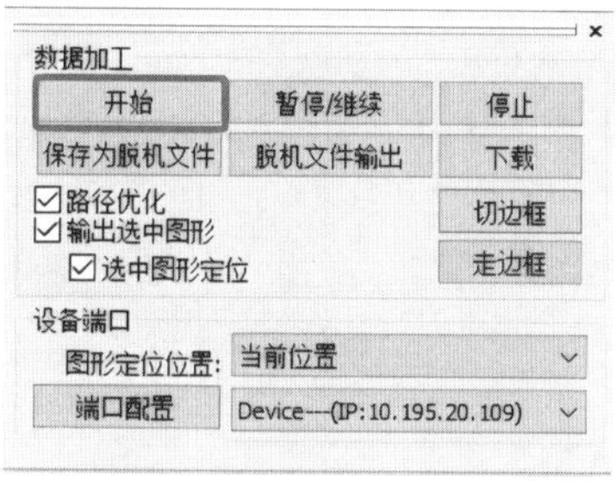

开始加工

加工完成

特别提醒：加工过程中严禁用眼睛直接观察激光。

4. 涂色组装

对于加工好的七巧板，教师要指导学生用砂纸将其边缘打磨光滑，然后按照自己喜欢的方式涂色，最后进行组装。

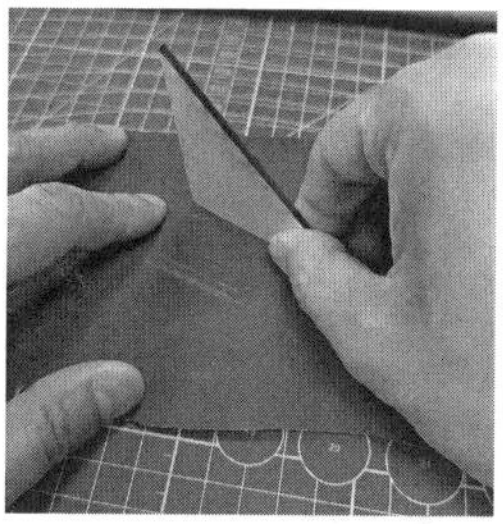

打磨边缘

涂色组装

5. 学生展示劳动成果

教师发言：用激光切割技术制作七巧板的过程漫长而充满欢乐。让我们一起看看劳动的成果吧！

学生以小组为单位，上讲台展示劳动成果。

劳动结束后，教师指导学生完成下面的评价表。

项目	评价内容	评价结果		
		自评	互评	师评
劳动观念	理解激光切割的作用与价值。			
劳动能力	知道激光切割的工作原理和工作流程。			
	能熟练使用软件，规范、正确操作机器。			
	具有创新思维；能安全、有效地完成激光切割。			
劳动习惯与品质	自觉参与激光切割学习与实践劳动。			
	能主动地和同学合作、交流。			
	保持劳动场所清洁、卫生。			
劳动精神	坚持不怕困难、精益求精的精神。			

6. 总结反思

教师提问：同学们在制作七巧板过程中遇到了哪些问题？有哪些收获？

学生讨论，分享心得。

7. 活动拓展

教师发言：大家都有各式各样的玩具，但是自己动手做过积木拼图吗？找一张你喜欢的图片，将它设计成拼图，然后利用激光切割机将

蜗牛拼图

它制作出来。

【案例评析】

激光切割技术应用与体验是一个非常具有代表性的新技术劳动教育案例，很好地展现了如何将激光切割技术融入劳动教育，使学生对新技术的应用与体验有了深刻的认识和理解。

案例根据课程目标，设计了充分且全面的教学活动，让学生在参与其中的同时充分体验学习的乐趣，同时也提高了学生对新技术的兴趣和认识。在活动过程中，教师采用了多种交互式的教学方法，激发了学生对科技的兴趣和学习的热情。教学案例在帮助学生理解激光切割技术基本知识的同时，还着重训练了学生的实践能力和团队合作精神，使学生得到了全面的提高和发展。

导入环节，教师通过学生熟悉的七巧板向学生介绍了激光切割技术的基本原理和应用场景，以此吸引学生的注意力，激发学生学习兴趣。

实践环节，教师对教学中的重点与难点做了很好的讲解，学生分成小组互相合作，学习操作激光切割机，并根据所掌握的知识创造性地进行实践。这个环节锻炼了学生的实践能力，还培养了学生的团队合作能力和创新能力，提高了学生的综合素质。

总结和拓展环节，教师引导学生进行总结、讨论，并在课堂上梳理劳动中遇到的问题，有利于学生总结所学知识，更好地反思和改进劳动实践。

【阅读材料】

激光切割技术

激光切割技术广泛应用于金属和非金属材料的加工中，可大大减少加工时间，降低加工成本，提高工件质量。脉冲激光适用于金属材料，连续激光适用于非金属材料。现代的激光成了人们所追求的“削铁如泥”的“宝剑”。

激光切割是用聚焦镜将二氧化碳激光束聚焦在材料表面使材料熔化，

同时用与激光束同轴的压缩气体吹走被熔化的材料，并使激光束与材料沿一定轨迹做相对运动，从而形成一定形状的切缝。二十世纪七十年代以来，随着二氧化碳激光器及数控技术的不断完善和发展，激光切割已成为板材切割的一种先进方法。

激光切割的功率和速度

在激光切割过程中，功率和速度是两个重要的参数，它们决定了切割的质量。

功率（Power）：激光切割机的功率通常以瓦特（W）为单位，表示激光束每秒传递的能量。功率决定了激光束的强度，高功率通常意味着更高的能量密度，可以更容易地穿透材料。增加功率可以提高切割速度和穿透厚度，但也可能导致更大的热影响区和粗糙的切割边缘。

速度（Speed）：切割速度通常以毫米 / 分钟（mm/min）或英寸 / 分钟（in/min）为单位，表示激光刀具在工件表面移动的速度。切割速度影响着激光束与材料的相互作用时间，过快的速度可能导致切割质量下降，而过慢的速度则可能造成过度加热和熔化。适当的速度可以保持切割边缘的质量，提高生产效率，并降低材料受热损伤的风险。

在实际应用中，通过对材料进行试验和测试，可以确定最佳的切割功率和速度组合，以满足特定切割需求并获得最佳的生产效果。

（作者：南京市华电中学　付勇军）

第四学段（7~9 年级）

利用数控技术制作主题印章

学习目标：

1. 理解数控加工的基本概念、原理和工艺流程，掌握数控编程的基本方法和技巧，能够编写简单的数控程序。

2. 熟悉数控雕刻机的结构、性能和操作方法，能够正确地操作数控机床，能对其进行基础保养与维护。

3. 知道数控加工中常用的刀具和夹具，能正确选择、安装和调整刀具和夹具，熟悉数控加工中常用的加工工艺、加工参数，能够根据要求进行正确加工。

4. 具备一定的安全意识和责任心，能够遵守相关的安全规定和操作规程，确保加工过程的安全和稳定。

5. 通过学习专业知识和实践操作，培养逻辑思维能力、创新能力和综合能力；通过作品展示与分享，体验劳动的成就感，感受劳动之美，初步形成新技术相应的职业素养。

学习重点：

熟悉数控加工流程。

学习难点：

绘图与数控编程。

学习准备：

多媒体课件、计算机、数控雕刻机、刀具、印石（30 毫米 ×30 毫米 ×50 毫米）、游标卡尺等。

学习过程：

活动一：情境创设

教师展示主题印章，介绍印章的历史与文化；组织学生讨论印章的制作方法，并介绍如何利用数控技术制作印章；结合劳动教育思想，导入今天课程的主题：劳动光荣主题印章制作。

数控雕刻机

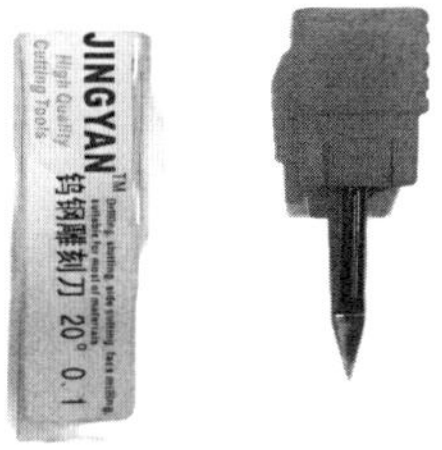

雕刻刀

游标卡尺

印石

活动二：劳动实施

1. 了解制作流程

教师利用多媒体设备，向学生介绍使用数控技术制作印章的流程。

绘制图案，生成矢量图

↓

软件编程，生成加工代码

↓

材料装夹，调试机器

↓

加载加工代码，加工成品

2. 绘制图案，生成矢量图

矢量图常用平面绘图软件来制作，也可以用带有制图功能的数控编程软件绘制。常用的平面绘图软件有 AutoCAD、CoreIDRAW、Adobe Illustrator 等。常用的带有绘制功能的数控编程软件有北京精雕、ArtCAM 等。

教师可以 Adobe Illustrator 软件为例，指导学生制作劳动教育主题矢量图，完成图案绘制后，将图案以 DXF 文件格式导出。

3. 软件编程，生成加工代码

教师指导学生打开 SurfMill8.0 软件（北京精雕软件），新建曲面加工文件，切换到 3D 造型界面，将矢量图文件导入，根据印石尺寸将图案规格调整为 30 毫米 ×30 毫米，然后将图案左右翻转（菜单中选择竖直镜像）。

教师指导学生进入加工设置界面进行加工原点、加工方式、加工刀具和加工参数等设置，然后生成加工刀路，最后输出雕刻机能够识别的 G 代码。

4. 材料装夹，调试机器

教师指导学生将印石放到夹具上固定好，根据编程的设置选择正确刀具，将加工刀具装到数控雕刻机上，然后进行对刀和找原点操作。

5. 加载加工代码，加工成品

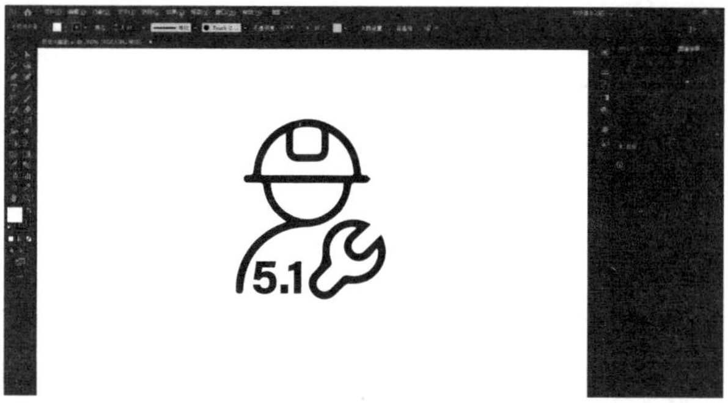

制作主题图案

文件导出

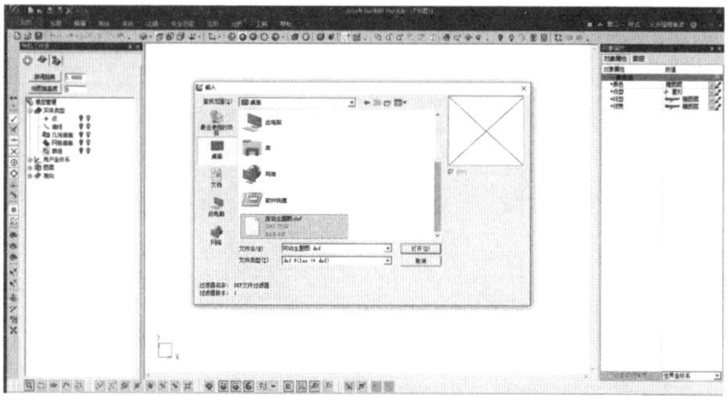

输入图案

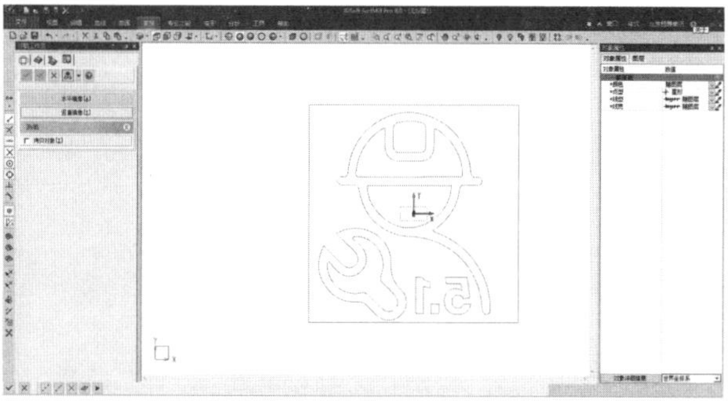

竖直镜像

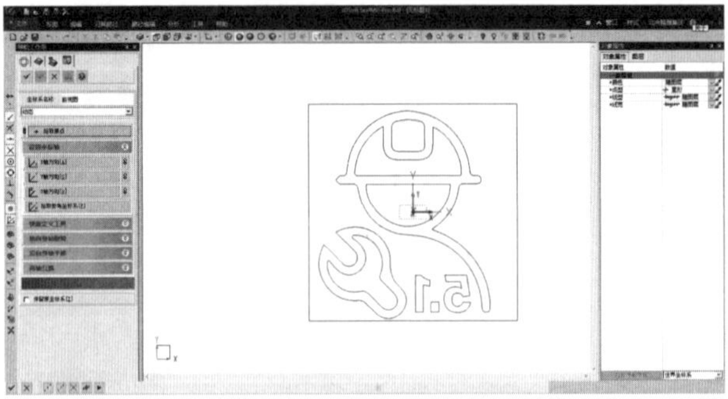

设置加工原点

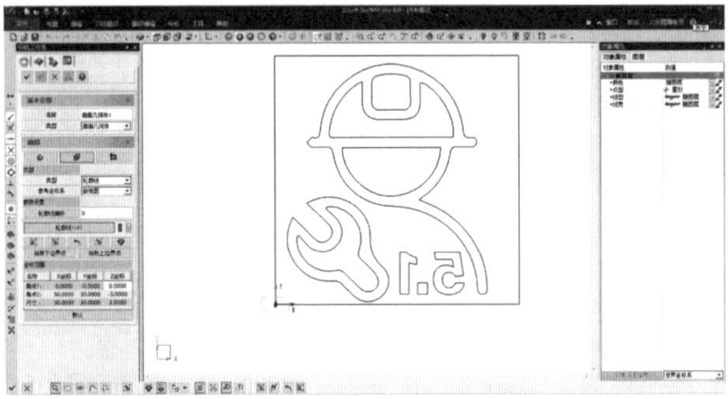

设置加工面

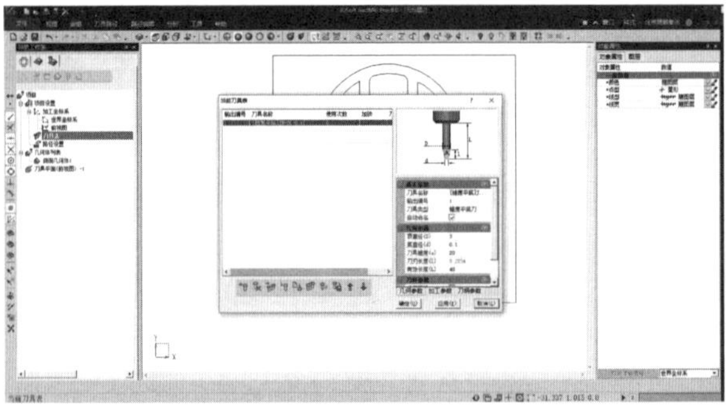

设置刀具

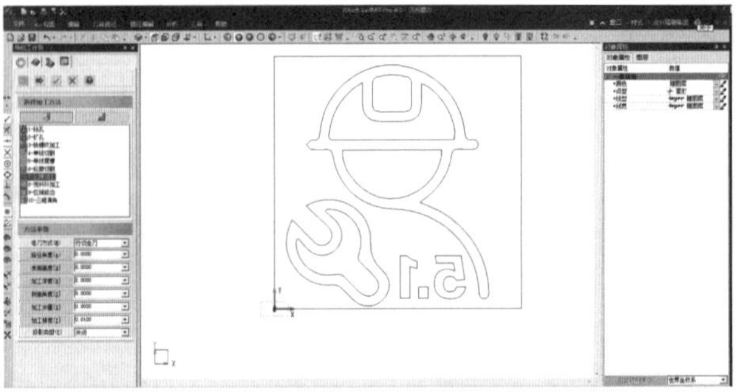

设置刀具路径

刀具路径生成

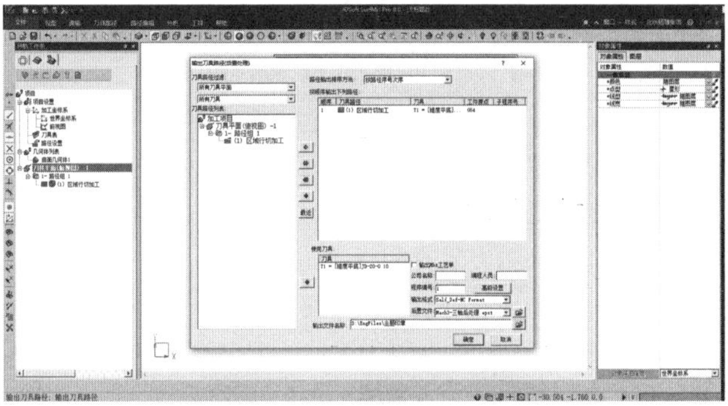

输出刀路（G代码）

教师指导学生将编程软件中生成的加工代码导入机床控制软件，点击“开始加工”，运行雕刻机，得到需要的产品，当加工出的产品不符合要求时，找出问题的关键，对加工参数进行调整。

6. 学生展示劳动成果

教师发言：用数控加工技术制作主题印章的过程漫长而充满欢乐，让我们一起看看劳动成果吧！

材料装夹

对刀

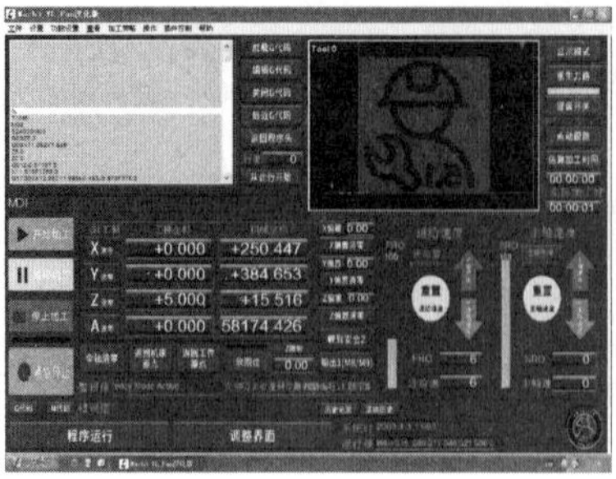

加载加工代码

进行加工

学生以小组为单位，上讲台展示劳动成果。

劳动结束后，教师指导学生完成下面的评价表。

项目	评价内容	评价结果		
		自评	互评	师评
劳动观念	理解数控技术的作用与价值。			
劳动能力	知道数控技术的工作原理和工作流程。			
	掌握绘图与数控编程的常见方法。			
	能正确操作数控雕刻机。			
	具有创新思维；能安全、有效地完成数控雕刻。			
劳动习惯与品质	自觉参与数控雕刻学习与实践活动。			
	能主动地和同学合作、交流。			
	保持劳动场所清洁、卫生。			
劳动精神	具有不怕困难、精益求精的精神。			

7. 总结反思

教师提问：你在主题印章制作过程中遇到了哪些问题？有哪些收获？

学生讨论，分享心得。

8. 活动拓展

教师发言：数控加工常见的加工形式有平雕、浮雕、立体雕。下图是一幅平面浮雕作品的加工图，请同学们继续学习数控加工知识，尝试制作一幅自己的浮雕作品。

【案例评析】

上述案例很好地将数控技术应用于劳动教育，让学生在实际制作的过程中掌握数控加工的主要流程，通过实际操作感受数控加工的魅力，充分了解数控技术的应用价值。案例中，教师的教学目标明确，教学重点与难点安排合理，教学方式多样，教学设计注重学生的理论学习，还关注了学生实际操作能力的培养；学生需要进行机床操作、程序编写、刀具选择和加工参数调整等，完成这些操作需要较高的动手能力、计算能力和判断能力，而锻炼这些能力对于学生未来的职业发展和个人成长都具有重要意义。

案例中，教师采用多媒体手段向学生介绍数控技术加工的基本原理与流程，不仅让学生对数控技术有了直观的认识，更让学生了解数控技术应用的广泛性，将其视为未来个人职业发展的必备技能，提高了学生的学习兴趣。在实践环节，教师精心设计了主题印章的制作流程，包括使用Adobe Illustrator、北京精雕等软件制作矢量图等环节，为后续学生实际操作做了充分的准备。

案例的最后，教师引导学生对制作主题印章的过程进行全面的总结、评价和反思。学生们在感受和掌握了数控加工技术的同时，也思考了新技术在劳动教育中的重要作用与意义，这对于他们今后的学习和职业发展都有积极的影响。

【阅读材料】

数控技术

数控技术是用数字信息对机械运动和工作过程进行控制的技术，它是集传统的机械制造技术、计算机技术、现代控制技术、传感检测技术、网络通信技术和光机电技术等于一体的现代制造业的基础技术，具有高精度、高效率、柔性自动化等特点，对制造业实现柔性自动化、集成化和智能化起着举足轻重的作用。

数控技术由机床本体、数控系统及外围技术三部分组成。

机床本体主要由床身、立柱、导轨、工作台等基础件和刀架、刀库等配套件组成。

数控系统由输入/输出设备、计算机数控装置、可编程控制器、主轴伺服驱动装置、进给伺服驱动装置以及测量装置等组成，计算机数控装置是数控系统的核心。

外围技术主要包括工具技术（主要涉及刀具系统）、编程技术和管理技术等。

数控雕刻机如何对刀

对刀是为了确定工件在雕刻机工作台中的位置，从而建立工件坐标系。对刀首先需要确定对刀点，对刀点是指雕刻机加工时，刀具相对于工件运动的起点，一般情况下，对刀点为工件坐标系原点。接下来，笔者介绍两种常见的对刀方法：

试切对刀法：将需要加工的工件固定在工作台上，所需刀具安装在主轴上，启动主轴以中低速旋转，移动主轴，当刀具接近原点时，降低刀具移动速度，当刀具刀尖与原点接触时，停止移动刀具，然后将刀具的三轴（X轴、Y轴、Z轴）分别清零，这样就完成了此次对刀过程。

对刀仪对刀：将工件与对刀仪固定在工作台上，刀具安装在主轴上，调整刀具的X轴与Y轴，使刀具置于对刀仪中心上方，启动自动对刀程序，此时，主轴会自动下降，当刀具与对刀仪接触后会立即回弹，数控雕刻机会自动记录下刀具Z轴的高度，从而实现自动对刀。

（作者：南京市华电中学　付勇军）

第九章 现代服务业劳动

背景介绍

美国教育家杜威曾说过："劳动受人推崇，为社会服务是很受人赞赏的道德理想"。服务业劳动通常是指在从事服务生产和经营活动过程中，劳动者运用特定的设备和工具，直接满足消费者对服务产品的需要的劳动。现代服务行业包括批发和零售业，交通运输、仓储和邮政业，住宿和餐饮业，信息传输、软件和信息技术服务业，金融业等，这些行业与学生日常生活密切相关。鉴于此，新时代的劳动教育应结合产业新业态、劳动新形态，创造条件让学生参加现代服务业劳动。

南京地理位置优越，交通物流发达，有多家大型物流公司，如德邦公司、顺丰公司等。南京也是热门旅游城市，拥有紫金山风景区、钟山风景名胜区、牛首山文化旅游区、黄龙岘茶文化村、石塘人家等多个旅游景点，

南京江宁的石塘人家

有金陵盐水鸭、南京雨花石等特色产品，这些优质的资源为学生开展现代服务业劳动奠定了基础。

南京雨花石

《义务教育劳动课程标准（2022版）》已将“现代服务业劳动”列为劳动课程内容的十大任务群之一，并提出了具体的内容要求、活动建议。鉴于此，学校应根据《义务教育劳动课程标准（2022年版）》的要求，结合当地特色旅游资源、学生特点等，选择和设计合适的现代服务业劳动内容，让学生感受现代服务业的特点，从而提升学生的劳动素养，促进学生德、智、体、美、劳全面发展。

学习目标

第二学段（3~4年级）

通过本项目的学习，获得参与现代服务业劳动的初步体验，对服务性劳动建立初步认识；体悟现代服务业对于创造便利、美好生活的重要意义；形成尊重现代服务业劳动、劳动者、劳动成果的观念，以及积极参与现代服务业劳动的态度。

第三学段（5~6年级）

通过本项目的学习，认识现代服务业的时代特征和社会价值；初步感知服务性劳动中的契约精神，形成诚实劳动的品质；感知爱岗敬业、乐于奉献的劳模精神；增强公共服务意识，养成与他人协同劳动的意识。

第四学段（7~9年级）

通过本项目的学习，了解现代服务业的优势、面临的挑战及发展趋势，认识现代服务业的时代特征和社会价值，初步掌握现代服务业劳动相关基础知识和技能，学会剖析服务业实例，具有系统思维的能力，在实践中感受服务行业对人才的要求，自觉锻炼自身的劳动能力。

学段大单元设计

第二学段（3~4 年级）

（一）主题选择

按照《义务教育劳动课程标准（2022 年版）》中第二学段（3~4 年级）任务群“现代服务业劳动”的内容要求，笔者开发了“职业服务初体验”主题活动。3~4 年级的学生已经懂得“一分耕耘，一分收获”的道理，对于跟日常生活密切相关的现代服务业劳动感到熟悉。随着我国产业结构升级，信息化、智能化的迅猛发展，智慧金融服务等新兴现代服务行业层出不穷。开展“职业服务初体验”劳动主题活动，可以让学生亲身体验金融业、快递业等现代服务行业，对服务行业的类型和特征产生初步认识，体悟到现代服务业对于创造便利、美好生活的重要意义，认识到生活离不开各行各业的劳动者，从而形成尊重服务业劳动、劳动者和劳动成果的观念，产生乐于参与现代服务业劳动的态度。

（二）内容规划

“职业服务初体验”主题活动包含“金融服务初体验”“快递服务初体验”以及“社区服务初体验”三个项目。本单元结合学生兴趣与生活经验，通过教师讲解、学生交流、学生观看视频等不同形式，让学生了解不同服务行业的运作流程；教师引导学生以小组为单位模拟实践，体验服务内容，从而让其感受到随着时代的发展，现代服务业为我们的生活带来了巨大的便利；帮助学生建立安全意识，让其体会到劳动者的艰辛与伟大。

“金融服务初体验”可安排 2 课时，主要引导学生了解银行的业务与功能并体验金融服务；“快递服务初体验”可安排3课时，让学生体验快递收寄业务与派送业务的操作流程；“社区服务初体验”可安排2课时，要求学生到社区参与相关服务，开展实践活动。

活动项目	学习目标	活动建议
金融服务初体验	1. 知道货币的起源，了解货币在经济活动中的重要作用。 2. 了解智慧银行的基础设施和操作流程；掌握基础的金融知识，建立健康的财富管理理念。 3. 体验一次在银行柜台办理业务的流程，在体验中感受服务性劳动的美好。	1. 课前让学生了解身边的四大银行及银行的作用。 2. 课堂采取播放视频、竞赛、模拟的方式，让学生了解金融知识。 3. 教师可引导学生到校外体验银行服务，帮助学生快速了解金融服务业。
快递服务初体验	1. 认识快递业的起源与作用，掌握快递服务的递送方式及内涵，感受现代快递业给我们的生活带来的改变。 2. 掌握快递收寄业务与派送业务的操作程序，懂得劳动创造人、劳动创造美好生活。 3. 尝试到社区进行收寄快递实践，学会办理快递业务，养成岗位意识和自主探究的意识。	1. 课前教师通过调查，了解学生对快递知识的掌握情况。 2. 课堂上，教师可利用小组活动模拟收寄快递的流程。 3. 课后上，教师可组织学生来到社区的快递网点，体验快递服务。
社区服务初体验	1. 熟悉社区服务项目，具备初步的社区服务意识。 2. 了解社区服务对象的构成，掌握社区服务的基本知识。 3. 尝试到社区实地参与社区服务活动，培养关心人、关爱人的美德。	1. 课前教师帮助学生了解社区工作内容。 2. 课堂上，教师可邀请社区工作人员讲解社区服务的基本知识。 3. 课后，教师可组织学生在社区进行服务实践，注意提前与社区负责人沟通联系。
……		

（三）资源开发与利用

本单元劳动项目的开展需多收集新时代、新方向、运用新技术的现代服务业的资料，选择积极向上的题材，以激发学生兴趣。教师要充分挖掘学校周边的现代服务业劳动教育资源，充分利用网络资源，为学生体验现代服务业创造真实的体验环境。教师要事先调查了解班级学生的家长是否有从事现代服务行业的，可聘请从事金融业、快递业等行业的家长兼任指导教师，借助市、区所搭建的职业教育平台认真规划，开展线下实践，让学生经历真实的服务业岗位工作过程，获得真切的职业体验。

第三学段（5~6 年级）

（一）主题选择

教师可根据学生的年龄特征、自身兴趣与实际条件，选择 1~2 项现代服务业劳动项目让学生参与、体验，比如基于家庭和社区条件，组织学生体验现代物业管理、小区快递派送服务，基于学校文化和师生需要，组织学生开展学习用品设计等文化创意服务劳动。通过上述活动，让学生初步了解新兴现代服务业的类别、内容及其劳动过程与特征。鉴于此，本单元以“我是职业体验员”为主题开展活动，鼓励学生做一些力所能及的事情，在劳动中了解现代服务业，建立服务家人、服务同学、服务社会的意识。

（二）内容规划

针对第二学段学生的知识基础与能力水平，围绕“现代服务业劳动”任务群在本学段的素养要求，“我是职业体验员”主题活动选择了“我当小区快递派送员”和“我是学校图书管理员”两个项目。“我当小区快递派送员”项目劳动强度适中，能让学生在短时间内体会到现代服务业线上和线下的密切联系与区别，建立服务家人、服务社会的意识。“我是学校图书管理员”项目能让学生体验学校图书管理员的工作，服务同学，感受现代图书馆的智能化和高效化。

“我当小区快递派送员”这一项目要求学生了解快递服务的内容，考虑快递的时效性、安全性、技术性，具体分为调查采访、派送准备、快递派送实践三个环节。活动前，教师应通过接受学生小组的汇报，检查其准备情况；活动时，因是校外实践劳动，学生需有家长的陪同，必须强调安全性、组织性和纪律性，同时提醒学生注意收集劳动过程的资料；活动后，教师组织学生畅谈体会，进行劳动成果汇报。“我是学校图书管理员”项目需要学生了解图书管理员的工作内容，能熟练使用电脑进行借书还书，图书入库、分类和检索等操作，并在劳动过程中做好记录；评价环节要多角度展现学生的劳动过程与成果。

“我当小区快递派送员”建议课堂教学安排2课时，还需组织学生到校外体验快递派送，时间为半天。“我是学校图书管理员”建议课堂教学安排2课时，还需组织学生到本校图书馆体验图书管理员工作，时间为半天。

活动项目	学习目标	活动建议
我是学校图书管理员	1. 树立为学校，为同学服务的劳动观。 2. 了解图书管理员的工作，掌握借书还书的电脑操作流程，熟悉图书入库的操作方法，懂得图书检索和分类。 3. 通过体验图书管理员工作，养成认真、严谨、负责的劳动习惯。 4. 通过体验图书管理员工作，养成不怕脏，不怕累，吃苦耐劳的劳动精神。	1. 组织学生观摩图书管理员的工作流程，认真了解图书馆的规章制度。 2. 活动时教师要关注学生的学习积极性，注意操作流程是否规范。 3. 活动后教师要组织学生分享交流感受。
我当小区快递派送员	1. 通过快递派送，树立为他人服务，为家人服务的劳动观念。 2. 熟悉快递派送的流程，掌握派送快递的技术要点，培养沟通、协调、处理问题和分析问题的能力。 3. 形成安全和规范的劳动习惯。 4. 通过体验快递派送服务活动，养成不怕吃苦，不畏艰难的劳动精神。	1. 活动前，教师组织学生调查收集快递服务业相关知识，积极与物业及快递点工作人员沟通。 2. 活动时，教师要提醒学生注意安全。 3. 活动结束后，教师可组织学生对劳动表现进行总结、交流，以进一步提升服务质量。
……		

（三）资源开发与利用

“我当小区快递派送员”服务活动的开展需要统筹好家庭、学校、快递公司和社区资源，课外的实践可安排在周末，让学生在家长的陪同下开展劳动体验，对于派送快递的相关注意事项，学生可通过网络了解，还可请教小区快递网店及菜鸟驿站等的工作人员。“我是学校图书管理员”服务活动的开展需利用好学校资源，让学生多多请教校图书馆的管理人员，从而了解图书管理员的工作，掌握图书馆工作流程。

第四学段（7~9 年级）

（一）主题选择

教师应根据 7~9 年级学生的年龄特征、自身兴趣与实际条件，选择 1~2 个现代服务业劳动项目让学生参与、体验，例如：结合学校食堂的信息化管理需要，组织学生为学校食堂提供基于数据分析的现代信息服务；基于当地地理、文化、历史等情况，组织学生提供旅游景点设计等现代旅游服务；针对当地某一特色产品，引导学生提供基于营销方案的现代销售服务。南京有着悠久的历史文化，地理位置优越，物产丰富，是重要的旅游城市。而旅游业正是现代服务业的重要组成部分，是人民群众消费升级和各地产业结构调整的重要体现，在我国旅游业中，乡村旅游还是“十三五”规划重点扶持的产业之一，因此本单元以“我为家乡代言”为活动主题，选择“乡村一日游”和“特色产品营销服务”两个活动项目，对于 7~9 年级的学生来说，难度适中，一方面有利于学生树立远大理想，做好初步的职业规划，另一方面也可以培养学生的家国情怀，让学生了解乡村、热爱乡村，愿意为乡村的经济发展尽自己的一份力量。

（二）内容规划

“乡村一日游”项目共设置三个任务，任务一是进行乡村旅游的准备工作，锻炼学生收集信息、整理资料的能力；任务二为开展乡村一日游活动，让学生选择一种家乡美食或者文旅工艺品进行制作，培养学生动手操作能力，以及科学规范的操作意识。任务三为作品展示、评价，让学生分享家乡菜肴或文旅纪念品制作的经验，进一步培养其热爱家乡、服务家园的意识。

南京特色产品较多，包括南京云锦、南京盐水鸭、土桥大米、固城湖螃蟹、金陵雨花茶、八卦洲芦蒿和扶余老醋等，开展特色产品营销服务项目的教学，应将课内学习和课外实践相结合，一方面能让学生更好地了解家乡产品，培养对家乡的情感，另一方面让学生通过职业体验，体会销售与生活的紧密联系，养成不怕累、不怕困难的吃苦耐劳精神。

“乡村一日游”建议安排4课时。“特色产品营销服务”建议设置4课时，学生需要做好活动前的准备工作以及营销服务实践，活动后要进行总结交流。

活动项目	学习目标	活动建议
乡村一日游	1. 了解旅游业相关知识，了解当地乡村，树立为乡村旅游服务的劳动观念。 2. 通过搜集资料，培养团队合作能力，提高发现问题和解决问题的能力。 3. 通过体验乡村美食制作和乡村工艺品制作，锻炼动手能力，激发创作欲望，感受劳动人民的伟大智慧。 4. 培养不怕吃苦、不怕累的劳动精神。	1. 活动前，教师组织学生了解旅游业相关知识，熟悉当地乡村特点，完成准备工作。 2. 活动中，教师指导学生选取有代表性的农家菜肴或特色文创纪念品进行制作，感受乡村生活的美好。 3. 活动后，教师引导学生进行总结，进一步体会乡村旅游的特点及影响。
特色产品营销服务	1. 了解营销服务的概念，能够在生活中感受营销服务的特点，树立为家乡服务的劳动观念。 2. 通过参与营销服务实践活动，充分感受行业的挑战性，基本掌握营销服务的技术要点，基本具备营销服务的能力。 3. 通过参加营销实践活动，自觉锻炼自身劳动能力，形成规范、安全的劳动习惯；养成坚持不懈、吃苦耐劳、积极探索的劳动品质，提高公共服务意识。	1. 活动前教师组织学生完成营销服务相关知识的调查，熟悉当地的特色产品。 2. 活动中，教师可选取一项特色产品让学生到展销会上进行销售，感受营销服务的特点。 3. 活动后，教师组织学生进行总结和反思，进一步体会营销与我们日常生活的紧密联系。
……		

（三）资源开发与利用

上述活动项目的开展需课堂教学和校外实践相结合，统筹并利用好家庭、学校、当地旅游相关部门等资源。由于涉及室外实践，为确保活动的安全、顺利进行，劳动教师需及时咨询当地应急管理部门，及时关注天气变化等，并提前做好预案。

典型项目设计

第二学段（3~4 年级）

金融服务初体验

学习目标：

1. 认识和了解银行的基本业务，形成健康的消费观念，体会银行工作人员严谨细致的工作态度。

2. 掌握基本的金融知识，能够辨别假币，体验动手点钞，培养自己的理财意识，建立正确的金钱观。

3. 通过体验办理柜台业务，获得对职业生活的真切理解。

4. 学会尊重普通劳动者，在劳动中不断追求创新，开拓思维，树立奋斗、创新的劳动精神。

学习重点：

熟悉银行的基本业务，理解银行对当代社会的重要影响。

学习难点：

实地体验、了解银行业务办理的流程。

学习准备：

教师准备：多媒体课件，提前邀请从事金融业的家长准备相关材料。

学生准备：金融业、银行相关资料。

学习过程：

活动一：了解银行的功能

1. 教师播放货币起源的相关视频并进行讲解，帮助学生了解货币的本质及其发展历程。

2. 教师出示各种银行的标志，让学生相互交流，说一说这些银行的名称，并探讨银行的功能。

3. 教师总结银行的作用：银行是社会经济顺利运行的纽带。教师介绍银行的业务，如办理存款、取款，办银行卡，代缴水电燃气费等。

【设计意图】

由教师讲解货币知识，让学生对货币有一个基本的认识，初步了解货币在经济活动中的重要作用。

活动二：了解银行各服务区

1. 教师引导学生互相交流，说一说银行有哪些岗位（行长、大堂经理、柜员等）。

2. 教师展示银行各服务区的照片并介绍其职能，涉及柜员机服务区、电子银行服务区等，引导学生学习银行现金的储存、保管和流通等方面的知识，了解银行的金融手段。

3. 教师引导学生认识自助柜台、存折打印机、排队取号机等新型银行设备，了解其工作原理和操作方法。

【设计意图】

教师通过展示图片、播放视频等方式，帮助学生认识现代化的银行设备，了解银行不同服务区的功能，激发学生对银行服务的兴趣。

活动三：学习货币知识

1. 教师邀请在银行工作的家长现场讲解人民币的防伪知识，帮助学生学会识别假币。

2. 教师出示不同国家的货币让学生识别，指导学生学会不同货币之间的兑换方法，掌握基础的汇率知识。

3. 教师组织学生开展“谁是小小点钞手”点钞比赛：每组派一名同学参加，比赛时间为 1 分钟，每位同学按要求点钞，完成数量多者获胜。

【设计意图】

教师利用游戏和多渠道的社会资源，帮助学生建立真实情境，让学生感受学习货币知识的现实意义。

活动四：模拟银行柜台

1. 小组内一拨学生扮演客户，另一拨学生扮演柜员，模拟开立银行卡和存钱的场景，尝试填写相关信息。

2. 教师引导学生对自己和同学模拟银行柜台的表现进行评价。

评价内容	自评	他评
尊重普通劳动者		
了解柜台的相关业务		
掌握柜员办理业务的基本技能		
工作细致、踏实，有责任心		

活动五：总结分享，反思交流

1. 学生总结银行职员的工作流程，说一说自己在模拟体验过程中哪一方面表现不足，然后谈一谈本节课的收获与感受。

2. 教师发言：在“互联网 +”的大背景下，用支付宝和微信支付已经成了大家日常生活的一部分，银行的作用正在逐步减弱，你期待未来银行会有怎样的发展？

【设计意图】

让学生自己总结活动经验，并思考银行未来的发展方向，培养学生创新与探究意识。

【案例评析】

本案例是“金融服务初体验”的第1课，旨在让学生初步了解、体验银行的金融服务，其内容比较完善，层次分明、便于操作，活动设计贯穿课程的各个环节，比较贴近学生的实际生活，设计理念遵循新课程标准，非常值得借鉴。

该案例的教学特色在于对社会资源的开发利用。首先是家长资源，教师邀请在银行工作的家长现身说法，引导学生了解办理银行业务的相关事宜，学会辨别假钞，拓宽了学生的视野，为课堂提供了相当丰富的鲜活素材。课堂上模拟银行服务的设计，充分体现了设计老师的实践经验，让学生体验银行的工作，培养了他们的岗位意识，让学生能够“活学活用”。模拟银行存钱环节为实际操作的开展奠定了基础。教师尽力调动学生学习的积极性，加强课程内容与现实生活的联系，以此培养学生系统思维能力，让学生在活动中学会合作、学会交流、学会发现、学会归纳总结。

通过自评和互评，让学生梳理银行柜台办理业务的过程，帮助学生理清思路，激发学生对金融服务劳动的尊敬之情。整节课设计合理，贴合学生学情，拉近了学生与现代服务业之间的距离，提高了学生的社会适应能力，起到了很好的教育效果。

【阅读材料】

货币的起源

货币是人类在长期商品自由交易的过程中产生的一种用来衡量商品价值的特殊商品。早在原始社会，人类就开始使用物物交换的方式来获取自己所需要的物资。随着社会生产力的不断发展，商品交换逐渐演变为人类社会常见的一种行为方式。当商品交换的范围扩大，品种增加时，传统物物交换变得越来越困难，这时交换双方不得不寻找一种特殊商品作为商品交换的媒介，这种商品就是一般等价物。一般等价物起着货币的作用，但它还不是货币，只有一般等价物的职能固定在贵金属身上，它才发展成为货币。中国是世界上最早使用货币的国家之一。随着人类社会的不断发展，纸币出现，成为人类经济发展史上的一个重大转折点，当今世界各国普遍使用纸币。

自动柜员机

自动柜员机又被称为ATM（Automated Teller Machine的简称），是一种自动化银行服务设备，目前在各大银行的分行、商场、超市等公共场所广泛使用。它的功能很多，客户可以用它存取现金、查询余额、转账等。自动柜员机是完全自助式的，客户可以通过触摸屏幕或者键盘输入来完成交易，十分方便。第一台自动柜员机由英国人谢泼德·巴伦于1967年发明。自动柜员机代替了银行柜面人员的部分工作，为客户提供了更为便捷的服务。随着技术的不断进步，自动柜员机的功能也在不断扩展，以支持更多的交易类型，相信未来会为人们提供更加高效、安全、智能的服务。

（作者：南京市溧水区特殊教育学校 吴丹）

第三学段（5~6年级）

我当小区快递派送员

学习目标：

1. 通过快递派送，树立为他人服务的劳动观念。

2. 熟悉快递派送的流程，掌握快递派送的技术要点，培养沟通、协调、处理问题和分析问题的能力。

3. 通过快递服务实践活动，养成安全和规范的劳动习惯，以及不怕吃苦、不畏艰难的劳动精神。

学习重点：

完成小区快递派送任务。

学习难点：

熟悉小区快递派送流程。

学习准备：

查阅快递派送的相关知识，与快递点协商对接，获得小区业委会支持。

学习过程：

活动一：调查了解快递服务业相关知识

1. 教师引导学生在课前通过现代技术手段，查阅快递服务业流程及注意事项等。

2. 教师播放快递派送的视频，邀请快递人员讲解如何从快递网点取快递，如何识别快件信息，如何使用智能扫描枪，快递派送过程中的注意事项等。

3. 各小组成员讨论交流快递收取相关要点及快递的时效性和安全性问题。

【设计意图】

通过课前布置作业，让学生主动探索快递业相关知识，带着问题回到课堂上交流、讨论，为活动二的有效开展做铺垫。

活动二：拟定快递派送活动计划表

小组内进行分工，结合活动一的要求，拟出活动调查表和活动计划表（涉及派送工具，可能遇到的困难）。

小组：　　　　　　　　　　　　日期：

小组人员	
协助人员	
派送工具	
派送的小区	
可能遇到的困难	

【设计意图】

活动二是本项目的重点，为保证活动能正常有效开展，特意安排小组内部做好分工，每组拟出活动计划表并预设好困难，从而培养学生发现问题和处理问题的能力。

活动三： 分组进行快递派送活动

教师可组织学生利用周末或者假期开展快递派送活动，派送过程中要求学生留下照片和视频等过程性资料。

1. 学生需在小区附近的快递点与工作人员对接，取需要派送的快递，并将其放到提前准备好的快递车里。

2. 学生根据组员分工，在物业人员、家长的帮助下开展快递派送，不熟悉路线的可以借助智能手机导航。

3. 快递送达目的地后，学生通过智能扫描枪扫描快件条形码，把快件交给其主人，如果主人不在家，可电话联系后放到附近的快递驿站，由快递驿站工作人员通过移动或者联通终端服务器把取件码发到快件主人的手机上。

4. 快递派送完成后，教师发言：在快递派送的过程中，你遇到了哪些困难？通过什么方法解决的？想想还可以通过什么方式派送快递？请同学们讨论交流，并把答案记录下来。

1. 派送中遇见的困难：

2. 处理的方法：

3. 其他派送方式：

【设计意图】

活动三是项目的重点和难点，旨在培养学生为他人服务的意识，锻炼学生的劳动能力，让其体验身边快递人员的辛苦付出，从而珍惜劳动成果；采取小组合作的方式，旨在锻炼学生沟通、协商和合作的能力。

活动四：访谈交流

1. 以小组为单位交流分享快递派送的过程，并就服务的礼仪谈谈看法。

2. 教师发言：体验了快递派送，了解了身边的快递服务员和快递服务业的情况，你有什么想法和感悟？请写一写。

【设计意图】

活动四引导学生对快递派送整个过程进行回顾，小组交流分享劳动中出现的问题及解决方法，有利于各小组互相学习借鉴，培养科学、规范的劳动习惯，建立必要的安全意识。

【案例评析】

现代服务业是一个崭新又宽泛的概念，本案例教学不拘泥于“服务”二字，从生活中处处可见的事例着手，对“现代服务业”这个概念进行具象化的拆分，从而让学生真正了解现代服务业。案例选取的快递派送实践比较符合学生年龄特点，从生活入手，还能体现时代特色，反映现代服务业在我们生活中的应用。

本案例的活动设置较为合理，共四个活动，环环相扣。通过让学生收集信息，锻炼其社交能力和统计分析的能力，为课堂讨论和课后实践做准备。另外，本案例的实践活动（快递派送）能于较短时间内，在一个相对安全和完整的劳动环境里完成，让学生切身感受到现代服务业的特点，体会到快递派送与我们生活的密切联系。

理论知识要通过实践活动来深化，实践活动要以理论为引领，只有课内教学和课外实践相结合，在理论知识准备充分的前提下，开展出力流汗的劳动实践，才能让学生对劳动有真感悟，磨炼出真意志。鉴于此，本案例还有一大亮点，就是校内教学与校外实践相结合，体现了“知行合一”

的教育理念，有利于培养学生不畏艰难的劳动精神和安全、规范的劳动习惯。

【阅读材料】

自动分拣机

对于物流业这种对人力成本很敏感的产业而言，智能化自动分拣机的出现可谓起到了举足轻重的作用。自动分拣机是一种按照预先设定的计算机指令对物品进行分拣，并将分拣出的物品送达指定位置的机械产品。自动分拣机器在接受运送指令后，通过视觉扫描技术，按照商品的品种、材质、重量以及发往的地点进行快速的分类，然后将货物送到指定的货架上或出货站台处。在自动分拣领域，机器人的出现可谓是划时代的突破，不同类型的分拣机器人无论外形如何，都带有图像识别系统，能通过磁条引导、激光引导、超高频 RFID 引导以及机器视觉识别技术实现自动行驶，“看到”不同物品之后，可以将其自动运送到指定的位置。机器人也可以在最短时间内将货架上的商品配送到不同的站台并向外运输。这样可以极大缩短快递发货周期，提高服务水平。拥有自动高效等优势的智能技术正成为快递企业关注的热点，以视觉识别为基础的自动技术使得机器人在快递界大展拳脚，给人们的生活带来更多的便捷。

（作者：南京市百家湖中学　赵艳）

第四学段（7~9 年级）

乡村一日游

学习目标：

1. 了解旅游服务业相关知识，了解乡村特点，树立为乡村旅游服务的劳动观念。

2. 通过体验乡村美食制作、文旅纪念品制作，形成科学规范的操作流程，养成保持工作场所整洁干净的劳动习惯。

3. 培养协调沟通能力，以及发现问题和解决问题的能力。

4. 在体验项目活动时，养成不怕吃苦、不怕累的服务精神。

学习重点：

结合自身感受，体会旅游服务与乡村振兴的关系。

学习难点：

体验制作菜肴和文旅纪念品。

学习准备：

了解旅游服务的相关知识，搜集反映当地乡村特点的资料等。

学习过程：

子任务一：乡村一日游准备工作

1. 教师布置课前小调查，指导学生通过现代技术手段，了解我国旅游服务业现状、旅游业的前景及旅游从业人员服务礼仪等。

2. 教师引导学生通过走访调查当地乡村，了解这些乡村的特点（可从乡村的地理特点、历史文化、特产美食等入手）。

3. 教师播放乡村旅游攻略的视频，引导学生了解旅游过程中的注意事项；教师邀请旅游公司“进校园”，让旅游公司专业人员讲解如何科学地欣赏旅游景点，如何深度体验一个地方的文化，如何规避旅途中的风险问题。

4. 教师将学生分组，确定好各小组人数，强调所有人员按照时间安排准时到达集合点，部分学生到达集合点后，由每组组长清点人数，然后汇报给班长，由班长将全班整体情况汇报给老师。教师再次强调旅途中安全注意事项及纪律。

5. 教师发放时间安排表，讲解时间安排表和路线。

【设计意图】

本任务是开展后续活动的必要环节，旨在明确目的地、路线和时间安排表，为乡村一日游的顺利开展打下基础。

子任务二：乡村一日游活动

活动开始前，教师引导学生认真倾听导游对沿线景点的介绍，然后各组自由活动、午餐。下午，学生按照规定时间集合，分组进行乡村美食体验制作、旅游文创产品的制作，体验制作结束以后按照时间安排集合返程。

活动一：农家菜肴我会做

1. 确定菜肴：教师指导学生根据乡村特点，选择一种农家菜学习烹饪方法，并提醒学生按照小组人数，确定食材的数量和种类，以符合营养需求。

2. 准备食材和工具：教师指导学生选择合适的烹饪工具，准备干净、新鲜的食材。

3. 参观大厨制作：学生进厨房先跟着厨师学习烹饪方法，主要学习对食材的处理技巧、烹饪方式，掌握火候的技巧，装盘的技巧等。

4. 烹饪菜肴：小组进行分工，洗菜、切菜、炒菜等工作需分配得当，教师强调安全用火、防烫等注意事项后，开始烹饪。学生烹饪的过程中，教师进行巡回指导，对于操作不规范的应及时指出并要求改正，对操作规范的要鼓励表扬。

5. 学生给做好的菜肴拍照片，小组进行总结和反思，并完成下表。

“农家菜肴我会做”记录表

时间		地点	
农家菜肴名称			
小组成员			
制作过程			
我负责的工作			

【设计意图】

本活动是项目的重点，旨在通过菜肴的体验制作，让学生了解乡村美食的制作方法，知道食材的来源，体会农村生活，感受农业生产，体会乡村旅游带动乡村经济建设的重要性。

活动二：文旅纪念品制作我可以

1. 确定要制作的纪念品：乡村特色文创产品比较多，涉及雕刻类（如葫芦雕、竹雕、南瓜雕）、手工编织类（如草帽、中国结）和剪纸类等，每组可根据成员的兴趣爱好，讨论决定要体验的项目。

2. 教师组织学生观看乡村民间手工艺人的工艺品制作流程，建议学生带着问题去观看，遇见不明白的地方要有礼貌地咨询技术人员，了解制作中使用的技法等。

3. 准备工具和材料：学生根据体验的项目，选择合适的工具和材料，教师要引导学生注意节能环保，不浪费材料，正确规范使用剪刀、雕刻刀、镊子等工具。

4. 体验制作：小组分工合作，制作工艺品，教师强调正确规范操作，学生制作过程中，教师要进行巡回指导，看到学生工具使用不当时，教师要及时提出并引导学生掌握正确的使用方法。

5. 学生给做好的文旅纪念品拍照片，进行总结和反思，并完成下表。

"文旅纪念品制作我可以"记录表

时间		地点	
文旅纪念品名称			
小组成员			
制作过程			
我负责的工作			

【设计意图】

本活动是项目的难点，旨在通过了解当地的文旅纪念品，增强学生对乡村的热爱，通过体验制作乡村特有的纪念品，让学生感受乡村人民的勤劳，领略乡村特有的文化和优良传统，树立为乡村经济发展服务的劳动观念。

子任务三：作品展示、评价

1. 学生以小组为单位，分享交流乡村一日游活动的心得。

2. 教师发言：乡村美食制作、乡村文旅纪念品制作的体验一定给你留下了深刻的印象，请各小组相互展示一下本组制作的文旅纪念品以及菜肴，交流一下制作过程中的心得，再对别组同学的作品进行简要评价。

【设计意图】

引导学生对乡村一日游整个过程进行回顾，通过小组分享、交流，拓宽学生的视野，让学生互相借鉴经验，激发学生未来投身乡村建设的热情。

【案例评析】

旅游业是现代服务业的重要组成部分，是人民群众消费升级和各级产业结构调整的重要体现。本案例选取“乡村一日游”活动，正好契合了当今旅游业的热点，乡村正是城市人周末短期放假休闲娱乐的好去处。

本案例活动目标明确，任务设计合理，倡导学生以现代服务业推广者的身份参与劳动实践，在活动中体会、感受旅游业对于人们生活的重要影响。本案例设置了呈递进式的三大任务，任务一是进行乡村一日游的准备工作，其内容充分且全面，为后续任务的有序开展奠定了基础。任务二的两个活动是本案例的重要环节，通过安排学生体验不同的劳动项目，让学生全面、细致地了解乡村，感受乡村的风土人情，体会劳动人民的勤劳和智慧。任务三是作品展示、评价和交流心得环节，通过多种方式评价学生制作的手工艺作品以及菜肴，总结收获与不足，激发学生未来投身乡村建设的兴趣。

【阅读材料】

智能乡村游

智能乡村游指的是利用信息技术手段对乡村旅游过程中的各个环节进行智能化、数字化、个性化的管理，以提高旅游效率和旅游质量的旅游模式。智能乡村游符合当前旅游消费需求升级的趋势，以及全域旅游和智慧旅游发展的要求，其发展前景非常广阔。智能乡村游可借助大数据和人工智能技术，对运营情况进行实时监测和分析，为决策提供更加科学、准确的数据支持。这有助于优化旅游资源配置，提高旅游服务的质量和效率。

智能乡村游还更加注重智能化导览服务，通过智能手机 APP、电子导览图等为游客提供实时导览服务，包括景点介绍、语音讲解、路线规划等。随着游客对旅游体验要求的提高，智能乡村游将更加注重个性化定制服务，为游客量身定制旅游产品。

未来，随着科技的不断进步和市场需求的不断变化，智能乡村游将呈现出更加多元化、个性化的发展趋势。

（作者：南京市百家湖中学　赵艳）

第十章　公益劳动与志愿服务

背景介绍

“赠人玫瑰，手有余香”。助人为乐是千百年来中华民族的传统美德。2022 年 4 月 8 日，习近平总书记在北京冬奥会、冬残奥会总结表彰大会上强调：“要在全社会广泛弘扬奉献、友爱、互助、进步的志愿精神，更好发挥志愿服务的积极作用，促进社会文明进步。”《义务教育劳动课程标准（2022 年版）》将“公益劳动与志愿服务”列入十大任务群，强调学生参加公益劳动与志愿服务的重要性。

南京作为“博爱之都”，有非常丰富的志愿团队和志愿服务形式。南京“紫金草”志愿团队为世界人民讲述南京大屠杀的历史，传播珍爱和平的理念；“金陵晚报虎凤蝶行动”公益活动，号召全体南京市民参与环保行动，保护紫金山；“名师公益大讲堂”公益活动以高层次的教师、学者资源引导师生和家长共同学习成长……这些丰富多样的志愿服务资源为学校开展“公益劳动与志愿服务”方面的劳动教育奠定了基础。

经济的发展、文化的熏陶让南京市各中小学都有较为深厚的文化基础和丰富的社区资源。大多数学校有能力也有意愿为学生提供公益劳动和志愿服务的机会。各中小学往往与高校、博物馆或社区联系紧密，进行社区活动时往往较为方便轻松。大多数学校还有相应的劳动场域和劳动工具，甚至部分学校有帮助学生进行志愿服务的专职教师，并在校外聘请了有经验的专家学者，这些资源都能帮助学生获得更为有效的劳动体验。在实际教学中，教师可以利用这些资源，以小组或班集体的形式进行活动，引导学生走出课堂，开展公益劳动和志愿服务，促进学生合作能力、服务意识的提升。

中小学生对服务他人有着天然的期待感和满足感。3~4 年级、5~6 年级、7~9 年级三个年段的学生已经有一定的日常生活、生产的劳动技能，也具有主动关心他人的意识和公共服务意识，能利用自身的知识与技能，创造的物质产品与精神产品等，满足他人需要，帮助他人解决问题。而开展“公益劳动与志愿服务”相关课程将充分挖掘学生的潜在能力，给予学生服务他人的机会。在无私奉献的过程中，学生动手实践、出力流汗，接受锻炼、磨炼意志，有利于其认识社会，树立服务意识，体悟劳动中人与人、人与自然、人与社会的关系，并强化社会责任感。通过开展公益劳动与志愿服务，学生的筹划思维得以初步发展，劳动能力得以迅速提高，有利于其体悟助人为乐的劳动价值观，逐步养成良好的劳动品质。

学习目标

第二学段（3~4 年级）

了解公益劳动与志愿服务的主要内容，认识到学校存在许多公益劳动和志愿服务的需求与机会；具有以自己的劳动服务学校的信心与能力；初步形成主动关心他人的意识和公共服务意识；体悟以自己的服务性劳动为他人创造便利的自豪感与幸福感；初步学会与他人合作劳动，形成尊重劳动，尊重普通劳动者的态度，感恩他人的劳动付出。

第三学段（5~6 年级）

了解公益劳动与志愿服务中调查、准备、组织、实施、反思等环节，在服务性劳动过程中形成发现问题、关注他人需要与服务他人的意识与能力；尝试初步进行服务安排和规划，进一步培养筹划能力；形成积极主动参与学校公共事务管理的劳动态度；体会服务社区的意义，增强公共服务意识，初步形成社会责任感。

第四学段（7~9 年级）

熟悉公益劳动与志愿服务的组织流程和实施方式，学会运用自身的生活经验、劳动知识与技能来服务他人；主动选择 1~2 项具有一定挑战性的公益劳动与志愿服务项目进行实践；在劳动中体悟人与人、人与自然、人与社会的关系，提升为他人服务的公共服务意识和社会责任感，领悟劳动的意义与价值，形成奋斗、创新、奉献的劳动精神。

学段大单元设计

第二学段（3~4 年级）

（一）主题选择

三四年级的学生已经具备了一定的劳动知识与技能，并有一定的关心他人、服务社区的意识，基本认识到学校、社区中存在公益劳动和志愿服务的机会与需求。在此基础上，三四年级学生还需要进一步了解公益劳动与志愿服务的需求、形式与内容，体验多种服务性劳动。教师可结合学校场景和教育需求，组织学生开展针对师生群体的公益劳动与志愿服务。因此笔者以“我当校园志愿者”为主题，设计了适合三四年级学生的公益劳动和志愿服务活动，帮助学生初步学会合作劳动，体会为他人创造便利的成就感，同时培养学生的社会责任感。

（二）内容规划

根据学生学习情况，“我当校园志愿者”主题活动设置了“我当垃圾分类志愿者”“我当校园保洁员”“我当运动会志愿者”三个项目，学生除了课堂上学习专业知识外，还需要一定时间进行实地实践。

“我当垃圾分类志愿者”建议安排 2 课时，旨在引导学生了解学校垃圾分类现状，学习垃圾分类相关知识，并利用知识服务师生。“我当校园保洁员”建议安排2课时，旨在引导学生感受保洁员工作的辛苦，利用所学知识进行校园保洁，维护校园卫生。“我当运动会志愿者”建议安排2课时，旨在引导学生了解运动会志愿服务内容的多样性，学习志愿服务专业知识，并综合利用所学知识进行志愿服务。设计者希望通过这三项活动帮助学生学习相关专业知识，体会志愿服务的快乐和成就感，提高社会责任感。

项目内容	学习目标	活动建议
我当垃圾分类志愿者	1. 了解公益劳动与志愿服务，感受劳动者对社会的贡献，树立劳动最光荣的观念。 2. 了解校园在垃圾分类方面志愿服务的需求，了解相关知识。小组统筹安排任务，通过演讲、小报分享等方式引导师生正确进行垃圾分类。 3. 养成规范劳动、认真负责、团结合作的劳动习惯和品质。 4. 培养乐于奉献的劳动精神，增强社会责任意识。	1. 课前，教师组织学生了解学校垃圾分类现状。 2. 课堂上，利用垃圾袋、垃圾箱等工具和垃圾角等场地，与垃圾管理、分类等方面的专业人员学习相关知识。 3. 课后，教师组织学生在校园进行实践。 4. 可以结合德育教育，组成专门的校级志愿团队，形成长期性的活动项目。
我当校园保洁员	1. 在劳动过程中感受保洁员对环境整洁的贡献，树立尊重劳动者、劳动最光荣的观念。 2. 发现校园卫生志愿服务的需求，了解保洁员日常工作内容和工作技能；尝试小组统筹安排任务；能够在一定区域进行保洁工作。 3. 在劳动过程中形成有始有终的习惯，养成认真负责、团结合作的劳动品质。 4. 培养乐于奉献的劳动精神，增强社会责任意识。	1. 课前，教师组织学生了解校园卫生现状和保洁员工作内容。 2. 课堂上，针对教室、卫生角、包干区等场域的清洁向保洁员、整理收纳师等专业人员学习相关经验。 3. 课后，教师组织学生在校园进行实践。 4. 可以结合大队部卫生检查、大扫除等开展劳动实践。

续表

项目内容	学习目标	活动建议
我当运动会志愿者	1.感受志愿服务的自豪感和幸福感，树立劳动最光荣的观念。 2.了解校园运动会流程和安排，发现校园运动会中志愿服务的需求；尝试小组统筹安排任务，利用所学知识进行志愿服务。 3.在劳动过程中形成有始有终的习惯，养成认真负责、团结合作的劳动品质。 4.培养乐于奉献的劳动精神，增强社会责任意识。	1.课前，教师组织学生了解校园运动会的项目和志愿服务需求。 2.课堂上，利用校园操场、运动场馆等相关场域，就志愿服务事宜请教体育教练、运动会志愿者等专业人员。 3.课后，教师组织学生在校园运动会上进行志愿服务。 4.可以结合校园足球赛、篮球赛等周期性活动开展志愿服务。
……		

（三）资源开发与利用

本单元的劳动项目需要课堂学习和校内实践相结合，可以开发学校、家庭和社区资源，邀请有相关劳动技能和经验的老师、家长、专业工作人员为学生介绍相关项目需要的知识和能力，传授服务小技巧。同时，教师可以利用学校或家庭已有资源，尤其是学校劳动教室、校园卫生角、卫生包干区、篮球场、足球场、操场、运动馆等校园场地，为学生创造真实的公益劳动和志愿服务情境，并与学校的爱护环境、乐于助人等德育活动相结合，与篮球赛、足球赛、冬季三项运动会等周期性体育赛事相联结，以获得学校方面的宣传和支持，从而激发学生的参与兴趣，让其获得劳动的满足感和成就感，培养学生认真负责的劳动精神。

第三学段（5~6年级）

（一）主题选择

五六年级的学生已经初步形成了关心他人、服务社区的意识和筹划思维，掌握了志愿服务的基本流程和相关技能，在此基础上，还需要进一步了解公益劳动与志愿服务的调查、准备、组织、实施、反思等环节，在服务性劳动的过程中形成发现问题、关注他人需要与服务他人的意识与能力，并进一步发展筹划能力。笔者认为，可以结合节日，开展针对特定群体的公益劳动与志愿服务。因此，笔者将校内教学与校外实践相结合，设计了“走进社区来服务”主题活动，建议学生走进社区的养老院、图书室、公园、动物救助站等，开展公益劳动和志愿服务活动。通过制作分享节庆物品，整理打扫社区公共环境，救助动物等活动，帮助学生掌握相关劳动技能，提高与他人合作共事的能力，培养学生的社会责任感，让其感受劳动带来的幸福生活，并提高自我认同感。

（二）内容规划

根据学生学习情况，“走进社区来服务”主题活动设置了“走进养老院，一起庆端午”“走进博物馆，我当讲解员”“走进救助站，救助小动物”三个项目，除了课堂学习专业知识外，还需要一定时间进行实地实践。

“走进养老院，一起庆端午”建议安排 2 课时，旨在引导学生发现养老院老人的过节需求，安排敬老服务计划，利用所学知识服务老人，传递节日的喜悦。“走进博物馆，我当讲解员”建议安排 2 课时，旨在引导学生了解博物馆工作人员，尤其是讲解员的工作内容，通过小组合作安排任务，去博物馆进行引导、讲解等志愿服务。“走进救助站，救助小动物”建议安排 2 课时，旨在引导学生发现志愿服务对象的变化，去动物救助站认识动物，学习相关劳动技能，对动物进行简单的照顾。设计者希望通过这三项活动，帮助学生学习相关专业知识，养成规范劳动、认真负责、团结合作的劳动习惯和品质，体会公益劳动与志愿服务的快乐和成就感，提高社会责任感。

项目内容	学习目标	活动建议
走进养老院，一起庆端午	1.感受劳动对于个人幸福的重要作用，树立尊老敬老的观念，懂得劳动创造美好生活的道理。 2.通过小组统筹安排走进养老院的活动，在劳动过程中形成发现问题、解决问题的能力，顺利完成志愿服务。 3.养成规范劳动、认真负责、团结合作的劳动习惯和品质。 4.培养乐于奉献的劳动精神，增强社会责任意识，增强文化认同感。	1.课前，教师组织学生了解养老院现状和养老院老人过节需求。 2.课堂上，进行相关知识学习，安排分组计划。 3.课后，在养老院进行劳动实践，关爱老人，带去节日问候。 4.可以结合“雏鹰假日小队”等活动开展志愿服务。
走进博物馆，我当讲解员	1.体会讲解员服务他人的意义，懂得劳动创造美好生活的道理。 2.走进社区博物馆或展览馆，了解展览内容和志愿服务需求，学习相关讲解和引导知识；通过小组合作开展讲解服务，解决服务中的问题。 3.养成规范劳动、认真负责、团结合作的劳动习惯和品质。 4.培养乐于奉献的劳动精神，增强社会责任意识和自我认同感。	1.课前，教师组织学生了解博物馆现状和讲解需求。 2.课堂上，进行相关知识学习，安排分组计划。 3.课后，在博物馆进行劳动实践，根据博物馆的不同需求分组合作讲解。 4.可以利用寒暑假等较长假期进行实践活动。
走进救助站，救助小动物	1.感受自己的劳动对于救助社区流浪动物的重要作用，树立劳动最光荣的观念。 2.了解救助站，了解救助动物的知识，明确志愿服务需求；掌握整理打扫动物活动区、喂养动物等基本技能；以小组合作的形式开展相关救助服务。 3.养成关爱动物、规范劳动、认真负责、团结合作的劳动习惯和品质。 4.培养乐于奉献的劳动精神，增强社会责任意识。	1.课前，教师组织学生了解救助站，明确救助站的志愿服务需求。 2.课堂上，利用相关场域，就志愿服务事宜请教专业人员，进行分组并安排计划。 3.课后在社区救助站进行劳动实践。 4.建议学生将科学课等课程中学到的知识运用到救助中。
……		

（三）资源开发与利用

本单元劳动项目的开展需要课堂学习和校外实践相结合，可以开发学校、家庭和社区资源，邀请有相关劳动技能和经验的老师、家长、社区专业工作人员为学生介绍开展相关项目所需的知识、能力，传授服务小技巧。同时教师可以利用学校、家庭和社区已有资源进行活动安排，做好与社区的沟通工作，利用学校劳动教室、社区博物馆、社区宠物医院、动物救助站等场地，为学生创造真实的公益劳动和志愿服务情境。教师应引导学生利用家庭和学校相关的劳动工具和材料，利用科学、语文、英语等学科知识，开展志愿服务；此外，还可以与学校的“雏鹰假日小队”等大队部活动相结合，利用寒暑假等假期进行社会实践。教师应利用好学校、家庭、社区三方面的资源，努力激发学生的参与兴趣，培养学生认真负责的劳动精神和敬业奉献的劳模精神。

第四学段（7~9 年级）

（一）主题选择

“社区劳动大家来”这一主题活动是依据《义务教育劳动课程标准（2022 版）》中第四学段（7~9 年级）任务群“公益劳动与志愿服务”的内容要求开发的。7~9 年级的学生经过之前的学习，已经参与过学校的一些公益劳动与志愿服务项目，有一定的筹划能力和初步的社会责任感。“社区劳动大家来”主题活动将公益劳动范围扩大到整个社区，旨在立足社区，围绕社区、社会中出现的热点问题来开展公益劳动与志愿服务，引导学生发现社区存在的现实问题，主动帮助他人，美化社区环境，养成不断创新、统筹规划的劳动精神。

（二）内容规划

“社区劳动大家来”主题活动包含三个项目，分别是“弘扬志愿精神，争做环境卫士”“弘扬志愿精神，共建美丽家园”“弘扬志愿精神，创造幸福社区”。教师应组织学生以社区为主阵地，通过项目调查、活动设计、实践准备、实地实践等，亲身参与社区环境治理、环境优化、公共卫生服务等劳动项目，在进行公益服务性劳动的过程中形成主动关心他人、爱护公共环境的责任感。

“弘扬志愿精神，争做环境卫士”可安排3课时，让学生分组实地开展垃圾清理等劳动；“弘扬志愿精神，共建美丽家园”可安排2课时，教师可组织学生实地开展社区文明宣传活动；“弘扬志愿精神，创造幸福社区”可安排2课时，围绕社区内的弱势群体，由教师组织学生开展相关公益志愿服务活动。

项目内容	学习目标	活动建议
弘扬志愿精神，争做环境卫士	1.理解劳动创造美好生活的道理，进一步增强社会责任感。 2.分组开展白色垃圾清理、“牛皮癣”清除等社区劳动，用自己的双手，自觉改善社区环境卫生。 3.学会运用自身的生活经验，劳动知识与技能来服务他人，提高环保意识。 4.在劳动中引导社区居民讲文明、树新风，养成良好的行为习惯。	1.课前，教师组织学生了解社区卫生现状。 2.课堂上开展交流研讨，确定社区劳动实践方案。 3.分小组进行社区环保服务劳动，形成长期性的活动项目。
弘扬志愿精神，共建美丽家园	1.在劳动过程中体悟人与人、人与自然、人与社会的关系，逐步形成对学校、家庭、社会、国家负责的态度。 2.开展文明宣传等活动，让社区居民知道保护生活环境的必要性和重要性。 3.通过开展对不文明行为的劝阻和公共设施的维护工作，养成爱劳动的好习惯。 4.构建崇尚劳动的观念，培养努力奋斗、甘于奉献的劳动精神，增强社会责任意识。	1.课前，教师组织学生调查社区居民对环境保护的了解程度。 2.课堂上教师组织学生交流探讨社区文明宣传的内容。 3.教师引导学生利用假期进行保护环境的宣传活动。

续表

项目内容	学习目标	活动建议
弘扬志愿精神，创造幸福社区	1.调查了解社区内的弱势群体，如孤寡老人、残疾人等，大力弘扬助人为乐的美德，努力营造“有困难找志愿者，有时间做志愿者”的良好氛围。 2.围绕弱势群体开展一系列的义务劳动，为树立团结和谐的社区风气，强化邻里之间的和谐关系，完善社会服务，促进社会主义精神文明建设，构建和谐社会作出贡献。 3.在劳动中提升为他人服务的公共服务意识和社会责任感，领悟劳动的意义与价值。 4.在社区劳动中树立崇尚劳动的观念，培养努力奋斗、甘于奉献的劳动精神，增强社会责任意识。	1.课前，教师组织学生了解社区弱势群体的人数和类别。 2.课堂上，教师组织学生开展交流研讨，确定服务弱势群体的具体劳动项目。 3.教师引导学生分小组参与服务弱势群体的劳动。
……		

（三）资源开发与利用

上述劳动项目的教学需凝聚“家校社政”的共识，加强学校和社区的资源保障与资源利用。劳动教师要做好校外实践活动的规划，并提供技术指导，监督学生的劳动过程；充分挖掘学校周边的社区资源，为学生参与志愿劳动创造真实的环境和劳动条件。教师要提前与社区负责人进行沟通，准备好相关劳动工具与材料，确保物力、人力的充足储备与有效利用，要注意发挥社区普通劳动者的示范作用，如社区负责人、小区保洁人员等，让学生们了解普通劳动者对社区、社会所作出的贡献。

典型项目设计

第二学段（3~4 年级）

我当垃圾分类志愿者

学习目标：

1. 了解公益劳动与志愿服务，感受劳动者对社会的贡献，树立劳动最光荣的观念。

2. 发现校园在垃圾分类方面的志愿服务的需求，了解垃圾分类相关知识。小组统筹安排任务，通过演讲、小报分享等方式引导师生正确进行垃圾分类。

3. 养成规范劳动、认真负责、团结合作的劳动习惯和品质。

4. 培养乐于奉献的劳动精神，增强社会责任意识。

学习重点：

学会垃圾分类方法，尝试进行垃圾分类。

学习难点：

形成主动进行垃圾分类的服务意识，树立劳动最光荣的观念。

学习准备：

教师准备：多媒体课件、志愿服务小队活动安排表

学生准备：校园垃圾分类情况表

前置性作业设计：

1. 通过搜集信息，了解垃圾分类知识。

2. 通过运用采访等调查方法，了解校园垃圾分类的情况，完成校园垃圾分类情况表。

学习过程：

活动一：调查垃圾分类的需求

1. 垃圾分类是当今社会非常关注的话题，校园也离不开垃圾分类。学生课前已经通过调查，完成了校园垃圾分类情况表。教师可引导学生分享

该表的填写内容，交流心得。

校园垃圾分类情况表

调查方式	
调查对象	
垃圾分类现状	

教师小结：校园垃圾分类现状堪忧。师生垃圾分类意识淡薄。校园内分类垃圾桶数量不足。师生不了解如何准确进行垃圾分类。

2. 教师发言：看来要落实好垃圾分类还需要进一步思考筹划，要想改变垃圾分类的现状，我们可以做些什么？

学生交流、讨论。

3. 教师根据学生交流情况，汇总讨论结果，筛选归纳出垃圾分类的服务需求和劳动任务：

①进行垃圾分类知识宣讲。

②制作垃圾分类标识牌和小报。

③在垃圾点担任垃圾分类引导员。

【设计意图】

相关需求是实施公益劳动和志愿服务的基础。教师引导学生通过课前调查，了解校园垃圾分类现状，并在课堂上进行交流和分享，再由教师归纳出志愿服务内容，有利于学生初步形成主动关心他人的意识和公共服务意识。

活动二：统筹规划小组任务

1. 教师指导学生以小组为单位，快速确定小组准备参与的服务项目。

2. 各小组汇报，教师统筹安排，将选择相同的几个小组归为一个大组，并控制每一大组的人数，使其基本相当。

3. 教师讲解学校区域示意图、垃圾桶摆放位置、教室分布情况等，引导学生思考交流：要想活动能够顺利开展，还要做哪些准备工作？

4. 请各志愿服务小组围绕活动准备等进行讨论，填写好活动安排表。

志愿服务小组活动安排表

服务项目	
活动准备	
小组人员分工	
服务步骤	
预设困难和解决方案	

5. 请小组代表发言，讲述计划安排，其他学生评价并提出建议，小组根据建议完善本组的活动安排表。

教师适时引导学生关注时间安排、宣讲场地、机动人员、标识布置等细节问题，教导学生在合作时如遇到分歧，要学会平和地进行交流，注意关心理解身边的同伴。

6. 教师根据学生的活动安排表，完善劳动工具、材料的预备，场地的布置等准备工作。

7. 教师请学生课后按照活动安排表和组员一起完成准备工作。

【设计意图】

通过填写志愿服务小组活动安排表，引导学生体验志愿服务的准备和组织环节，初步了解公益劳动和志愿服务的形式与内容，初步形成筹划思维。

活动三：开展校园实践，进行垃圾分类

教师带领学生走进校园，按照安排完成实践活动，进行志愿服务。学生的具体工作如下：

（1）在校园一角或走进班级进行垃圾分类知识宣讲。

（2）在垃圾桶上贴好清晰的分类标识，在宣传栏等处进行小报展示。

（3）在课间进行垃圾分类指引，帮助师生正确分类。

【设计意图】

教师引导学生在校园内进行垃圾分类的公益服务，通过讲解分类知识、张贴分类小报、引导正确分类等方式，让学生体会公益劳动的意义，体悟以自己的服务性劳动为他人创造便利的自豪感与幸福感。

活动四：总结分享，拓展尝试

1. 志愿服务活动结束后，教师引导学生分享、交流体会和感受。

2. 教师汇总学生的活动感悟，并进行总结：

（1）公益劳动和志愿服务会让人产生成就感，产生帮助别人的满足感。

（2）团队合作带来快乐。

（3）要关注垃圾分类，积极宣传相关政策。

（4）进行志愿服务的时候很辛苦。

3. 教师引导学生以志愿小组为单位，思考、交流在实践过程中可以改进的地方。

4. 教师汇总学生的交流情况，并进行总结：

（1）小组合作时，每位成员要考虑得更全面一些。

（2）小组合作项目可以更丰富一些。

（3）要有更强的志愿服务能力。

5. 保护环境是学校德育工作的一部分，教师可结合学校工作，指导学生结合学校大扫除、卫生检查等活动开展志愿服务，并提出想法和实施建议，逐步形成长期稳定的志愿服务项目。

6. 拓展尝试：校园中的志愿服务项目还有很多，比如担任校史讲解员、做食堂配餐员、做图书管理员等等。教师应积极引导学生在生活中关注公益劳动和志愿服务项目，继续参加力所能及的志愿服务，收获劳动的成就感和满足感。

【设计意图】

通过学生的交流、教师评价、学生自评等多种形式引导学生进行活动反思和总结，体会志愿服务的整体流程，体悟普通劳动者的劳动品质、劳动精神等，让学生体会志愿服务的辛苦和成就感，并拓展新的志愿服务内容，激发学生日后参与志愿服务的兴趣。

【案例评析】

垃圾分类与学生生活息息相关，还藏着丰富的知识和志愿服务主题。该案例针对三四年级的学生，基于学情，以“我当垃圾分类志愿者”为主题，通过引导师生进行垃圾分类等活动，帮助学生初步了解公益劳动和志愿服务，经历志愿服务的基本过程，感受志愿者无私奉献的精神。

在课程实施的过程中，学生从校园生活出发，在真实情境中深切感受到身边存在的公益劳动和志愿服务需求，了解了垃圾分类的相关知识和技能，产生了垃圾应正确分类的观念，提高了环保意识。在实践中，学生通过小组活动逐步培养了操作能力及团队合作能力，体会到了劳动的不易以及帮助别人的快乐和成就感。在完成志愿服务小组活动安排表的过程中，学生通过讨论，发现问题并尝试解决问题，其筹划思维能力也由此得到提升。

以知识为基础，以实践为阵地，学生在整个劳动的过程中不仅锻炼了自己的劳动能力，还感受到了帮助别人的快乐，体会到劳动者的辛苦，有助于学生树立劳动最光荣、劳动最崇高、劳动最伟大、劳动最美丽的观念。

【阅读材料】

垃圾分类方法

我们日常生活中的垃圾一般会被分为四大类：第一类统称为厨余垃圾，主要是指在厨房中产生的剩饭剩菜、茶叶等一系列食物类剩余残渣。第二类统称为可回收垃圾，这些垃圾是放错地方的资源，可以经过回收处理后再次被利用，包括玻璃、废纸、金属、织物等。第三类统称为有害垃圾，这些垃圾都含有有毒有害物质，往往对人体、土壤、水源等有较大危害，包括废电池、废灯管、杀虫剂、过期药品等，扔这类垃圾时一定要小心污染。第四类统称为其他垃圾，也就是上述前三种垃圾以外的垃圾，包括宠物粪便、烟头、一次性饭盒等。

“南京市垃圾分类小小志愿者”团队

“南京市垃圾分类小小志愿者”团队是由南京市城管局、南京晨报联合打造的环境保护志愿者团队。这一团队的志愿者经常走进社区、企业等，响应环境保护的号召，积极参与垃圾分类宣传，以带动更多市民和家庭践行垃圾分类口号，助力大美南京建设。

（作者：南京市瑞金路小学　卜雪）

第三学段（5~6 年级）

走进养老院，一起庆端午

学习目标：

1. 在志愿服务中感受劳动对于个人幸福的重要作用，树立尊老敬老的观念，懂得劳动创造美好生活的道理。

2. 通过小组统筹安排，走进养老院，在劳动过程中形成发现问题、解决问题的能力，顺利完成志愿服务。

3. 养成规范劳动、认真负责、团结合作的劳动习惯和品质。

4. 培养乐于奉献的劳动精神，增强社会责任意识，增强文化认同感。

学习重点：

学会统筹安排活动，尝试进行敬老志愿服务。

学习难点：

形成主动尊老敬老、为老人服务的意识，树立劳动最光荣的观念。

学习准备：

教师准备：多媒体课件、志愿服务小队活动安排表。

学生准备：身边老人过端午节需求调查表。

前置性作业设计：

1. 通过网上搜集信息、采访他人等方式，认识端午节，了解南京地区端午节习俗。

2. 采访身边老人，了解他们过端午节的需求或愿望，并完成身边老人过端午节需求调查表。

学习过程：

活动一：迎端午，了解老人真实需求

1. 教师发言：端午节即将到来，我们要走进养老院，为老人们带去温暖，并分享节日的喜悦。同学们想一想，我们可以进行哪些志愿服务呢？

2. 学生讨论并得出志愿服务的大致内容：送去祝福、节庆食物和礼品，帮老人打扫卫生等。

3. 志愿服务的内容很丰富，但是落实下来还需要进一步思考筹划，必须了解清楚养老院内老人真实具体的需求。因此，教师可引导学生分享经课前调查而完成的身边老人过端午节需求调查表，说说有什么发现。

身边老人过端午节需求调查表

调查方式	
调查对象	
需求或期待	

4. 教师根据学生交流情况，汇总调查结果，筛选归纳出老人的需求：

（1）吃端午粽。

（2）吃“五红”（五种带红色的菜肴）。

（3）打扫卫生、挂艾草。

（4）制作网袋，挂咸鸭蛋。

【设计意图】

需求是实施公益劳动和志愿服务的基础。教师引导学生通过设计、填写需求调查表，抓住了老人们的真实需求，并由此让学生认识到志愿服务的重要性，从而在后续劳动实践中培养其发现问题、关注他人需要与服务他人的意识与能力。

活动二：统筹规划小组任务

1. 以小组为单位，快速确定准备参与的服务项目。

2. 小组汇报，教师统筹安排，将相同选择的几个小组归为一个大组，并控制每一大组的人数，使其基本相当。

3. 教师展示社区养老院人员构成、环境场地等基本信息，引导学生根据信息思考交流：要想活动能够顺利开展，还要进行哪些准备？

4. 教师请各志愿服务小组进行讨论，并填写志愿服务小组活动安排表。

志愿服务小组活动安排表

服务项目	
活动准备	
小组人员分工	
服务步骤	
预设困难和解决方案	

5. 请小组代表发言，讲述计划安排，其他学生评价，并提出建议，小组根据建议完善本组的活动安排表。

教师适时引导学生关注时间安排、材料准备、机动人员、宣传图画等细节问题，教导学生在合作时如遇到分歧，要学会平和地进行交流，注意关心理解身边的同伴。

6. 养老院是一个比较特殊的服务机构，鉴于此，教师要向学生讲解在养老院做志愿服务时的注意事项：要讲文明懂礼貌，安全第一，服务时声音动作要轻缓，重视食物的卫生与健康等。

7. 教师根据学生的活动安排表，完善劳动工具、材料的预备，场地的布置等准备工作。

8. 学生课后按照活动安排表和组员一起完成准备工作。

【设计意图】

通过填写并完善志愿服务小组活动安排表，引导学生体验志愿服务的准备和组织环节，进一步锻炼其筹划能力，培养其积极主动参与公益志愿服务活动的劳动态度。

活动三：尊老敬老，去养老院进行志愿服务

1. 教师带领学生走进养老院，参观养老院。

2. 学生按照志愿服务小组活动安排表进行志愿服务：

（1）给养老院的老人们送去包好的粽子和炒好的红苋菜。

（2）打扫卫生，给养老院的门口挂上艾草。

（3）为老人们的房间挂上装好咸鸭蛋的编织网袋。

（4）与老人们聊聊天，表演一些节目。

【设计意图】

教师带领学生走进养老院，进行尊老敬老的公益服务，通过为老人们送上美食，打扫养老院等活动，引导学生体会服务社区的意义，增强其公共服务意识，让学生初步形成社会责任感。

活动四：反思总结，分享感悟

1. 学生分享、交流志愿服务的感受。

教师总结：

（1）参与公益劳动和志愿服务会给人带来成就感，以及帮助别人的满足感。

（2）团队合作会带来快乐。

（3）要关注老年人的生活，给予他们关爱。

2. 学生根据老人们的现场反馈，交流并思考在实践过程中可以改进的地方。教师对学生交流的结果作出总结：

（1）小组合作时面对问题要考虑得更全面。

（2）志愿服务的项目可以更丰富一些。

（3）在志愿服务时要注意时间安排、成本控制。

3. 教师肯定学生的表现，请养老院里的爷爷奶奶评价学生到养老院公益劳动的表现。

4. 教师总结拓展：公益劳动和志愿服务让我们感受到了助人之乐，合作之乐，体会到了成就感和责任感。社区还有很多志愿服务活动，如清洁社区卫生、植树造林、宣传卫生防疫知识等，希望同学们在生活中继续做一些力所能及的志愿服务，让生活更精彩！

【设计意图】

通过学生交流、教师评价、学生自评和养老院老人评价等多种形式，引导学生进行活动反思和总结，在反思中形成发现问题、关注他人需要与服务他人的意识与能力，并进一步发展筹划能力，增强公共服务意识。

【案例评析】

本案例针对小学高年段学生，基于学情，以“走进养老院，一起庆端午”为主题，引导学生开展了丰富多样的公益劳动。案例中，学生经历了调查、准备、组织、实践、反思等环节，在服务性劳动中形成了发现问题、关注他人需要与服务他人的意识与能力，还锻炼了筹划能力，初步形成了社会责任感，这符合课标中“公益劳动与志愿服务”这一任务群的素养表现的要求。

在志愿服务的准备阶段，学生通过调查与学习，了解了不同劳动项目的知识；在统筹规划小组安排的过程中，学生尝试分配任务，规划行程，还在实践中发现问题，并运用所学知识解决问题；在养老院的一系列活动中，学生的操作能力及团队合作能力得到了提高，学会了尊老敬老，也体会到了劳动的不易，懂得了劳动创造美好生活的道理，树立了劳动最光荣的理念，发扬了甘于奉献的劳动精神。

本案例还关注到了传统文化和区域文化，兼顾端午传统文化和南京地区端午习俗，学生通过实践活动感受到了文化的传承，增强了文化认同感和文化自信，这些都很值得肯定。

【阅读材料】

“时间银行”志愿服务

2019 年 7 月，南京市政府办公厅印发《南京市养老服务时间银行实施方案（试行）》，同年 12 月在全市 12 个区 24 个街道 247 个社区启动首批养老服务时间银行试点工作。通过采取政府主导、制度引领、通存通兑、信息智能、典型引领等措施，南京在市级层面建成了统一的养老服务时间银行。

养老服务时间银行是一种志愿服务方式，志愿者可以储蓄时间，换取其他人为自己提供志愿服务。简单来说，每个志愿者都拥有一个银行账户来计算他们提供的服务时间，这些服务时间可以在时间银行的数据库中记录下来。志愿者可以在 60 岁以后兑换之前储蓄的时间，以获得其他志愿者提供的服务，这构成了一种志愿者互助的模式，有人把养老服务“时间银行”模式通俗地概括为“时间换时间，服务换服务”。

智慧养老

智慧养老是一种以智能化技术为基础的养老服务方式，旨在通过借助现代科技手段，为老年人提供更安全、更便利、更独立、更舒适的生活和护理。智慧养老涉及许多技术创新及其应用，如智能化家居设备（如无线急救器、智能门锁、电子药盒、智能床垫等）、医疗健康设备（如远程医疗设备、移动医疗设备、健康管理系统等）、虚拟现实技术、大数据分析和人工智能等。

智慧养老具有如下优势。

改善老年人的生活条件：智慧养老可以帮助老年人更加便捷地解决日常生活问题，如提供足不出户的远程视频医疗服务，老年人通过此项服务，能够更加了解自己的健康状态。

减轻家庭负担：智慧养老可以帮助家庭更好地照顾老年人，节省时间和劳动力成本。

优化医疗保健管理：智慧养老可以帮助医护人员更好地远程监测和管理老年人的健康状态，发现并提前预防慢性病的发生以及加重。

缓解老龄化社会压力：智慧养老可减轻传统养老机构的经济负担，为老年人营造舒适的居住环境。

民政部公布了2021年智慧健康养老应用试点示范名单，江苏省有南京市雨花台区、南京市江宁区、东台市入选智慧健康养老示范基地，南京市赛虹桥街道、西善桥街道、湖熟街道，常州市新北区薛家镇及三井街道、钟楼区北港街道，东台市东台镇、时堰镇，无锡市新吴区旺庄街道入选智慧健康养老示范街道（乡镇）。

（作者：南京市瑞金路小学　卜雪）

第四学段【7~9年级】

弘扬志愿精神，争做环境卫士

学习目标：

1. 通过观察、调查等方式，了解社区中存在的环境问题，熟悉社区公益劳动与志愿服务的组织流程和实施方式。

2. 掌握基本的养绿护绿的方法和技巧，能够熟练使用劳动工具，积极为美化社区环境做贡献，提高劳动能力。

3. 学会分工与合作，在合作中培养协作精神，带动更多的人一起参与社区环境保护，树立公益服务意识。

4. 在劳动中理解个体劳动与社区发展之间的直接关系，形成奋斗、创新、奉献的劳动精神。

学习重点：

总结提炼社区的环境保护劳动项目。

学习难点：

分组开展社区环境保护公益劳动，树立公益服务意识。

学习准备：

劳动工具、材料准备：根据劳动内容选取对应的劳动工具，如扫帚、簸箕等，选择的工具和材料要符合安全标准，适合学生使用。

人员准备：教师提前与社区负责人沟通场地、活动流程等问题。

前置性作业设计：

教师指导学生深入社区提前调查，了解社区内存在的环境问题。

【学习过程】

活动一：确定社区劳动任务

1. 教师播放毛乌素沙漠变绿洲的环境保护事迹的视频，让学生说说感受。

2. 教师总结：绿水青山就是金山银山，优美的自然环境需要我们共同维护。请同学们以小组为单位讨论一下社区内出现的环保问题及其解决方案，每组选出一名代表上讲台进行总结发言。

【设计意图】

通过播放环境治理案例的视频引入课程，引导学生认识保护环境的重要性，从而关注身边的环境问题，小组讨论、总结社区内的环境问题并提出解决方案，旨在培养学生的自主探究与创新能力。

活动二： 制定社区环境保护劳动计划

1. 教师根据学生之前讨论的情况确定社区环境保护劳动项目，指导学生组成社区义务劳动小组。

2. 学生针对劳动项目填写社区环境保护劳动计划表。

3. 教师组织学生开展相关劳动技能的学习，如树木的养护，工具的使用等，引导学生通过咨询专业人士、查阅资料学习更多的服务技能，为社区劳动做好充分的准备。

社区环境保护劳动计划表

负责人		活动时间	
小组成员及分工		活动地点	
活动准备			
劳动项目			
社区人员建议			
注意事项			

【设计意图】

小组合作完成社区环境保护劳动计划表，有利于培养学生主动学习的意识，让学生针对劳动实践可能出现的问题进行自主学习，做好劳动技能等准备，从而更好地完成志愿服务。

活动三： 开展社区劳动实践

1. 分组开展环境保护义务劳动，一组学生清理低矮灌木丛中的枯叶、杂草，对社区树木花草进行浇灌、修剪等养护工作；一组学生清理小区道路及其周边的白色垃圾，按照垃圾分类的原则，将整理出的杂物分类装入垃圾袋；一组学生利用工具清除社区墙面、宣传栏等处粘贴的小广告，对卫生死角进行整治清理。

2. 统计、报修需要维护的社区内的公共设施与设备。

3. 向人们发放建设绿色文明社区的宣传资料，并发出倡议，呼吁大家共同携手，行动起来，共同参与爱绿护绿活动。

4. 劳动结束后，整理好工具。

【设计意图】

以小组为单位分类开展社区环境保护义务劳动，有利于提高学生的实践能力，培养学生的合作意识、劳动意识。

活动四：交流反思

1. 学生通过手抄报、图片、劳动总结等方式，小组交流、分享对此次活动的感受，指出活动中存在的不足，为下一次开展劳动项目提供建议，做好准备。

2. 教师肯定学生的表现，引导学生做好志愿劳动服务记录，鼓励学生制定并按照计划定期进行社区环境维护。

【设计意图】

通过小组间交流、分享，让学生反思自己在活动中的表现，找出不足，明确努力的方向，培养学生社会责任感和担当精神。

【案例评析】

环境问题一直是社会持续关注的热点，也与学生的生活息息相关。本案例以小见大，以社区环境问题为切入点，引导学生以实际行动推进社区环境卫生建设，提升居民文明素质；通过志愿劳动，弘扬了志愿服务精神与劳动精神，激发了学生奉献社会、关爱他人的热情。

案例中，学生通过前期的调查、访谈等，明确认识到社区环境的主要问题，并自主探讨解决方案，确定劳动项目，制定劳动计划。教师充分给予学生自主空间，通过小组合作开展社区环境保护劳动项目，让每个学生都有所参与，劳动的过程不仅锻炼了学生的自主学习能力，还践行了“奉献、友爱、互助、进步”的志愿者精神，助力学生树立劳动最光荣、劳动最美丽的思想观念。

最后的交流反思环节，学生小组通过交流和分享劳动感受，总结出活动中存在的亮点与不足，之后教师肯定了学生的劳动表现，指出环境保护是一个持续性的任务，鼓励学生要持之以恒，定期进行社区环境维护；这样的课程设计合理，贴合学生学情，使学生的社会适应能力得到了进一步的加强，支持学生课后坚持不懈地参与志愿服务劳动，使整个课堂教学得到高度升华，起到了很好的教育效果。

【阅读材料】

塞罕坝工程

从荒漠中的一棵树，到世界上面积最大的一片林海，从昔日的漫天黄沙到如今的绿水青山，在河北省的最北部，有一个神奇的地方叫“塞罕坝”，它的存在，为首都北京阻挡了半个世纪的风沙。

塞罕坝的蒙古语原意为“美丽的高岭”，自古以来就是水草丰沛、森林茂密、禽兽繁集的古代皇家猎苑。随着历史的推移，塞罕坝森林植被遭到破坏，成为中国植被破坏最严重的天然森林之一。到中华人民共和国成立初期，塞罕坝已经退化为高原荒丘，呈现“黄沙遮天日，飞鸟无栖树”的荒凉景象。1962 年林业部下发《关于河北省承德专属围场县建立林业部直属机械林场的通知》，127 名农林专业的大中专毕业生赶赴塞罕坝，与原有三个林场的 242 名职工，组成了创业队伍。在河北省塞罕坝机械林场几代人的艰苦奋斗下，原来的荒原变成了现在的百万亩林海，林场人用实际行动诠释了绿水青山就是金山银山的理念。

杨善洲：坚守初心造绿洲

杨善洲（1927 年 1 月 4 日—2010 年 10 月 10 日），云南省保山市施甸县姚关镇人，获得“全国绿化十大标兵”“全国绿化奖章”“最美奋斗者”等众多荣誉，曾被誉为“活着的孔繁森”。1988 年 3 月杨善洲退休后，主动放弃了安逸闲适的晚年生活，一头扎进家乡的荒山——大亮山，用 20 余年的时间带领大家植树造林，建成面积 5.6 万亩的林场，将曾经的荒山变得林木葱郁，溪流淙淙。2009 年，他更是将价值超 3 亿元的大亮山林场经营管理权无偿捐赠给国家。“只要生命不结束，服务人民不停止”，这是杨善洲生前说过的一句话，也是他一生的写照。为纪念老书记，大亮山林场更名为“善洲林场”。杨善洲的模范事迹和崇高精神将继续引领我们保护环境，共创美好家园。

（作者：南京市溧水区特殊教育学校　吴丹）

后记

劳动教育是中国特色社会主义教育制度的重要内容，直接决定社会主义建设者和接班人的劳动精神面貌、劳动价值取向和劳动技能水平。义务教育阶段，加强劳动教育，让广大青少年在劳动实践中健康成长，是社会发展对学校教育的必然要求。

最新颁布的《义务教育劳动课程标准（2022年版）》，体现了国家意志和中华民族基本价值观，标志着中国特色劳动教育正式进入以课程标准引领高质量发展的新阶段。在此背景下，我们编写了本书，旨在探索劳动教育的内容、方法和途径，增强劳动教师的课程实践能力，培养学生的劳动素养、实践能力和综合素质。本书注重系统性、科学性、区域性、指导性和可操作性，使用者既可以完整使用，也可以有选择地加以使用；既可以作为相关学科教育的补充材料，也可以作为学校或班级活动的补充材料。

编写本书是一次无章可循的尝试，期间经历了诸多艰辛。幸运的是，我们自始至终获得了南京市教育局、南京市教科所及社会各界的关注、支持和帮助，对此，编写组每一名成员都极为感动和感激。可以说，本书是编委会全体成员集体智慧的结晶，它的出版体现了全社会对劳动教育的关心。

由于时间仓促，本书内容可能会存在一些问题，恳请读者提出宝贵意见！

王洪贵

2023年5月8日